ESTILO

El libro del estilo

Antonio González de Cosío

El libro del estilo

OCEANO

Diseño de portada e ilustraciones: Bogart Tirado
Fotografía del autor: Valeria Ascencio (cortesía de la revista *Glamour*).

EL LIBRO DEL ESTILO

D. R. © 2014, Editorial Océano de México, S.A. de C.V.
Blvd. Manuel Ávila Camacho 76, piso 10
Col. Lomas de Chapultepec
Miguel Hidalgo, C.P. 11000, México, D.F.
Tel. (55) 9178 5100 • info@oceano.com.mx

Primera edición: 2014

ISBN: 978-607-735-369-0
Depósito legal: B-10030-2014

Hecho en México / Impreso en España
Made in Mexico / Printed in Spain

9003844010514

A Marc, una vez más, porque gracias al cobijo de su amor, encontré la fuerza necesaria para volar con mis propias alas.

A Cruz y Josefina, mis dos madres; a mis hermanas, mi belle-mère Rita, Lucy Lara, Eva Hughes, Glenda Reyna, Marcela Morales y todas esas mujeres que me han enseñado que la elegancia es mucho más que ropa, y que el estilo no es más que un alma hermosa y valiente.

Índice

Una vida llena de estilo, por Lucy Lara | 15

Introducción | 19

1. ¿Qué es el estilo? | 25
El estrato y la educación | 28
La geografía | 30
La sociedad | 31
Nuestro propio concepto de la estética | 33
¿Y la moda? | 34
Definiciones de estilo | 36
¿Soy *fashion victim?* | 39

2. Estilo, elegancia y buen gusto
Tres conceptos diferentes | 43
Buen gusto | 44
Elegancia | 48
Todos los caminos llevan al estilo | 56

3. Y yo, ¿lo tengo? | 61

Revisión del guardarropa | 62
¿Eres tú o es tu entorno? | 67
Hasta aquí llegamos | 69
Identifica tu estilo | 70
Cómo vistes tu estilo de vida | 73

4. Estilos de vestir. ¿Clichés o realidades? | 75

Estilos, tribus y guetos | 78
Mezclas | 108

5. Satélites del estilo: maquillaje y perfumes | 113

Maquillaje | 115
El maquillaje, clave del estilo: entrevista con Bobbi Brown | 124
Perfumes | 129
Fragancia y personalidad: entrevista con Jean Claude Ellena | 135

6. Satélites del estilo: accesorios | 141

Estilos | 143
Todos los accesorios: manual de uso | 150
¿Y los hombres? | 171
Diez ideas preconcebidas sobre accesorios | 173
Brillo para la vida cotidiana: entrevista con Nathalie Colin | 174

7. El estilo, ¿se consigue o se compra? | 181

El síndrome del nuevo rico | 183
Las peores inversiones | 187

Invertir en estilo | 188
Siete consejos para invertir | 195

8. ¿Lo tienes? Púlelo | 203
Tus bases: lo que se queda | 206
Lo que puede irse | 208
Borda sobre tu propia base | 209
Elabora sobre el estilo clásico | 213
Estilos creativos | 215

9. La inspiración: de cómo se obtiene estilo | 225
Algunos modelos a seguir | 226
Fuentes de inspiración | 230

10. Estilo y circunstancia | 241
La situación para la que nos vestimos | 243
Lo que debes ponerte | 245
Lo que quieres ponerte | 255
El balance ideal | 263

11. Y nos llega una edad... | 265
La evolución de un estilo | 267
La limpieza del clóset | 277
¿Señora o aseñorada? | 281

12. Estilo nupcial | 285
Las cinco reglas de oro para planear una boda | 286
El vestido de novia | 288
Ahora: los caballeros | 294
Hora y lugar | 297
A todos nos puede pasar, pero trata de que no te pase | 298
Si vas como invitado... | 300
Tips que todos debemos conocer | 301

13. De viaje | 303
El propósito de tu viaje (y la maleta ideal para cada uno) | 308
Tips especiales | 315
Viaja con estilo: el tuyo | 318

14. Sólo para hombres | 321
¿Y lo que digan los demás? | 324
Pasos simples, logros mayúsculos | 327

15. Los últimos toques | 333
Al expresarte | 335
Al comer | 336
Al caminar | 336
Al moverte, en tus gestos, al posar... | 337

Conclusiones | 339

Una vida llena de estilo

SI HAY ALGUIEN QUE PREDICA CON EL EJEMPLO ES ANTONIO GONZÁLEZ DE COSÍO. Un hombre que se ha reinventado y caracterizado, quien con una facilidad envidiable ha aprendido a hablar inglés y defenderse en francés, que se ha posicionado en la cima de la industria, usando magistralmente varios sombreros: el de cronista y editor de moda, *stylist* (coordinador de moda), publirrelacionista de marcas internacionales de ropa, accesorios y cosméticos, así como el de juez del programa de televisión *Mexico's Next Top Model*; todo para vivir por y para la moda.

Tuve el privilegio de conocer a Antonio cuando él trabajaba en un periódico modesto y ya, desde entonces, había demostrado un talento increíble para escribir. Pero su ojo por el estilo, combinado con su capacidad de absorción, lo llevaron a asimilarse rápidamente en un mundo lleno de lujo. En ese ámbito, y en su papel de periodista especializado, finalmente encontró el deleite que conlleva la posibilidad de gozar de la ropa, los accesorios y el mundo de la belleza. Ahí, en ese paraíso de suntuosas sedas, pieles curtidas cosidas a mano, perfumes memorables y joyas llenas de diamantes, Antonio se sintió en casa y se dispuso a encontrar la forma de vivir, respirar, soñar y crear a través de su gran pasión: la moda.

Antonio no miente cuando afirma que por años enteros comió sopas de lata con tal de poderse comprar los elementos que le permitirían ensamblar el atuendo que deseaba. De hecho, su departamento tenía (y tiene hasta la fecha) una habitación completa totalmente destinada a su ropa y sus accesorios. El destino lo ha llevado a vivir en varios países y su equipaje jamás ha sido ligero. Pero tengo que decirles que nunca hay desperdicio en ese mundo de estilo custodiado por cuatro paredes, en donde Antonio cada mañana ejercita su imaginación creando el personaje que será ese día. Ensambla su atuendo como si pintara un lienzo. Me atrevo a decir que su adrenalina se dispara cuando va eligiendo cada pieza del rompecabezas. Sale vestido como si hubiera librado una batalla: orgulloso, seguro y decidido a mantener la mirada en alto, mientras la gente habla de lo que trae puesto.

Pero saber que es diferente y gozar de su originalidad le ha llevado años, errores, aciertos y alguna que otra amargura. Recuerdo un día que Antonio fue invitado a la reunión de sus compañeros de la secundaria. Él no había sido ni medianamente popular en su generación. No obstante, consideró la posibilidad de asistir. "Quiero ir para que todos esos chicos que se burlaban de mí vean lo fabuloso que estoy." Ignoro si fue o no, pero este ejemplo deja claro que Antonio sabe que su reinvención a base de conocerse, prepararse, cuidarse y diseñar su propia imagen ha sido un verdadero éxito.

Leer *El libro del estilo* fue casi como escuchar a Antonio. Adoro la manera en que cuenta sus anécdotas con un lenguaje tan cinematográfico, que dispara imágenes en mi cabeza. Me fascina que la visión que tiene de sí mismo está rodeada de humor e ironía. Siempre me asombra que, a pesar de que somos contemporáneos, parece como si Antonio hubiera vivido en otro país y en distinta época. Confieso que, a veces, el encanto de los personajes me hace dudar si el Antonio que crece a través de las páginas, lo mismo que el de la tía Nena, la abuela de los guantes calzados o el episodio del tren a Guadalajara, son producto de una ficción que forma parte de una película que se estrenará próximamente o si es su verdadera historia. Así de precisas veo las escenas, como si fueran proyectadas en la pantalla, y el aprendizaje que de ellas se desprende es una lección de vida.

Sin embargo, hay que reconocer también el inmenso valor en la información práctica que este libro abarca. Ya hubiera querido tener, en los años en los que inicié mi carrera en la moda, la posibilidad de entender todos esos conceptos y poder echar mano de tantos consejos en una sola edición. De hecho, Antonio les está ahorrando años de investigación y trabajo de campo a sus afortunados lectores, que, estoy segura, después de haberlo leído, se sentirán más preparados y con el valor suficiente para emprender el maravilloso camino hacia su propio estilo.

LUCY LARA

Introducción

DESDE MUY JOVEN ME HAN FASCINADO LOS LIBROS SOBRE MODA Y ESTILO. Aquellos escritos por grandes personalidades de la moda llegan a tener prefacios que, en ocasiones, me gustan más que el resto del libro. En muchos de ellos, el autor en cuestión habla sobre su infancia y sus primeros contactos con la moda. Madres elegantes, ciudades sofisticadas, experiencias culturales y educativas... elementos que jugaron positivamente a favor y convirtieron al autor en un *fashionista* y en un personaje con un estilo que merece ser imitado. He leído toda clase de historias personales: Elsa Klensch, la famosa comentarista de moda de la CNN, contaba que cuando decidió ir a buscar fortuna a Londres como periodista de moda lo único valioso que llevaba en su equipaje era un traje negro de Jacques Fath que, literalmente, le abrió puertas en esta industria. La editora de moda Nina García dice que la imagen que más recuerda de su infancia en Colombia es la elegancia de sus padres. Cada uno de los que nos dedicamos a este negocio tenemos historias parecidas... o no tanto.

Por mi parte, crecí en el seno de una familia de clase media partida a la mitad por un divorcio y con dos casas en las que vivía por turnos. La primera, la materna, era la casa de todos los días, la más modesta. La segunda, la paterna, tenía un nivel más alto no necesariamente por economía, sino por educación. En la casa materna la ropa tenía un valor completamente utilitario y jamás estético. Mientras cubriera mi desnudez, estaba bien para mi madre. La ropa no se cuidaba, se embutía en cajones y armarios, se iba usando conforme salía a la superficie y se lavaba cuando, literalmente, ya no teníamos qué ponernos. Colgadas en los armarios había algunas reliquias familiares, como un par de viejos vestidos de noche de mi madre (recuerdos de alguna boda a la que asistió) y algunos trajes de mi padrastro.

En la casa paterna las cosas eran diferentes. Los clósets, más ordenados, guardaban prendas de las pasadas glorias de mi abuela y mi tía. Sombrereras llenas de sombreros viejos, estolas de pieles, trajes sastre, vestidos de noche de raso o lamé... ¡El traje azul de Valentino de mi abuela Concha! (del que te hablaré más adelante), bolsas, zapatos. En los clósets de mi padre, trajes de casimir inglés que el tiempo había vuelto viejos. Mi padre y su tía —mi tía abuela— vivían juntos desde el divorcio de él y las prendas que usaban entonces eran mucho más normales.

Recuerdo haber pasado horas sentado en el piso de aquellos clósets oliendo la ropa vieja, descubriendo nuevos tesoros y germinando desde entonces la idea de que algún día viviría así: rodeado de ropa. Sí, era un niño diferente: un ser que siempre vivió entre dos mundos. Como las sirenas. Hace muchos años, una gitana me dijo la buenaventura y descubrió que en la palma de la mano izquierda tenía una estrellita (justo como Thierry Mugler). Me dijo que esto, además de que era una persona afortunada —con estrella, vamos—, significaba que, a pesar de vivir en la tierra, siempre estaría mirando a las estrellas. En ese momento esta predicción me pareció simplemente una frase más de manual de cartománticas. No obstante, con los años fui descubriendo poco a poco lo que me había querido decir.

Siempre tuve necesidad de pertenencia, pero jamás me gustó seguir las reglas. Me encantaba estar acompañado de mis compañeros de escuela, mis vecinos, pero, por mis decisiones conscientes de no ser como los demás, estos grupos no me permitían el acceso. Me marginaban. Recuerdo que, recién divorciada, mi madre no tenía dinero para comprar mi uniforme, así que yo iba a la escuela vestido con mi ropa normal. Aunque en un principio me sentía observado y diferente, tardé muy poco en sentirme orgulloso por no llevar lo mismo que los demás. Este sentimiento de unicidad me ha acompañado toda la vida. Incluso cuando finalmente comencé a usar uniforme, lo acompañaba de accesorios inesperados como zapatos de color distinto al oficial o, en el más puro estilo de Prada o Fendi, adoraba colgar llaveros y monigotes en mi mochila. Cuando cursaba la secundaria, una temporada se desató una ola de robos dentro del salón de clases. Entonces, al salir al descanso, la gente cargaba sus mochilas para no ser víctima de los ladrones. Yo, que no quería llevar toda la mochila con libros y cuadernos, prefería llevar mis objetos de valor en un pequeño *clutch* que me había regalado mi tía para transportar mis lápices. Era una bolsa muy simple, rectangular a cuadros rojos y verdes, muy *scottish*… muy Westwood. Claro, no era un accesorio nada común en el sector masculino. Luego, cuando las famosas mariconeras o bolsas de hombre se pusieron de moda en los años setenta, adivina quién dio vueltas de carro para festejarlo y pedir una para Navidad. Sí: yo. Ya siendo adolescente, en las fiestas de la preparatoria, mis compañeros llevaban camisas estilo Travolta, ajustadas y con cuellos gigantes. Yo también las usaba, pero las mías eran estampadas o en colores brillantes. Me gustaría poder decir que la gente aplaudía y festejaba todas mis elecciones osadas. Pero no. La adolescencia es una edad donde se busca pasar inadvertido y yo hacía exactamente lo opuesto. Vivía en dos mundos: en el físico y real, y en otro que yo me inventaba y que era, de una manera u otra, en el que me hubiera gustado vivir. De lunes a viernes tenía los clósets llenos de harapos de mi madre, y los fines de semana, la ropa que me hacía soñar en casa de mi padre.

Entonces, mi trabajo era buscar un mundo que estuviera justo en medio de esos dos extremos, el término medio aristotélico. Ese espacio tenía que ser real, más amable, y en él se hablaba el lenguaje de la estética, de lo hermoso, de lo novedoso. Ese mundo se alimentaba de cuanta revista de moda caía en mis manos, de cada película vieja y telenovela que me "inyectaba" a diario —mi madre y mi abuela no veían otra cosa—, y de las visitas a las tiendas departamentales que hacía cada vez que podía. De modo que en mi cabeza se mezclaban las cosas cotidianas con las ilusorias: las matemáticas, la moda disco, la gramática y ortografía, *Los ángeles de Charlie*, los peseros y autobuses para ir a casa, Jacqueline Andere y sus peinados en *Sandra y Paulina*, las ciencias sociales, Doris Day y sus impecables trajes sastre, el metro Insurgentes y la Zona Rosa, Olivia Newton-John en *Xanadu*, los zapatos de plataforma y tacón, las novelas de Louisa May Alcott, el mercado de pulgas de La Lagunilla, las prendas de lentejuelas, la física, química y demás ciencias naturales, "I Will Survive", el socialismo, pasar los exámenes, ir al cine, querer ir a Nueva York —pero llegar sólo hasta Acapulco—, grabar música de la consola de mi abuela a un casete con una grabadora portátil (y pedir a todo mundo que guardara silencio para que la grabación no saliera con voces), Chanel Cristalle, tener que abrir un conejo en clase de biología y negarme a hacerlo, Bo Derek, odiar mis dientes, Lucía Méndez, el mole de mi madre, pasar de los pantalones de campana a los de tubo. Dormir. Soñar. No necesariamente en ese orden.

Los resultados de estas mezclas de conceptos y choques de ideas concluían lo mismo en remansos donde yo era feliz por momentos o en ideas que fraguaban algo que terminaba poniéndome: una *bomber jacket* de satén verde esmeralda para un examen en la escuela es un ejemplo perfecto de esas ideas extrañas que se cocinaban en mi cabeza con todos los elementos igualmente bizarros que tenía en ella. A veces la idea funcionaba bien; muchas otras, no tanto.

Quizá tengas recuerdos semejantes de tu infancia o no. A lo mejor el único con una mente tan caótica y psicótica soy yo. Pero estas contradicciones y choques en mi niñez y juventud forjaron mi personalidad, arraigaron mis gustos y sentaron las bases del que sería mi estilo. Sí, gracias a este caos de ideas, imágenes y conceptos que, en apariencia, no tenían nada que ver entre sí, nació mi muy particular sentido estético. Sentido arbitrario y extraño en un principio, pero que con los años he logrado que cobre coherencia y, sobre todo, honestidad. Hoy me pongo lo que me da la gana y me gusto. Y les gusto a los demás, si se me permite la falta de modestia, pero porque ellos sienten que lo que he escogido ponerme me hace sentir cómodo, atractivo y honesto conmigo mismo. Me estoy vistiendo de yo.

En cuanto a mis atuendos, me he equivocado mucho más de lo que he acertado. Pero siempre y hasta la fecha he intentado innovar y verle una cara nueva a la moda. En las secciones de *streetwear* de las revistas adoran fotografiar celebridades vistiendo casual y mostrar cómo son *super cool* hasta para ir a pasear al perro y recoger sus caquillas calzando Louboutin y llevando una bolsa de Vuitton. Todo el mundo enloquece y quiere la chamarra de piel de ésta, la bolsa de aquélla y la camiseta de la de más allá. Por otra parte, la proliferación de blogs y *egoblogs* de moda que enarbolan imágenes de chicas y chicos portando lo último de la moda —desde Zara hasta Balmain— se convierte en un alimento visual y en un supuesto ejemplo que deberíamos seguir. Pero ¿cuál es la consecuencia de esto? Que por la calle pululen hordas de personas vestidas exactamente de la misma manera. Todas llevan lo mismo. Claro, por eso se llama moda: porque todo el mundo la usa al mismo tiempo.

Hace un par de años cayó en mis manos un libro que resultó bastante enriquecedor en mi vida: *I ♥ your style*, de Amanda Brooks, una columnista del *New York Times* y *Vogue*. En él, la autora habla de cómo encontró su estilo y lo fue desarrollando; su objetivo es servir de ejemplo a los lectores para hallar el suyo propio. Brooks expresa algo en lo que siempre he creído: "Cuando salgo a la calle, me encuentro con muchas personas que hacen su mejor esfuerzo por verse bien. Pero siempre me impresionan más aquellas que se ven diferentes". Es verdad. Las editoras de moda, blogueras y chicas de sociedad parecen cortadas con la misma tijera y, de acuerdo con las tendencias, casi siempre van vestidas impecablemente, pero iguales. Me parece más interesante alguien que propone, que va más allá y lleva la moda del momento a un siguiente nivel, es la persona que realmente quiere salir del montón. Proponer. Ser diferente. Tener un estilo propio. Prefiero a la chica que se pone un vestido de Chanel con tenis o sandalias que a una que lo lleva con unos zapatos de tacón alto perfectos porque, aunque estéticamente pueda ser más armonioso, la primera opción es más original y abre camino para nuevas estéticas, para nuevas ideas que también pueden verse bien. Al final, es en la originalidad donde nacen las nuevas modas. Piensen en Coco Chanel. Fue la "rarita" de su momento, vistiendo con sencillez en una era donde la ropa era complicadísima.

Se vale ser el raro, el astronauta o el vaquero si se te antoja, pero la originalidad debe ser producto de una búsqueda estética, no de una pura provocación. Si innovas para escandalizar a la gente, entonces te estás disfrazando. Pero si innovas para hallar una manera distinta de usar algo, para verte mejor de una forma menos convencional, entonces vas por el camino correcto, ahí delante está esperando tu estilo, ése que será tu compañero y cómplice por el resto de tu vida.

La palabra *estilo* lo dice todo, pero puede no significar nada para algunas personas. Para eso estamos aquí: para encontrar su significado, pero a través de tu propia percepción. En este libro no tengo la intención de ponerme como ejemplo ni mucho menos ser imitado, porque no creo poseer esa clase de estilo que se imita o, por lo menos, que se imita y funciona bien en alguien más. Si bien es cierto que en algunos capítulos podrás encontrar algunas de mis anécdotas personales, te aclaro que las he puesto ahí primeramente para divertirte un poco y luego para intentar que mis experiencias te ayuden a reflexionar sobre tu propio caso. Mi finalidad con este compendio de ideas, ejercicios y reflexiones es la de mostrarte ese camino que hay dentro de ti y que te llevará a encontrar tu propio estilo. Cualquiera que éste sea. ¿Te animas a descubrirlo?

1. ¿Qué es el estilo?

Estilo: quienes lo tienen comparten una cosa: la originalidad.
DIANA VREELAND

CUANDO ERA MUY JOVENCITO —ALREDEDOR DE 1980—, UNA MAÑANA PRIMA-veral de abril me alistaba para ir a la escuela. Era lunes, día de homenaje a la bandera y de práctica de deportes. Bañado, perfumado con el Aramis que le hurtaba a mi padrastro, peinado y vestido enteramente con mi uniforme blanco, me miraba en el espejo con desencanto. Ese atuendo monocromáti-co era pulcro, cierto, pero aburrido como la Ley Federal del Trabajo. Enton-ces tuve una ocurrencia: imprimirle un poco de color, darle un toque de... originalidad. De modo que entré al cuarto de mi abuela y, tratando de no despertarla, abrí su clóset y saqué una de sus prendas favoritas: un cha-leco de piel de leopardo que siempre me había fascinado. Volví a entrar al baño y me lo probé. ¡Genial! Se veía espléndido con el uniforme y había lo-grado quitarle lo común y corriente.

Al llegar a la escuela y en pleno patio, fui víctima de mi primera humilla-ción social masiva. Las risas de los niños, las bromas de mis compañeros... Todo a causa de una decisión arriesgada de vestuario. Por supuesto que deseé con todo mi ser no haberme puesto el chaleco, pero, pese a ello, fui coherente con mi elección y no me lo quité ni un minuto durante todo el día, soportando con estoicismo las mofas y risas de toda la escuela. No se me ocurrió volver a usarlo otra vez, pero siempre tuve claro que, gracias a esa prenda, dos cosas muy importantes pasaron en mi vida: mi crucifixión social y el primer encuentro con lo que sería mi estilo. Quizás entonces no lo sabía con claridad, pero algo había cambiado dentro de mí.

Probablemente, no todo el mundo ha tenido experiencias como ésta. Tal vez sus primeros contactos con el estilo no fueron tan *shocking* o ni siquiera vividos en carne propia, es decir, vinieron del exterior, de alguien más: al maquillarse una madre para una fiesta, al anudarse un padre la corbata, cuando una hermana se probaba un vestido nuevo o un hermano se vestía para su fiesta de graduación. Luego, quizás estas personas tuvieron que realizar sus primeras elecciones de ropa; vino la escuela y usaron uniforme, en un principio el que imponía la institución y más adelante el que exigía el grupo social al que pertenecían o querían pertenecer. Y de ahí a la vida adulta, al trabajo, el matrimonio...

Es posible que muchos, en este paso por la vida, hayan podido identificar su estilo reconociendo que era una extensión de su personalidad, de quienes realmente eran. Para otros, el estilo quizá les pasó de largo, especialmente si todo lo relativo a la moda les parecía irrelevante y la ropa no tenía más valor que el meramente funcional. Definirlo con claridad sigue siendo complejo. A veces, ni siquiera lo reconoceríamos aunque nos saliera al paso y tropezáramos con él.

Aquí viene la pregunta necesaria: ¿qué es el estilo? Una de las muchas definiciones que la Real Academia de la Lengua Española ofrece de él es: "Uso, práctica, costumbre, moda". Elegí ésta porque considero que se ajusta de modo más cercano al tema que ahora nos atañe. El estilo es la forma en la que usas las prendas. Se aplica a lo que acostumbras usar y cómo sueles usarlo. Claro está que el estilo se expande a otros aspectos de tu vida: cómo y qué comes, dónde vives, trabajas, te diviertes, vacacionas, compras... Todo esto de alguna manera define la personalidad que, al fin y al cabo, refleja un estilo.

Hoy, muchas revistas de moda tienden a convertir en sinónimos los conceptos de estilo y elegancia, pero, a pesar de que pueden coexistir, y cuando lo hacen el resultado es glorioso, cada uno significa algo distinto. No son lo mismo. Una persona con estilo puede no ser elegante. Pero de esto hablaré más adelante.

Básicamente, el estilo nace de saber quién eres. De conocerte, de saber qué te gusta, lo que te favorece y queda bien y de esa manera tan tuya de usar algo. Esto se va forjando desde que tienes uso de razón. Todo lo que te rodea —la educación, el ambiente, la sociedad y hasta la geografía— influye en la formación de tu personalidad. Es el reflejo de tu historia personal, en una palabra. Ya desde que eres niño comienzas a identificarte con ciertos colores o determinadas prendas. Las niñas quieren usar vestidos de princesas, pero no todas visten del mismo personaje y, a pesar de que a muchas les gusta el color rosa, otras van a decantarse por el amarillo o el azul. Los niños pueden ir de vaqueros a futbolistas, aunque no faltará alguno que quiera vestirse de cantante de rock o imitar a su padre. A mí, por ejemplo, recuerdo que de niño me fascinaban las prendas en tejido de punto. Me daban la sensación de verme bien vestido, pulcro y hasta elegante. Era esa sensación de "vestir de domingo" que se usaba tanto en las familias de clase media de la primera mitad del siglo xx.

Poco a poco me fui decantando por un color u otro. Por puro gusto, ya que entonces no sabía si era porque un tono me quedaba mejor que otro. Simplemente me sentía bien con ellos. Recuerdo una camiseta de lana roja con discretos puntos blancos que me ponía todo el tiempo y las amigas de mi madre siempre decían que me quedaba de maravilla. Estoy seguro de que tú también recuerdas momentos como éstos y algunas prendas, colores o incluso formas especiales de llevar algo que, paulatinamente, comenzaron a convertirse en tu rúbrica. Una amiga del colegio era fanática de las ligas para hacerse coletas. Ella, hábilmente, forraba las ligas de cualquier material que se encontrara a mano: piel de conejo, encaje, trozos de tela del mismo uniforme... Alguna vez hizo que su padre le perforara un montón de corcholatas de refresco que ella cosió a sus ligas sin pudor alguno. ¡Era la sensación! Incluso hizo negocio vendiéndolas a las otras niñas.

Desde mi punto de vista, todo aquel a quien le importa mínimamente lo que lleva puesto tiene un estilo. A veces es sencillo y fácil —jeans, camiseta y tenis—, y otras veces puede ser más elaborado y sofisticado. Pero, como dije antes, el estilo es una constante en nuestros hábitos no sólo de vestir, sino también de vivir, de ahí el término *estilo de vida*. El estilo se va conquistando poco a poco. Nadie nace siendo Audrey Hepburn o Yves Saint Laurent, quien, siendo un niño de escasos cinco años de edad, lloraba cuando veía mal vestida a alguna amiga de su madre. Claro que estos genios de la moda son muy pocos y los demás mortales tenemos que trabajar muy duro y día a día para identificar lo que nos gusta, luego lo que nos queda bien y así, finalmente, poder forjar nuestro propio estilo.

Orson Wells, el director de cine, afirmaba que tener estilo consiste en saber quién eres y saber qué decir… y que lo demás te importe un demonio. Una frase que me encanta porque encierra mucho poder; quien llega a este estadio de pensamiento tuvo que haber recorrido antes un largo camino en la búsqueda de sí mismo. Pero vamos por partes y comencemos por el principio. ¿Qué es lo que define tu estilo?

El estrato y la educación

Evidentemente, una persona que nace en una situación económica privilegiada tendrá acceso a ciertos elementos que, con toda seguridad, marcarán su gusto. Ropa de cierta calidad, textiles, acabados, cortes y una valoración más consciente de todo esto. Poco a poco se crece con la idea de que lo que se trae puesto posee un valor —por la prenda per se o por lo que significa— y, por regla general, los niños que crecen con esta información normalmente tienden a desarrollar personalidades más conservadoras y, en consecuencia, estilos más clásicos.

Por otra parte, los niños que crecen en ambientes más restringidos económicamente le dan un valor distinto a la ropa: el meramente utilitario. Las prendas son para usarse, para vivir con ellas. Generalmente, crecen con un espíritu más espontáneo y libre. Estos niños y luego jóvenes usan lo que tienen a la mano, lo que compran por mera necesidad o lo que les heredan sus hermanos mayores. Muchas veces sus madres o ellos mismos cortan o transforman la ropa para darle "una segunda vida". Todavía recuerdo, cuando era niño, los parches que se pegaban con plancha a la ropa para cubrir hoyos o manchas. Esto que nació como una necesidad utilitaria después se volvió una moda.

No obstante, éstas, como todas las reglas, pueden tener muchas excepciones. La creatividad y el gusto por la experimentación no son privativos de una clase social. Sin lugar a dudas, la educación sí puede ser decisiva en el momento de ir un paso más adelante en lo que a estilo se refiere, por ello se convierte en lo más importante que una persona puede tener. Por fortuna, los gobiernos contemporáneos saben que la educación es un derecho y no un privilegio. Una persona cultivada entenderá el suyo y otros mundos. Sabrá asimilar los cambios históricos y podrá llenarse de la información que hay ahí afuera. No hablo sólo de las artes y las ciencias, sino también de todo lo que sucede a su alrededor, en la calle, en la sociedad. Una persona educada se vuelve más elocuente, y, al final, ¿qué es la ropa sino un lenguaje?

Una persona educada y con mundo tendrá una visión más intelectual de la ropa, podrá darle un uso más consciente a lo que se pone y hará que ésta trabaje a su favor. En una palabra, usará la ropa y no al revés. Me explico: cuando no tenemos cultura, nuestro criterio es muy escaso. Entonces nos volvemos presa fácil de la publicidad y del consumo. Si el mundo nos dice que llevemos la tanga —o el resorte del bóxer— por fuera de los jeans, corremos a hacerlo. Pero si tenemos un criterio más desarrollado —estimulado por la educación—, nos daremos cuenta de que, a pesar de que nos juren que la indiscreta tanga que se asoma fuera de los límites del pantalón es muy *cool* y la lleva toda la gente, no es fina ni elegante, y estéticamente hablando se ve espantosa, así la use Christina Aguilera o quien sea.

Hay modas cuya génesis es válida —la experimentación, la novedad—, pero cuyo resultado final puede ser desastroso. Sólo nuestro sentido común nos hará darnos cuenta de ello y lograr diferenciar un gesto atrevido de uno vulgar y soez. Miuccia Prada dice: "La receta para tener estilo es estudiar. La gente tiene que documentarse, aprender". No podría estar más de acuerdo con ella.

La geografía

Parece mentira, pero es decisiva en nuestras elecciones estilísticas. Las personas que nacieron en climas cálidos por naturaleza se inclinan hacia textiles más ligeros, frescos, y gustan de colores más vivos, al contrario de aquellas que nacieron en climas fríos, quienes optan por texturas más abrigadoras y normalmente se decantan por tonos más sobrios. Por otra parte, la gente que vive en ciudades donde los cambios de estación son muy marcados adquiere un sentido de versatilidad muy importante y aprende a saber cómo variar de prendas de un clima a otro.

También la cultura y el folclor de cada país influyen decisivamente en el gusto de los que viven en él. En España, por ejemplo, los estilos varían considerablemente de acuerdo con la región: los andaluces tienden a llevar ropa más sexy, festiva; los madrileños se decantan más por un estilo urbano y los catalanes son amantes del diseño y sus elecciones al vestir implican un toque inusual; por ejemplo, las monturas de sus lentes son siempre de estilo extremo, fabricadas en coloridos acetatos.

En México, la gente que vive en climas tropicales, como los veracruzanos o yucatecos, tiene una tendencia a vestir de blanco o en colores claros y de fibras naturales, como el lino y algodón. Las oaxaqueñas, orgullosísimas de su herencia cultural, incluyen en su indumentaria cotidiana elementos de su folclor, como es el caso de la joyería de filigrana o las prendas con bordados multicolores. Los habitantes de la ciudad de México son urbanos al ciento por ciento y sus atuendos se han convertido en una mezcla multicultural, influida básicamente por nuestro vecino país del norte y Europa, España especialmente.

En Estados Unidos, la influencia geográfica es aún más clara. Se puede distinguir perfectamente a simple vista a un neoyorquino de un angelino. Los habitantes de Nueva York son urbanitas al ciento por ciento y manan una sofisticación muy suya; es esa elegancia que radica en lo simple, pero siempre se aderaza y achispa con toques de moda. La gente que vive en Los Ángeles es más "ligera de equipaje", de exteriores, de estilo playero. Pero incluso dentro de este estilo relajado alcanzan un glamour muy suyo y adoran las prendas más volátiles, los accesorios grandes y, tanto las mujeres como los hombres, tienen siempre un aspecto saludable, asoleado y cuidan mucho su figura.

Otros que son geográficamente famosos por su elegancia son los parisinos, siempre *chic* sin tratar demasiado. ¿Cómo dejar de lado a los italianos y su ropa siempre sexy y ajustada al cuerpo? Otra cultura muy interesante, estilísticamente hablando, es la india, cuyos habitantes, en medio de un ambiente áspero, se las ingenian para brillar con la gama de colores más atrevida y relumbrante del planeta.

La sociedad

Sí, es casi freudiano. La sociedad nos impone reglas para que cada uno no vaya por ahí haciendo lo que le da la gana y que el mundo se vuelva un caos. Los niños pueden mostrarse en público en ropa interior o desnudarse sin pudor alguno, usar las prendas que les gustan o descartar las que detestan, quitarse los zapatos. Pero gradualmente van aprendiendo por regla social, moral y a veces hasta religiosa que hay ciertos lineamientos de conducta que deben seguirse para la buena convivencia con los demás. Si un niño creciera alejado de la civilización y sus reglas de comportamiento, se volvería un salvaje, como Mowgli, de *El libro de la selva*.

Depende mucho de cómo se nos transmitió ese mensaje cuando fuimos niños —con cuánta holgura o firmeza— el que desarrollemos más o menos la adaptación a la sociedad y que esto al final se refleje en nuestro estilo personal. Una persona a la que se le pusieron pocos límites tal vez tendrá más problemas de adaptación y esto se reflejará con toda seguridad en su estilo, que podría inclinarse hacia corrientes estéticas más rebeldes, más anárquicas, como el punk, por ejemplo. Alguien que tuvo más restricciones y una educación más rígida pasará menos trabajo para integrarse a la sociedad y su estilo seguramente será más uniforme, más acorde al del grupo en el que suele moverse; probablemente esta persona será más proclive a seguir las tendencias de moda.

Por otro lado, los sectores más conservadores de una sociedad e incluso la religión influirán también en el estilo de una persona. Estos factores se vuelven más restrictivos especialmente en lo que respecta a prendas reveladoras o que se relacionan con lo que en su código moral parece vulgar o contestatario. Sólo hace falta mirar hacia atrás y recordar cómo han sido mal vistas, a lo largo de la historia del siglo pasado, las faldas muy cortas, los maquillajes excesivos o las tendencias culturales rebeldes de los jóvenes —que se han traducido a modas—, como el punk, el grunge o el mismo rock.

Toda esta carga de información, de una manera u otra, la recibimos todos: educación relajada, estricta, moralina, libre... Pero lo fascinante de todo esto es que al final lo que nos convierte en individuos (únicos) es que cada uno toma esa base y la transforma, trabaja y evoluciona de acuerdo con su personalidad. La génesis del estilo es espontánea y no tiene reglas. Lo que sí las tiene es cómo descubrirlo, pulirlo y desarrollarlo, pero de esto iré hablando en los siguientes capítulos.

Nuestro propio concepto de la estética

Así como Saint Laurent lloraba al ver mujeres mal vestidas, seguramente recuerdas un momento lejano en tu infancia que tendría relación con tu estilo, una prenda que te gustaba mucho, tu color favorito, gestos, formas de expresión. Todo esto es muy tuyo. Como los aspectos mencionados antes, también el concepto de la estética se crea por los factores externos que nos van formando como individuos. Pero lo fascinante del tema es que no hay una razón que explique el gusto: nuestra elección de una cosa en lugar de otra es completamente arbitraria. En cuestiones de gusto no hay un motivo que sea reglamentado o seguro. Es verdad que muchas veces una niña elige un estilo determinado de zapatos o un niño opta por una camisa de un color u otro por imitación porque lo han visto en sus padres, hermanos o en otros niños. Pero he sabido de cientos de casos donde las elecciones son absolutamente arbitrarias.

Mi sobrina, por ejemplo, desde muy pequeña tuvo inclinación por todo aquello que le evocaba feminidad: maquillaje, zapatos de tacón, joyería. Lo curioso es que en su entorno no había nada que la hubiera influido hacia esta inclinación, ya que su madre y su padre solían ser dos personas bastante sencillas y poco interesadas en estas cuestiones de la moda. Además, la televisión en su casa estaba muy restringida. Ella creció siendo elocuente, clara, pícara y, lo que más me gustaba de ella, amante de la moda. Recuerdo que cuando la bautizaron ya estaba mayorcita; tendría unos cinco años de edad. Yo fui su padrino y cuando compramos su atuendo para la ocasión le sugerí que, como ya no era una bebita, sería mejor llevar un vestido blanco sencillo, sin todos los encajes y adornos que suelen tener los trajes de bautizo en Latinoamérica. Ella me miró y me dijo sin titubear: "Me parece muy bien llevar un vestido sencillo. Pero entonces quiero un collar de perlas". Me dejó de una pieza. Después de la risa y sorpresa por la contundencia de su solicitud, sonreí desde el fondo de mi ser y, claro, le compré un collar de perlas. Cultivadas y modestas, pero reales. Se las merecía.

Como el de ella he visto muchos casos: gente que desde pequeña manifestaba su personalidad mediante sus gustos, su ropa, sus elecciones para una cosa u otra. Es el desarrollo de nuestro propio sentido estético. Sí, es una cualidad que mucha gente desarrolla más pronto y hay quien la tiene latente, pero con la ayuda y los estímulos adecuados puede despertarse en cualquier momento.

¿Y la moda?

Se cuece aparte. Se suele creer que una persona que gusta de la moda, que la sigue o consume tiene estilo. Esto no es necesariamente cierto. Pero primero te diré lo que es la moda para mí. Se trata de un fenómeno cultural, un movimiento estético, una industria que nos sirve —y a la que servimos, por qué negarlo— y cuya naturaleza es muy arbitraria. Es decir, la moda no nace para cubrir las necesidades de los consumidores, sino más bien para generarlas. El nuevo vestido de Valentino, la bolsa de Chanel o los zapatos de Louboutin no nacieron, a diferencia de la tecnología o la ciencia, para subsanar una necesidad nuestra, sino para crearnos una necesidad estética y despertar deseo. Ésa es su magia. Entendamos algo: la ropa se compra por necesidad, la moda no; no se adquiere porque cubra una necesidad imperiosa, sino, simplemente, porque nos gusta. Y mucho.

Claro que cuando abrimos las páginas de una revista, encendemos la televisión o entramos a un *mall* puede parecer que existe una confabulación contra nosotros para hacernos sentir que la moda es indispensable como el oxígeno. Seré franco: a veces sí la necesitamos desesperadamente, sobre todo cuando somos adictos a ella. Si tienes este libro en tus manos es porque seguramente también tienes, en mayor o menor grado, una afición por la moda.

Pero, volviendo al punto inicial, es importante entender que la moda no te da estilo. Lo puede reafirmar, exacerbar, exaltar, pero nadie se vuelve una persona "con estilo" por comprarse el vestido de la temporada. No es así como funciona. Observa muy bien a tu alrededor, a tus compañeros de escuela, de oficina; en la calle misma. Verás decenas de chicos y chicas que, de alguna manera, llevan ropa muy semejante, especialmente los muy jóvenes. Observa cómo el mismo par de jeans, la blusa, la camiseta y los zapatos se ven diametralmente diferentes de una persona a otra, y más aún, ve cómo hay a quien le lucen de maravilla y a quien se le ven espantosos. Y son atuendos muy parecidos. ¿Qué influye? La talla, la altura, la edad, el tono de piel… Esto hace que ciertas prendas, cortes y colores favorezcan más a ciertas personas que a otras. Pero los seguidores apasionados de la moda, que quieren llevar lo último a toda costa, no hacen esta reflexión antes de decidir sobre lo que van a ponerse.

¿Cuántas chicas o chicos con kilos de más no has visto en la calle con camisetas o prendas superajustadas, incapaces de contener sus formas? Y más, ¿cuántas chicas se tiñen de rubio con pésimo resultado o se ponen faldas cortas teniendo piernas demasiado delgadas…? La moda los hace sus esclavos, y no en buena forma. Ser una *fashion victim* a veces es simpático, pero otras suele ser patético, y hay que aprender a librarnos de ello. ¿Cómo? Abrazando nuestra realidad y respetando nuestra personalidad y gusto. Es verdad que la moda es atractiva y seductora —y lo es mucho más en los jóvenes—, pero encontraremos más fácilmente nuestro estilo si vemos la moda con más cautela.

Métete en la cabeza que la moda tiene que adaptarse a tu personalidad, servirte. Nunca al revés. ¿Cómo se logra esto? Muy simple: cuando te conoces bien, eliges de la moda aquello que se adapta a tu personalidad, que te queda bien y te favorece. Tienes claro cuando algo "no es tu estilo" y te niegas a usarlo, aunque sea el último grito de la moda. Si éste es tu caso, considérate una persona ganadora.

Definiciones de estilo

Todos los grandes —de la moda y otros ámbitos— han dado sus definiciones de estilo, y nosotros, a los que nos apasiona el tema, las repetimos como mantras. Las analizamos, meditamos y hasta filosofamos sobre ellas. Claro, tener como guía las sabias palabras de un grande, al que con frecuencia admiramos, suele ser muy iluminador.

COCO CHANEL: "Las modas pasan, el estilo permanece".
Una gran verdad que además refuerza mi argumento de usar la moda para tus fines y no que ella te utilice para los suyos. Imagina a la misma Coco, con su traje de tweed y su vestido negro, sus collares de perlas, brazaletes y zapatos bicolores. Fue una revolucionaria, sabía con claridad que una mujer que elige una prenda porque le gusta, le queda bien y la representa, siempre se verá mejor que una que sigue la moda ciegamente.

PURIFICACIÓN GARCÍA: "El estilo es un don intransferible".
La diseñadora española sabe que el estilo no se adquiere o se hereda, sino que debe desarrollarse de manera personal. Para ella, el estilo está en cómo una mujer se mueve, camina, lleva la bolsa... Es ese aire natural que cada quien tiene. Cree que se puede desarrollar también con estudio y educación, pero más que nada siendo coherente y sensato con la propia personalidad, con quien eres.

KARL LAGERFELD: "Estilo es lo que hace a una persona diferente de otra. Es su sello distintivo".

No podría estar más de acuerdo. Si miramos un poco a las personas que consideramos que han tenido un estilo, nos daremos cuenta de algo: no se parecen a nadie más. Audrey Hepburn, Marilyn Monroe, Sarah Jessica Parker o el mismo Lagerfeld. Todos ellos han encontrado prendas, formas de usarlas y un discurso muy suyo de vestir, de llevarse a sí mismos. El sello de Karl son sus gafas oscuras y su cola de caballo; el de Audrey y Sarah Jessica, esa manera tan suya de llevar la ropa. Eso los hace diferentes de los demás.

CHRISTIAN LACROIX: "Sabes que tienes estilo cuando los demás te imitan".

¿Qué no es esto justamente lo que crea las modas? Las masas suelen imitar a aquellos que han conseguido diferenciarse de los demás. De eso se trata este juego. Es muy halagador para quienes son innovadores y una guía invaluable para los seguidores.

AUDREY HEPBURN: "Uno no debe cambiar constantemente. Cada quien tiene su propio estilo. Cuando lo encuentres, apégate a él".

A veces cuesta, porque la búsqueda entraña trabajo, introspección y autoconocimiento. Sin embargo, cuando se encuentra el estambre suelto es más fácil desenmarañar la madeja. Una vez que te conoces, lo demás viene por añadidura. Audrey lo sabía, por eso fue una mujer reconocible y admirada por lo que se ponía: siempre adecuado, perfecto y que, indudablemente, hablaba de quién era ella.

VICTOR HUGO: "El estilo es la sustancia del individuo llevada incesantemente hacia la superficie".

Lo que eres, cómo piensas, cómo convives y socializas. Tus puntos de vista estéticos e ideológicos. Todo esto, que está dentro de ti, de una u otra manera se transporta hacia el exterior. Por eso se dice tanto que la elegancia es un estado mental. Si eres alegre, vives con ligereza y eres joven, esto se mostrará en tu indumentaria y tu manera de llevarla. Si eres consciente con el medio ambiente, también eso ya puede mostrarse con las prendas de vestir. Al final, es tu verdadero ser lo que tiene que manifestarse hacia el exterior. Sólo tienes que saber escucharlo para encontrar la mejor manera de que su manifestación exterior sea estética y tenga gracia.

LAUREN HUTTON: "Moda es lo que te ofrecen los diseñadores cuatro veces por año. Estilo es lo que tú eliges".
Está dicho de manera magistral y clara. Hutton, como modelo y actriz, es una mujer que supo encontrar su estilo personal incluso habiendo estado tan influida toda su vida por diseñadores de moda, con cuyas creaciones se vistió miles de veces. Casual, natural y "ligera de equipaje", esta mujer nos muestra, una vez más, que son nuestras elecciones —conscientes y acertadas— sobre el mundo de la moda las que nos ayudan a construir una personalidad propia.

BILL BLASS: "El estilo, antes que nada, es una cuestión de instinto".
Volvamos un poco a lo que decíamos. ¿Por qué ciertas personas eligen un color por encima de otro? ¿Un corte determinado de prenda? Muchas veces por educación o información, pero cuando el estilo se tiene bien desarrollado, a la par que éste va creciendo nuestro instinto para elegir lo que más nos conviene y nos representa. Blass, brillante diseñador, tuvo siempre ese sexto sentido para crear prendas pulcras, fluidas... Transmitía su estilo a lo que hacía. Y las personas que poseen ese *feeling* o instinto para elegir correctamente, en un mundo con una oferta de moda tan amplia, en definitiva tienen perfectamente claro cuál es su estilo.

JOHN GALLIANO: "El estilo nace de la inspiración, nunca de la imitación".
En efecto, el controvertido John Galliano tiene razón. En la búsqueda de estilo hay que tener claro quiénes somos, pero también hacia dónde debemos dirigirnos, e inspirarnos en una personalidad o alguien con quien nos

identifiquemos es un excelente apoyo. Pero es importante tomar elementos y retransformar la idea de algo o alguien que nos gusta y adaptarla a nuestras propias características y condiciones. Si te inspiras en alguien, puedes generar a partir de ello algo nuevo en ti. Si imitas, nunca mostrarás tu verdadera cara, parecerá que llevas un disfraz.

RACHEL ZOE: "Estilo es una manera de decir quién eres sin tener que pronunciar palabra".
La estilista, coordinadora de moda y ahora diseñadora tiene razón: la ropa que eliges habla por ti sin que digas nada. Un atuendo puede evidenciar tu edad, gustos, educación, religión y hasta clase social. Pero lo más interesante es que incluso en estilos más sofisticados y elaborados este discurso silencioso que dice tu ropa te hace único, y esto pasa cuando ya has entendido y reinterpretado tu propio bagaje personal y lo pones de manifiesto con tu indumentaria.

¿Soy *fashion victim*?

Es importante reconocer qué tanto hemos confundido ser *fashionista* con *fashion victim*. La primera es una persona a la que le gusta estar a la última moda, sabe de tendencias y las lleva con gracia, como parte de su personalidad. La segunda es aquella que va corriendo a comprar y usar lo que las revistas y publicidad le dicen que está de moda, sin analizar antes si realmente es para ella, si le queda, si le luce bien.

Y tú, ¿lo eres? Responde a estas preguntas con honestidad y lo sabrás.

•••

1. ¿Estás muy pendiente —demasiado— de las tendencias de moda?

2. ¿Tienes en tu clóset prendas en excelente condición, pero ya no las usas porque son "de la temporada pasada"?

3. ¿Riges tus compras de ropa o accesorios guiada más por "lo que se lleva" que por lo que realmente te gusta o te queda bien?

4. ¿Usas colores que sabes de antemano que no te favorecen porque son "los de temporada"?

5. ¿Sueles imitar constantemente a las celebridades?

6. ¿Llevas zapatos de tacón con los que no puedes caminar o bolsas de mano incómodas e imprácticas, pero que son de supertendencia?

7. ¿Te compras una prenda de vestir pensando en el efecto que va a causar en las personas que te verán con ella?

8. ¿Eres capaz de viajar, hacer largas colas en una tienda o anotarte en listas de espera por un accesorio de última moda que no es fácil de conseguir?

9. Si alguna amiga —o amigo—, que es igual de amante de la moda que tú, critica algo que llevas puesto, ¿no te lo vuelves a poner aunque te guste y favorezca?

10. ¿Te has quedado sin pagar la renta o has tenido que comer casi pan y agua por una temporada con tal de comprarte una prenda excesivamente cara y de moda?

•••

Si respondiste "Sí" a más de cinco preguntas, seguro eres una *fashion victim*. Si las afirmaciones fueron menos, entonces eres una persona a quien la moda le gusta, pero que no pierde la cordura por ella.

Ser víctima de la moda no es tan malo y, de hecho, cuando comenzamos a buscar nuestro estilo serlo resulta de gran utilidad, porque nos puede dar una guía de hacia dónde debemos ir y hacia dónde no. Nos da ideas, nos permite experimentar, algo que es importantísimo en el proceso de búsqueda de estilo. Aun cuando ya tienes una personalidad formada y eres una persona segura de quién eres, la experimentación siempre te llevará a descubrir novedades. Algunas quizá no sean buenas, pero con un poco de suerte tendrás revelaciones estilísticas maravillosas.

2. Estilo, elegancia y buen gusto
Tres conceptos diferentes

PROBABLEMENTE PERTENECES A LAS NUEVAS GENERACIONES CUYA VISIÓN DEL mundo está íntimamente relacionada con las redes sociales. Este fenómeno nos ha acercado muchísimo con el mundo y ahora podemos enterarnos de lo que pasa en París, Japón o Brasil en tiempo real; de lo que comen, usan, dicen o escuchan los jóvenes de otras latitudes. Esto ha ampliado nuestro gusto y visión de todo lo que acontece socialmente, pero también nos ha llenado de desinformación porque hoy todos podemos opinar públicamente de algo.

Cuando era pequeño, recuerdo que oía a mi madre maldecir a Rocío Banquells frente a la pantalla del televisor cuando le hacía alguna villanía a Verónica Castro en la telenovela *Los ricos también lloran*. Agitaba sus puños al aire contra los malos de sus series favoritas y aconsejaba a las buenas. Claro está que ellos no podían escucharla. Todo se quedaba en la intimidad de nuestra sala. Hoy no pasa lo mismo. Si entonces hubiera habido Twitter, seguro que mi madre le hubiera dicho a la Banquells todo lo que pensaba de ella y se hubiera quedado muy tranquila.

Ahora se puede opinar de todo: de lo que dijo un político, de lo mal que le quedó la cirugía plástica a una actriz o de la última colección de Balenciaga. Opinar no tiene nada de malo. ¡Que viva la libertad de expresión! Lo que sí me parece terrible es cuando cualquier persona sin experiencia o educación decide, por sus pistolas, volverse un especialista en cualquier tema. Y en la moda, por desgracia, estamos saturados de ellas.

Durante mucho tiempo me negué a tener un blog. No tenía interés alguno en meterme al jardín de los blogueros porque, si bien era cierto que había muchos rosales, también estaba infestado de hierba mala. Y a veces, los unos podían confundirse con los otros.

Actualmente, mi percepción ha cambiado; sigo siendo periodista y escritor, pero además soy bloguero porque necesito tener un foro electrónico para expresarme con libertad. Y porque me encanta hacerlo. No obstante, aún pienso que hay mucha gente que no debería hablar de moda porque crea confusión. Ése es el gran problema. Estas opiniones infundadas sobre un tema que no conocen llegan a ser las causantes de que nuestro criterio sobre ciertas reglas de vestir se altere y se vuelvan confusas. Cientos de blogueros alrededor del mundo publican en sus espacios fotos de personas con *looks* que ellos consideran correctos. O, en algunos casos, dichas imágenes son de sí mismos, lo que vuelve la cuestión aún más subjetiva. A veces, la experiencia, bagaje y mundo de determinado bloguero pueden hacer que sus puntos de vista sean válidos y tengan un sustento. Decir "me gusta" porque sí no es suficiente. Hay que tener fundamentos para decirlo. Por eso, hay que cuidar a quién seguimos y verificar dos veces el currículum de nuestros consejeros de estilo. Tal es mi consejo.

Lo anterior viene a cuento porque en ocasiones se nos dificulta saber bien a bien qué es estilo, elegancia y buen gusto. Aunque los tres son conceptos que van de la mano, pueden existir el uno sin necesidad del otro. A veces son consecuentes entre sí y cuando se dan los tres en una misma persona es que ha logrado llegar al Olimpo del mundo de la moda.

Buen gusto

Es muy subjetivo porque su definición está íntimamente relacionada con un grupo de valores sociales y culturales que lo determinan. Por ejemplo, el buen gusto de una gran ciudad no es el mismo que el de un pueblito de provincia;

tampoco es lo mismo en un país de Occidente que en uno de Asia o en países con educación más represiva, como los musulmanes. Entonces, para la cultura occidental sería de mal gusto que una mujer fuera demasiado vestida en la playa y para un país islámico sería justo lo opuesto, además de considerarse un atentado religioso. No voy a entrar en discusiones políticas o religiosas —es de mal gusto—, simplemente ejemplifico. Lo que se considera de mal gusto en una sociedad determinada es lo que ésta no ve bien, de acuerdo con sus reglas de convivencia particulares.

El buen gusto siempre ha sido un poco arbitrario. En algún momento, Christian Dior dijo: "Tener buen gusto es tener el mío". Pero, en teoría, el gusto es nuestra capacidad de discernir entre lo que es bello y lo que no. Claro, esta capacidad puede ser innata o aprendida, y son las sociedades y culturas las que establecen lo que es bello y lo que no, de acuerdo con sus conveniencias individuales. El escritor Jean Rostand afirmaba: "El buen gusto está en el justo medio, como la virtud: entre la tontería del vulgo y la de los elegidos". Esta definición me parece perfecta. Como siempre he dicho, el balance y el equilibro son la clave de la armonía casi en todos los aspectos de la vida. Y la moda y el vestir no son la excepción.

Por ende, para mí, el buen gusto no es estar a la moda ni imitar a quien sí lo está, sino elegir correctamente, con prudencia, con discreción. Es balancear nuestras elecciones sin irnos a lo demasiado austero ni a lo excesivamente escandaloso. Tiene que ser sobrio, pero nunca aburrido; coquetear con lo atrevido, pero nunca caer en lo vulgar. El buen gusto, por lo general, va a lo seguro y el efecto que consigue socialmente es de una aceptación mayoritaria.

Pero justo este balance es lo más complicado de lograr en la vida porque por un lado están las masas ajenas al buen gusto —ya sea por falta de interés o de los recursos para adquirirlo— y por el otro están las elites seguidoras y amantes de la moda que la siguen al pie de la letra sin pasarla por el tamiz de un criterio adecuado. Es por ello que el buen gusto es raro, difícil de encontrar. Pero como éste se encuentra ligado a otros aspectos sociales, como las "buenas maneras y educación", lo propio o lo mesurado, tiene también muchos detractores que huyen de él como de la peste.

Al respecto, el escritor Bertolt Brecht dijo: "A veces es más importante ser humano que tener buen gusto". Steven Spielberg señaló: "Hay una línea muy fina entre la censura y el buen gusto", y John Galliano afirmó: "Un diseñador que busca crear una colección de buen gusto a ultranza está poniendo en grave peligro su punto de vista creativo". Como al final del día el buen gusto sería, estrictamente, el resultado de seguir determinadas reglas sociales, a las personas más rebeldes puede resultarles un poco reaccionario.

Pelayo Díaz, un bloguero español al que le sigo la pista ocasionalmente, es osado y aventurero al vestir. Tiene la edad, el cuerpo y las agallas, y esto siempre lo aplaudo. Experimenta con lo que usa, a veces con resultados magníficos, pero en otras, y como suele suceder en muchos casos, la mezcla le estalla en la cara y el experimento tiene un resultado fatal. Recuerdo que una vez *posteó* una foto suya usando sandalias con calcetines, una tendencia de moda de la que seguramente nos arrepentiremos algún día, pero que muchos jóvenes y *fashionistas* están adoptando. Personalmente no me gusta por una razón muy simple: no me parece estética ni práctica. Las sandalias sirven para mantener frescos los pies en climas cálidos, por ende, si las usamos con calcetines su función queda nulificada. Pero aplaudo la creatividad y osadía de Pelayo. Los comentarios negativos hacia su foto fueron muchísimos, incluso algunos cruentos. Y el argumento de sus detractores era el del mal gusto. ¿Cómo era posible que un bloguero de moda lo tuviera?

De pronto, David Delfín, un diseñador español muy reconocido, entró en su defensa afirmando que el *look* le gustaba. Callaba la boca de sus agresores diciendo: "El buen gusto hoy está muy sobrevalorado". Esto me hizo reflexionar. ¿Será verdad? ¿Las reglas del buen gusto se están modificando o socialmente son tan tomadas en cuenta al momento de elegir que coartan nuestra libertad de elegir ropa por gusto, por diversión? Probablemente.

Pero, siendo honestos, el buen gusto nos mueve algo por dentro. Lo podemos desear o despreciar —probablemente por desinterés o por no saber cómo conseguirlo—, pero siempre lo vamos a reconocer porque salta a la vista. Tanto el buen gusto como el malo son producto de nuestra educación, cierto, pero también de una serie de decisiones personales, tomadas por libre albedrío. Ambos gustos son notorios y se trasminan no sólo a través de lo que usamos, sino también por cómo lo usamos. ¿Te interesa el buen gusto? Es fácil cultivarlo. La elegancia puede ser innata, pero el buen gusto sí se educa. La idea es siempre buscar el término medio. Es complicado de entrada porque nos parece abstracto, pero quizás esta ecuación te pueda ayudar: el buen gusto puede ser el resultado del punto medio entre lo que te pones siempre y lo que jamás te pondrías.

Hay quien dice que Audrey Hepburn tenía buen gusto por su sencillez, pero me inclino a pensar que lo tenía por su sentido del equilibrio. Fíjate muy bien en sus atuendos; eran pulcros, sobrios, pero siempre llevaba una pieza distintiva que la hacía salir de lo ordinario y, por ende, verse extraordinaria. En el *look* cinematográfico de Holly Golightly, sus vestidos sencillos estaban acompañados de piezas espectaculares, como un enorme collar de fantasía, un abrigo de fiesta, una tiara... En sus *looks* cotidianos sucedía lo mismo, se ponía unos pantalones simples y unos zapatos planos con un suéter *oversize* o un vestido de noche con una enorme flor como broche. Ésta era su forma de lograr equilibrio, mezclando piezas sencillas con otras más osadas.

En cuanto a mí, modestia aparte, conozco el buen gusto. Pero no hago mucho uso de él porque, para mí, a veces puede resultar aburrido. Lo valoro, lo reconozco, lo aplaudo. Incluso, si quisiera, podría vestir con un gusto exquisito, pero no me da la gana. Así de sencillo. Me fascina provocar, expresarme y que, en ocasiones, de manera consciente y planeada, mi ropa grite. Que diga: "¡Aquí estoy!". Mas los gritos no son de buen gusto. Éste susurra, pero el estilo a veces puede gritar. De esto hablaré más adelante. Te comparto una cita más de un gran escritor, Charles Bukowski, quien decía: "El mal gusto crea más millonarios que el buen gusto". Y es verdad. El buen gusto a veces puede contenerte, darte más reglas, y si tu personalidad lo necesita, adelante. Seguramente serás recordado como alguien de gusto impecable toda tu vida. Pero si, como yo, necesitas más válvulas de escape, entonces aprende a encontrar la línea media que te hará una persona que sabe lo que es el buen gusto, porque siempre es bueno saberlo. Luego usa esta información cuando te dé la gana o la ocasión lo amerite. La opción es tuya.

Elegancia

Cuando era adolescente, tomaba el autobús para ir a la preparatoria en la calle Cinco de Mayo, en el centro de la ciudad de México. Todos los días, en Reforma Centro, se subía una chica al mismo autobús. Me encantaba verla. Tenía una gracia innata, una suavidad de movimientos, una belleza muy discreta. Siempre vestía de colores oscuros y sólo tenía dos bolsas de mano que combinaba con todos sus atuendos: faldas a la rodilla, suéteres de cuello redondo, trajes de dos piezas. Algunas veces se peinaba con cola de caballo, otras con el cabello suelto; calzaba zapatos de tacón y llevaba la boca siempre iluminada con un rojo mate muy M·A·C·. Me fascinaba observarla. Con su mirada vagando por los edificios del México de los tempranos años ochenta, su bolsa descansando en sus piernas. En ese entonces no sabía por qué me llamaba tanto la atención. Hoy lo sé; era una imagen perfecta de elegancia.

Giorgio Armani lo afirmó un día: "Una mujer elegante es aquella que atraviesa un mercado sin despertar un comentario vulgar". Mi chica del autobús era justo eso: una mujer que llamaba la atención por su belleza, por su modo de vestir, pero su manera de comportarse en esa particular circunstancia la hacía elegante. Se dice frecuentemente que una persona con elegancia es aquella que viste de manera correcta para cada ocasión. Es, en pocas palabras, una persona que sabe estar. Cientos de veces me han preguntado cuál es el secreto de la elegancia. No hay tal. Tampoco fórmulas. Si así fuera, la elegancia podría comprarse por kilos, en latas o frascos. Todo en este mundo sería más fácil o, por lo menos, más estético (y quizá más aburrido por su falta de diversidad).

Christian Dior fue un hombre directo, de opiniones contestatarias. Así como dijo que tener buen gusto era tener el suyo, también afirmó que no había fórmulas de elegancia, pero que echar mano de ciertos aspectos siempre podía ayudar: "No creo en las fórmulas al momento de vestir. Si existieran, cualquier mujer que pudiera pagar por ellas sería elegante, y no funciona así. Hay tres cosas que caracterizan la elegancia: simplicidad, pulcritud y buen gusto. Y ninguna puede comprarse, pero sí aprenderse".

De la misma manera en que el buen gusto es más particular, la elegancia tiene la cualidad de ser más universal. Ahí están la Hepburn o Chanel para demostrarlo. Y no sólo ellas; las mujeres de la India con sus saris coloridos, las de Oaxaca y Chiapas, en México, con sus trajes bordados... Imposible negar su elegancia. Habrá quien se pregunte: "¿Cómo es que mujeres tan distintas y con atuendos tan diversos pueden ser consideradas elegantes?". Es muy simple, la elegancia no es un atuendo, es la actitud con la que éste es llevado. Es la persona la que hace la ropa, nunca al revés. Usar con seguridad, dignidad y gusto lo que llevamos puesto es el primer paso a la elegancia. Karl Lagerfeld dice: "La elegancia es una cualidad física y moral que no tiene nada que ver con la ropa. Hay campesinas más elegantes que mujeres de ciudad que pretenden serlo".

Pero quizá la pregunta que ahora te estés haciendo sea: "¿Cómo puedo comenzar a ser elegante?". La respuesta es simple. Justo eso: simpleza, sencillez. Es el primer paso para lograrlo. Es verdad que hay elegancias más sofisticadas, pero, si te fijas, todas parten de la sencillez. Es lo que decía de la Hepburn, que mezclaba piezas llamativas con otras sencillas. Pero, repito, no hay que confundir sencillez con aburrimiento. Un traje sastre con blusa blanca y zapatos planos negros es aburrido. Un traje sastre con una blusa blanca, un broche grande en la solapa y unos zapatos de tacón en un color contrastado es elegante y *fashion*. Los detalles e imprimir nuestro sello en un atuendo son lo que lo hace diferente, personal y elegante, si está elegido con cordura y equilibrio.

En seguida te daré siete reglitas sencillas, lineamientos, mejor dicho, para poder encontrar el camino de la elegancia.

1. Menos es más. Cuando te *accesorices*, maquilles, peines o perfumes, piensa que lo discreto siempre es más elegante que lo excesivo. Si maquillas intensamente tus ojos, lleva la boca en tonos suaves, y viceversa. Si te haces un peinado importante, el maquillaje debe ser simple. No te bañes en perfume. Si llevas aretes o collar grandes, el resto de tus accesorios será más pequeño. Piensa que la clave para lucir elegante radica en que en tu indumentaria y arreglo haya uno o dos puntos focales. El resto debe enmarcarlos. Si dudas, es que no hay duda. Si te miras al espejo y ves demasiadas cosas, es que te recargaste de más. Quítate algo.

2. Los señores tienen más fácil el camino de la elegancia, ahí está, a la vista. Sólo que no hay que confundirlo con el del anonimato y el aburrimiento. Usa prendas clásicas con un toque de vanguardia: zapatos, corbata, pañuelo, lentes, bolsa. Si eres más *fashion*, incluye una pieza de joyería y sigue los consejos en este libro... Te serán de utilidad.

3. ¿Brillos, estampados y colores estridentes? Todo se vale, siempre y cuando se lleven de la manera adecuada y en la ocasión correcta. Los brillos, idealmente, son para después de las cinco. Sólo si eres más *fashion* puedes llevarlos en el día y combinarlos de manera *effortless*, es decir, sin arreglarte demasiado. Los estampados y los colores estridentes, para que luzcan elegantes, deben ir mezclados con una prenda en color neutral. Si los mezclas entre sí puedes conseguir combinaciones interesantes, quizá más *fashion*, pero no necesariamente elegantes.

4. Elige adecuadamente las prendas de acuerdo con la ocasión. Éste es el secreto clave de la elegancia: saber estar.

5. No hay prendas prohibidas, sólo formas incorrectas de llevarlas. Casi todas las personas pueden usar todo tipo de prendas —con las variantes

adecuadas a sus cualidades físicas—, sólo que hay que saber exactamente cómo y cuándo usarlas.

6. Si eres una mujer con "más de algo": edad, peso, busto o cadera, o bien eres de estatura corta, opta por prendas de corte sencillo, sin demasiados adornos o muy elaboradas.

7. No imites la elegancia de otros: descubre la tuya. Tu término medio nunca será el de otra persona, lo que en ella luce elegante, en ti puede verse desde aburrido hasta vulgar. Por eso no hay reglas, porque las mismas ecuaciones de vestir no funcionan igual para todo el mundo.

Filosofar sobre la elegancia

Hay muchas frases de grandes de la moda que nos ayudarán a tener más claro este concepto. Coco Chanel solía decir: "La elegancia es negación". Para ella claro que lo fue, ya que revolucionó la moda usando todo lo que una mujer no había llevado hasta entonces. Se negó a seguir las reglas e inventó las suyas. Superó las barreras del buen gusto y la elegancia, y creó un estilo que, hoy por hoy, es un código internacional de distinción. Por eso, a veces hay que ir un poco en contra de la corriente, ser rebelde, porque la rebeldía puede llevarte por caminos en los que descubrirás detalles acerca de tu propia imagen, y serán hallazgos de estilo y, ¿por qué no?, de elegancia.

Giorgio Armani afirmó: "La elegancia no es ser notada, sino recordada". Para muestra, mi chica del autobús de cuando era adolescente. Es verdad, piensa en muchas de las mujeres y hombres considerados elegantes a lo largo de la historia. Yo no recuerdo exactamente lo que usaban —salvo algunos trajes icónicos, claro está—, sino que recuerdo su *allure*, su personalidad, cómo siempre se veían de maravilla. No tengo presente cada atuendo que usó Jackie Onassis, pero sí la manera en que iluminó al mundo con su personalidad. Y más allá, la elegancia, como dijera Lagerfeld, es física. Es nuestra manera de caminar, de hablar, nuestros gestos. Cómo salimos de un coche, cómo nos dirigimos a alguien, cómo tratamos a las personas. Todo esto es elegancia. Cuando estaba en la universidad, un amigo solía venir a comer a casa. Era un chico de dinero, siempre bien vestido, viajaba a Nueva York y a Europa a comprar su ropa, iba a clases en coche último modelo. Pero se comportaba de modo fatal. Hablaba con la boca llena, era gritón y trataba con desprecio a la sirvienta. Un día que vino a comer a casa e hizo una de las suyas, mi tía le dijo: "¡Ay, Manolo! Lástima de ropita. No cabe duda de que el atuendo no te vuelve caballero". Aunque me moría de pena esa tarde, mi tía tenía razón. Es verdad, el hábito no hace al monje.

Por mi parte, creo que la elegancia es un estado mental. Pero, en lo que concierne al guardarropa, es una elección. Yo disfruto más tener en mi vida personal momentos elegantes que ser siempre elegante. Al igual que tú y que mucha gente, disfruto de mi estilo y, como abundaré más adelante, tener estilo no siempre significa ser elegante. De la misma manera que con el buen gusto la elegancia puede ser una elección y, a veces, una necesidad.

Cuando hago viajes cortos por motivos de trabajo y necesito lucir bien, me voy por el lado simple. Me llevo un traje oscuro al que cambio la camisa, zapatos y accesorios, y me sirve perfectamente para pasar del día a la noche. Por ejemplo, hace tiempo veía una foto que me tomaron a la salida de un desfile de alta costura para la revista *WWD*. Sólo estaba ese día de paso en París y dejé mi maleta en el aeropuerto. Iba con abrigo y guantes negros —bastante simples— y el único detalle *fashion* que llevaba puesto era una bufanda de *mink* de Chanel. La verdad es que me sentía correcto, pero no impactante. Y justo con este *outfit*, relativamente sencillo, le resulté interesante a *WWD*; no cuando había ido "producido" o extravagante a los desfiles. Ahora veo la foto y, la verdad, admito que el atuendo era elegante. Pero yo me inclino, personalmente, por vestir de forma más llamativa. Es mi estilo. No puedo evitarlo. Claro que, como me sucede con el buen gusto, la elegancia es algo que conozco y de lo que puedo echar mano de vez en cuando,

aunque no siempre me apetezca hacerlo. Si estás en búsqueda de tu estilo y quieres llegar al punto en tu vida donde puedas ser elegante, pero no te dé la gana serlo, te aplaudo. Pero primero debes conocer las reglas para después romperlas y de esta manera crear un discurso propio, tu lenguaje personal de estilo. Ser elegante a tu manera, como lo han hecho los grandes. Te comparto y comento una serie de citas sobre la elegancia que me parecen maravillosas. Aprende de ellas tanto como lo he hecho yo.

OLEG CASSINI: "La moda se anticipa. Es un espejo del tiempo que vivimos, una traducción del futuro y nunca es estática. Pero la elegancia es un estado mental, y cuando se conquista, suele ser para siempre".
Es una frase muy cierta. La moda es una herramienta que nos ayuda a encontrar estilo, elegancia, a reflejar nuestro gusto. Pero la moda en sí misma no es ninguna de estas cosas. Por eso la moda debe cambiar, porque cuando el discurso visual se gasta hay que buscar otros nuevos. Es su naturaleza. Ya lo decía Oscar Wilde: "La moda es una forma de fealdad tan intolerable que es necesario cambiarla cada seis meses".

JEAN-PAUL GAULTIER: "La elegancia es más cuestión de la personalidad que de la ropa de alguien".

¿Recuerdas cuando Sharon Stone llegó a una alfombra roja vestida con un *twin set* de Gap? La mujer se veía espléndida con prendas que no sobrepasaban los 50 dólares. Ésa es elegancia. Llevar una camiseta como si fuera alta costura. Con garbo, con seguridad. Yo he conocido a muchas personas que me sorprenden cuando les pregunto dónde compraron lo que llevan puesto. "En H&M", me responden, y les luce como si fuera Prada. Esto, como se dice en México, es "la percha". Es quien lo lleva puesto más que lo que lleva puesto. Esto es un signo claro de estilo y elegancia.

YVES SAINT LAURENT: "Nunca debemos confundir elegancia con esnobismo". Cierto. Ir con ropa carísima o cubierto de logos como si fueran trofeos, buscando que todo mundo te mire, no te hace elegante, sino arrogante. Es un elitismo negativo. La moda, sea lujo o difusión, debe llevarse siempre con actitud normal, casual, aunque vayas vestido de etiqueta. Tienes que portar las prendas como si hubieras nacido con ellas, como si fueran parte de ti. No alardees, esto es lo más distante de la elegancia.

PURIFICACIÓN GARCÍA: "No hay nada que te aleje más de la elegancia que seguir la moda al pie de la letra".

Molière, en su obra *Las preciosas ridículas*, retrata a las primeras *fashion victims* de la historia, chicas que en pro de la moda hacen un completo ridículo de sí mismas. ¿La historia no te suena familiar? Tan sólo hay que ir a los centros comerciales o plazas públicas para encontrarnos a cientos de preciosas ridículas pululando por ahí. Visten con tacones inmensos, aunque no sepan caminar con ellos; llevan *skinny jeans*, a pesar de que sus piernas y traseros sean cualquier cosa, menos *skinny*; usan collares inauditos, aunque no tengan el cuello para ellos, y peinados que evocan a la estrella pop de esa temporada, aunque, una vez más, no se le parezcan en lo más mínimo. Purificación tiene razón, pues seguir la moda al pie de la letra, sin reinterpretarla o diluirla, puede ser muy peligroso. A riesgo de ser repetitivo, afirmo que el dicho "De la moda lo que te acomoda" es una verdad que debería estar grabada en piedra. Toma de las propuestas de estilo de cada temporada lo que se acomode a tu personalidad, a tus características físicas, a tu actividad. Inspírate, toma elementos de lo que ves en un desfile, en una revista o una celebridad. Pero no lo calques, no lo copies exactamente en ti, porque no sólo no será elegante, puede ser ridículo.

Pierre Cardin: "La elegancia no es estar demasiado vestido o poco vestido. Es estar bien vestido".

Justo éste es un problema recurrente en la sociedad, encontrar mucha gente *overdressed* u *underdressed*, como se dice en inglés. En una entrevista que le hice en su estudio en París, Cardin me habló de lo que veía en la calle desde que era joven: personas que se alejaban de la elegancia justamente por vestirse demasiado o demasiado poco para ciertas ocasiones. "Ir a un coctel o a la ópera con un vestido de día está tan fuera de lugar como ir a la oficina con un vestido de baile", me dijo. Tiene mucha razón. A veces esa mesura o esas ganas de dar un poco más son las que nos llevan a fracasar en nuestros atuendos y, por tanto, en nuestra búsqueda de la elegancia. Es el saber estar del que tanto te he hablado.

Pero ¿cómo se huye del exceso y de la falta, del *over* y el *underdress*? He aquí unas reglas muy sencillas.

Overdress, como lo indica el prefijo, es vestir de más. ¿Un claro ejemplo? Un hombre que va con esmoquin a una cena cuyo código de vestimenta indica "formal", o una mujer que va con vestido largo cuando la invitación dice "coctel". Ambos llevan ropa que no es adecuada para una circunstancia determinada, por estar mucho más arriba del nivel esperado. Ésta es una falta que comete mucha gente que busca ultracorrección, es decir, lucir extremadamente perfecta en una circunstancia. O, a veces, por sentido de competitividad quiere ser de los mejores del evento y se arregla en exceso. Esto, por supuesto, no es elegante, sino cursi y fuera de lugar.

Underdress es justo el fenómeno opuesto: vestir de menos. ¿Un ejemplo? El señor que va con traje gris de oficina a una fiesta de *black tie*, o la señora que va en *jeans* y camiseta a una comida formal. Vestir de menos da una muy mala imagen porque, de entrada, ofrece un aspecto de pobreza, de desaliño. Pero quizá lo más terrible sea que quien cae en el *underdress* demuestra que no tiene ningún respeto por las personas o situaciones con las que va a relacionarse. Con su indumentaria le dice al mundo que las reglas le importan un pepino y que aún menos le importa desarmonizar en el contexto. Claro, esto no sólo no es elegante, sino que resulta grosero, y denota falta de educación.

Ambos fallos son malos. Soy de la idea de que, si cuesta un poco encontrar el equilibrio, es mejor ir hacia el *over* y no al *underdress*; claro, sin caer en extremos. Es más fácil quitar un poco de un atuendo que añadirle cuando no tenemos el clóset cerca para echar mano de él. Una mujer que acude a una fiesta muy enjoyada puede ir al baño a quitarse algunas de sus alhajas si resulta que el ambiente es más relajado. O un señor puede quitarse la corbata si la cena de trabajo a la que va es más informal. Claro que si llegas sin corbata o sin joyas y la ocasión las amerita, ¿de dónde vas a sacarlas? Como todo en la vida, los excesos son malos. Insisto, la moda no es la excepción. Pero un poco de exceso removible nunca viene mal si no eres un profesional del estilo, ¿no crees?

Todos los caminos llevan al estilo

Quise dejar el estilo al final porque en el capítulo anterior ya hablé de él. Lo que necesitaba ahora era que te quedaran más claros los tres conceptos que son materia de este capítulo.

En el libro que escribí con Lucy Lara, *El poder de la ropa*, hay una entrevista en la que Karl Lagerfeld da su visión sobre elegancia y estilo, y sobre la diferencia entre ambos conceptos. En otra conversación que tuve con él, tiempo después, le volví a preguntar sobre este tema porque siempre me ha apasionado. Karl me dijo que, en efecto, la elegancia puede ser la consecuencia o característica de ciertos estilos, pero, a la vez, hay estilos que no son necesariamente elegantes. "*Estilo* no es sinónimo de *elegancia*. Hay personas que pueden tener estilo sin ser elegantes. En ocasiones, aunque la elegancia es una cualidad que admiro profundamente, puedo preferir a una persona que no sea elegante, pero que tenga un estilo creativo, osado... Esta manera revolucionaria de ver la moda me parece que es el camino para encontrar nuevas formas estéticas. Fue exactamente lo que Chanel hizo".

Quienes amamos la moda hemos pasado por muchos estadios. Primero imitamos en casa a nuestros padres y hermanos. Luego copiamos lo que vemos en el cine o la televisión. Más tarde, salimos a las tiendas, compramos revistas y encontramos iconos de estilo que se vuelven nuestros guías... y los seguimos imitando. Pero llega un momento en que nos gustan más cosas y queremos conjuntarlas en un mismo atuendo. Aquí iniciamos la era de la inspiración que, si tenemos suerte, nos acompañará durante todo nuestro recorrido. Nos gusta el pantalón de éste, el collar de aquélla, los zapatos de aquél... y los barnizamos poco a poco con ideas que se nos van ocurriendo. La imaginación se estimula. Buscar o elegir un atuendo no es algo cotidiano, es un festejo personal. Si esto te suena familiar, tienes estilo o estás en camino de encontrarlo.

Ya lo dije antes, el estilo es una manifestación de tu personalidad. Es el reflejo de quien eres a través de lo que te pones. No siempre será de buen gusto o elegante —los *punks* no lo son, mas indudablemente tienen un estilo—, pero es una manifestación honesta del *yo* de una persona o un grupo. Antaño, solía enojarme con amigas que me pedían que las acompañara de compras y cuando les sugería algo me decían: "No, eso no es mi estilo". Entonces me decía para mis adentros: "Querida, tú no tienes estilo". Pero la edad y la experiencia me han enseñado que estaba equivocado. Probablemente sí lo tenían; quizá no uno que me gustara o que considerara atractivo, pero lo tenían, y yo no era capaz de verlo.

En el mundo nos llaman la atención diferentes tipos de estilo: el de la ejecutiva que llega pulcra, perfumada, bien peinada, caminando firme con sus zapatos cerrados de tacón alto; el del arquitecto que con sus caquis, saco *sport*, camisa abierta y mocasines luce casual y relajado. Nos gusta ver a las estrellas de cine que van a las alfombras rojas de Cannes con vestidos de alta costura y llenas de diamantes, o a los cantantes pop que con atuendos de extrema vanguardia suben a los escenarios en sus conciertos. Nota lo diferentes entre sí que pueden ser estos tipos de personas. Pon a cada una de ellas en su ambiente. Seguro que si las analizas, dirás que tienen buen gusto porque la elección de sus prendas es certera, correcta, armónica. Quizá también puedas decir, de casi todos, que son elegantes. Algunos a su manera, pero probablemente todos lo son. Al final, estarás completamente cierto de que todos y cada uno de ellos tienen estilo.

El estilo te lo puede dar una serie de certezas. Nace del conocimiento de quién eres, dónde estás, por qué estás ahí y adónde quieres ir. Todo esto te define y hace que tu forma de moverte, de hablar, de expresarte y vestir sea coherente; una amalgama que conforma tu ser, tu persona. De antemano, me disculpo por ponerme de ejemplo, pero, como decía mi abuela cuando solía hacer lo mismo, "es que yo soy la persona que mejor conozco". He pasado por todas las fases de las que ya te he hablado —y de las que te hablaré más adelante—, de buscarme, de tratar de encontrarme y perderme de nuevo a propósito. He descubierto que la moda me fascina porque para mí es una forma de expresión, más que sólo ropa que se lleva en un sentido utilitario. Siempre quiero decir algo con lo que uso en mi vida cotidiana o al grabar para la televisión *Mexico's Next Top Model*, cuando viajo, voy a los desfiles en las *fashion weeks*, a un evento o a una cena con amigos. Cada prenda, cada mezcla, cada accesorio cuenta una pequeña historia que se entreteje con otras más que hay colgadas en mi clóset. Hay ropa que me ha acompañado en momentos importantes de mi vida, otra que me ha visto llorar, alguna que me ha acompañado ya por años y alguna más que nunca entendí y que por una causa u otra nunca usé. Se trata de prendas que me visten, me realzan, me ayudan a proyectar seguridad o modestia, según lo requiera. Es ropa con la que he tenido momentos elegantes u otros de escándalo, que he elegido con gusto, no sé si bueno, pero sí muy mío. Pero, sobre todo, se trata de una serie de prendas que si las viera cualquier persona que me conozca sabría que son mías. Creo que esto es fruto de un estilo conquistado.

¿Has entendido la diferencia entre buen gusto, elegancia y estilo? Para mí, el más valioso es este último. No en balde éste es *El libro del estilo*. Si lo descubres, con ejercicios y un poco de sentido común, podrás acceder al buen gusto y luego a la elegancia. Pero será una elegancia tuya, especial, única. Como el *allure* del que hablaba Chanel, que hay tantos como mujeres hay en el mundo. Recuerda, al final, las bases se reducen a equilibrio, cordura y buenas elecciones. Lo demás aflorará por sí mismo. Ahora lo más importante es que sigas trabajando en la conquista de tu estilo.

3. Y yo, ¿lo tengo?

HACE YA MUCHOS AÑOS, DISCUTÍA CON UNA AMIGA MUY CERCANA ACERCA DE SI debería comprarse un par de zapatos. Yo —como si en la tienda me fueran a dar comisión por ello— insistía en que debía llevárselos porque me parecían preciosos. Eran negros, de tacón alto, clásicos y que prácticamente podían combinarse con todo. Ella, reacia, me enumeraba razones para no comprarlos, y la más importante de todas era que a ella no le gustaban los zapatos de tacón porque los encontraba incómodos y poco prácticos. "No son mi estilo", me dijo en tono de disculpa. Yo, un poco enojado porque ella no había hecho caso de mi consejo y con la arrogancia de un joven que comienza a trabajar en la industria de la moda, ahora no callé la respuesta que en varias ocasiones me había reservado para mi interior, y solté, ahora sí en voz alta, las palabras demoledoras: "No, querida, tú no tienes estilo".

Al evocar esta historia con la perspectiva de los años, debo decir que los dos estábamos equivocados, pero también en lo correcto. Mi amiga entonces acababa de terminar la universidad y quería iniciarse en el mundo profesional de la hotelería. Estaba a la búsqueda de lo que le quedara bien, lo que podría favorecerle y le ayudara a vestir su nueva vida profesional. Quizás en ese momento unos zapatos de tacón alto en piel negra no eran realmente su estilo, especialmente si cursó toda la carrera universitaria calzando tenis o zapatos de piso. En eso tenía razón. Pero su personalidad tenía que evolucionar de manera acorde con el desarrollo de su vida profesional. En ese sentido, su estilo también tenía que encontrar nuevas dimensiones y empecinarse en que lo que había creído siempre —o lo que le había gustado toda la vida— era detenerse e implicaba una manera de quedarse estancada. Los estilos tienen que madurar. Por no entender esto, ella estaba equivocada.

Por mi parte, entendía esto: los zapatos de tacón eran perfectos para esta nueva fase de su vida y mostraban coherencia con su desarrollo profesional y personal, además de que eran preciosos. En esto tenía razón. En lo que estaba completamente equivocado era en mi aseveración de que mi amiga no tenía estilo. Claro que lo tenía, sólo que no era el estilo que yo consideraba que debía tener según mi punto de vista y análisis de la situación. Hoy, mi amiga es una mujer guapísima, ejecutiva y viste impecablemente. Cada vez que la veo y elogio, ella me recuerda nuestra historia de juventud y me echa en cara que yo, alguna vez, la acusé de no tener estilo.

De una manera u otra, todos tenemos estilo. Algunos más desarrollado que otros, hay quienes lo tienen más genérico y anónimo o los que se notan o gustan hacerse notar a toda costa por lo que llevan puesto. El ideal sería que tu estilo fuera el correcto, el que te haga lucir bien y, lo más importante de todo, que te sientas identificado y la gente te reconozca por él.

Entonces, surge necesariamente la pregunta clave de este capítulo: "Y yo: ¿tengo estilo?". Para responderla, te presento aquí un ejercicio de cinco pasos que te ayudará a identificar si ya tienes estilo o si necesitas buscar en tu interior para despertarlo.

Revisión del guardarropa

Seguro que esto es algo que realizas cada temporada para poner en orden lo que tienes: tirar prendas, reparar otras y comprar algunas más. Pero esta revisión es diferente. No se trata de revisar lo que te sirve para los próximos meses, sino de analizar cómo has elegido la ropa que tienes. Toma lápiz y papel. Anota primero los tipos de prendas que tienes en el clóset:

- Vestidos
- Pantalones de vestir
- Faldas
- Jeans
- Blusas
- Camisas
- Camisetas
- Chaquetas
- Suéteres abiertos y cerrados
- Trajes
- Trajes sastre
- Zapatos
- Bolsas y portafolios
- Mallas y medias
- Mascadas
- Corbatas, bufandas y pañuelos de seda
- Joyería

Ahora, con esta lista, arma un cuadro donde anotes la cantidad de cada una de estas prendas que tengas en el clóset, sus colores, estilos y peculiaridades (si son estampadas, con holanes, etcétera). Por ejemplo:

PRENDA	CANTIDAD	COLORES Y ESTILOS
Faldas	10	5 negras a la rodilla
		2 azul marino a la rodilla
		1 gris a la rodilla
		1 negra larga
		1 azul estampada corta

Quizás esto te parezca trabajo ocioso, pero no lo es. Una vez que hayas hecho tu cuadro completo tendrás información muy reveladora de tu personalidad. Así, en el cuadro de arriba, la chica tiene una marcada predilección
por el negro, ya que seis de sus faldas lo son. Por el resto de los colores, nos
damos cuenta de que se inclina por una paleta austera de tonos y la mayoría
de sus faldas son a la rodilla o largas. Esto nos habla de un perfil de personalidad más o menos clásico.

Manos a la obra, haz tu cuadro e identifica cuáles prendas son mayorita-
rias en tu clóset, su tipo y color. Haz lo mismo con los zapatos. En el caso
de los hombres, debes analizar cuántas corbatas tienes, sus estampados y
familia de color. Haz las sumas correctas y verifica los resultados. En este
caso, nos interesa lo que tienes en demasía y no lo que hay en poca cantidad. Si resulta que, por ejemplo, eres mujer y tienes un vestido y diez trajes
sastre, significa que ésta es la prenda que más te gusta o la que más usas
por tu estilo de vida. Luego ve a la paleta de color. Seguramente hallarás tonos que serán dominantes como, en el caso de nuestro ejemplo de arriba,
el negro y los tonos oscuros.

Muy importante: si tienes que usar uniforme en el trabajo o la escuela, o
si existe alguna restricción en tu oficina respecto de algún tipo de prendas y
colores, separa esta ropa y no la consideres dentro de tu esquema anterior.
Aunque podamos imprimir nuestro sello y personalidad a un uniforme —es
válido y hasta obligatorio—, éste siempre tendrá la desventaja de haber sido
elegido por alguien distinto de nosotros.

Una vez que hayas hecho esto, toma las diez prendas o atuendos que te
pongas más. Obsérvalos. ¿Se parecen más o menos entre sí? ¿Tienen coherencia al estar juntos, se ven como un grupo armónico de prendas, aunque
haya algunas diferencias? Ponlos fuera de tu clóset y cuélgalos o colócalos
extendidos en la cama. Luego saca los accesorios —joyería, zapatos, corbatas y demás— con que los complementas. Aquí puedes observar varios
resultados; por supuesto, cada uno tiene su significado. De manera más o
menos general, podemos inferir lo siguiente de este análisis:

1. *Las prendas son homogéneas y cada una tiene un accesorio específico, es decir, siempre te las pones de la misma forma, con los mismos complementos.*
Si es así, eres una persona más esquemática. Has elegido un uniforme que sabes que te favorece o acomoda y te quedas con él sin arriesgar. Es muy probable que el tuyo sea un estilo conservador y clásico (ya hablaremos más adelante de los diferentes estilos) o que simplemente prefieras ir a lo seguro y te has quedado con el atuendo que has comprobado —o crees— que es ideal para ti o que te recomendó la vendedora en la boutique y te lo compraste completo.

2. *Las prendas son homogéneas y tienen complementos con los que sabes que se ven perfectas, pero las combinas y varías para darles un aire diferente cada vez que te las pones.*
Si es tu caso, probablemente eres una persona que tiene claro lo que le gusta, le favorece, pero deja espacio a la creatividad, aspecto fundamental en la búsqueda de estilo. Seguramente te gusta la moda, y combinas tus prendas básicas con diferentes accesorios que logran darle una nueva vida o dimensión cada vez que las usas. Vas por buen camino y es probable que tu estilo —sea cual sea— esté asumido de manera consciente y en esta búsqueda lo reelabores constantemente.

3. *Las prendas son homogéneas, pero las mezclas con lo primero que te encuentras, sin un raciocinio previo, sin conciencia de poner una cosa que va con otra.*
En este caso, es probable que las prendas que tengas en tu armario las hayas elegido de manera mecánica porque te sientes cómodo o te ves bien con ellas, o que sean un uniforme impuesto por el exterior o por ti mismo. Si te has dado cuenta de que combinas esas prendas de manera indiscriminada con cualquier accesorio, con lo primero que encuentras o se te ocurre, significa que tu conciencia de vestir es básica y a tu estilo le hace falta despertarse completamente.

4. *Las prendas no son homogéneas, pero los accesorios con los que las comple-*
mentas son más o menos los mismos para cada atuendo.

Quizá realizas muchas actividades, es decir, no sólo trabajas en una oficina,
sino que también tienes citas para comer, asistes a eventos... Entonces, las
prendas que usas varían y puede haber desde trajes sastre hasta vestidos de
noche, o desde trajes sport a un esmoquin. Pero si los atuendos se llevan y
complementan siempre de la misma manera, una vez más estamos hablando, como en el punto 1, de una persona más clásica y conservadora.

5. *Las prendas no son homogéneas y los accesorios con los que se complementan*
tampoco: nunca se usan de la misma manera.

Aquí puede tratarse de dos personalidades. Una, la de la persona a la que en
verdad no le interesa la moda, que no tiene idea de cuál es su estilo —probablemente ni le interese saberlo— y usa y complementa la ropa según se le
ocurre, al azar. Suena atemorizante, pero si miras a tu alrededor encontrarás muchas personas de este tipo. ¿Es esto algo malo? No necesariamente,
sobre todo si el estilo no está en tus intereses de vida. ¿Es poco estético? Sí, y
a veces mucho. No hago juicios de valor, simplemente expongo circunstancias. Sin embargo, si estás leyendo este libro y te identificas con esta des-
cripción, tienes que encender en este mismo momento la señal de alerta
y ver qué está pasando contigo, tomar las riendas de tu vida, personalidad y
guardarropa, y llevarlos en la dirección correcta.

Ahora, la segunda personalidad: si tus prendas son muy distintas entre
sí y las *accesorizas* siempre de diferente manera, mezclas ropa y accesorios
y lo haces de modo consciente, es muy probable que estés justo del otro
lado, tengas una personalidad bien definida y reconocible, y tu carácter sea
espontáneo y creativo. Claro está que habría que ver si los resultados de
tus atuendos son afortunados o no, pero de entrada es muy interesante que
tengas esa energía y las ganas de búsqueda y experimentación, porque al final del día esto es lo que te dará ese sentido único que posee toda la gente
con un estilo definido.

¿Eres tú o es tu entorno?

Es importante saber que lo que determina tu estilo es tu personalidad. Es cierto que está influida por muchos aspectos, como ya mencionamos antes, pero a veces también se ve disminuida o mermada por imposiciones del exterior. Una vez más podemos acudir a nuestra época infantil y juvenil y recordar cuando nuestros padres nos decían: "¿Vas a salir a la calle con esa facha?", "¿Qué dirá tu abuela si te ve con esa falda tan corta?". En este caso, pudieron suceder dos cosas: que les hiciéramos caso y que aún sigamos cargando con algunos de esos juicios heredados, o que nos hayamos rebelado usando lo que nos salió de las narices. ¿En cuál de los dos casos estás tú? Si sonríes porque perteneces a los segundos, espera un momento y no cantes victoria. En ambos casos ha habido imposiciones externas.

Me explico. Los juicios —y prejuicios— de nuestros padres correspondían a una manera de ver la realidad de forma un poco más anticuada; además, seguramente olvidaron —cuando se volvieron mayores— que también en su juventud tuvieron ánimos rebeldes para vestir y expresarse. Tales imposiciones familiares estaban encaminadas a educarnos, y su base y trasfondo son más bien de índole moral: no debemos ponernos, hacer o decir algo que no esté bien visto socialmente. Son reglas de urbanidad, al final de cuentas.

En el caso de quienes nos salimos con la nuestra y usamos lo que nos vino en gana sin escuchar críticas —y tal vez más bien con ganas de provocarlas—, estábamos siendo víctimas de la presión que ejercían la moda y nuestro grupo social de entonces. Nos vestíamos y comportábamos como exigían las reglas del grupo o la tribu a la que queríamos pertenecer en nuestra juventud: *fashion*, fresas, rockers, hippies, punks... Tú nómbralo.

Al final, hasta yo mismo asumo que haber aceptado algunos consejos o imposiciones de mis padres no me hubiera venido tan mal, porque no habría cometido muchos traspiés de moda de los que ahora me arrepiento. Recuerdo que en una ocasión, siendo estudiante, gané un concurso de literatura de la Universidad Nacional Autónoma de México (UNAM). Eran los años ochenta, y entonces llevaba una melena larga que me peinaba de diversas maneras, según mi humor. El día de la premiación decidí hacerme crepé y ponerme casi un bote entero de hairspray. Se me hizo un melenón felino. Llevaba un saco con hombreras y una corbata muy fina. Sobre ésta, un pisacorbatas con un cristal enorme de Swarovski. Cuando salía yo de casa, mi tía, pálida, me dijo: "¿Así vas a recibir un premio a la universidad?". Yo sólo asentí y salí a la calle fresco como el amanecer. Al llegar al Salón de Actos, un amigo me sugirió ir a las butacas más altas, para que el recorrido hacia el estrado fuera más largo. "Así te aplaudirán por más tiempo", me dijo, ingenioso. La ceremonia comenzó, y los maestros y escritores que formaban parte del jurado giraban la cabeza constantemente hacia donde estaba yo. Supongo que no daban crédito a lo que veían. Cuando mencionaron mi nombre, bajé las escaleras y... me tropecé. No alcancé a caer, pero el movimiento fue suficiente para que mi cabello se sacudiera como un algodón de azúcar hueco y tieso sobre mi cabeza. Recibí el premio, me tomaron fotos y, al final de la ceremonia, me hicieron una entrevista para un noticiero cultural del Canal 11. Esa misma noche, mientras cenábamos, apareció la entrevista al aire. En ella, cuando hablaba, la melena se movía más que yo, y el pedrusco de la corbata lanzaba destellos como un faro en una noche oscura. Frente al televisor, mi tía volvió a palidecer y mi padre se le sumó. Sin mirarme, ella sólo dijo entre dientes: "Qué vergüenza". Lo que veía era como una escena de película de Pedro Almodóvar. Tuve que reconocer, con todo el dolor de mi corazón, que me había pasado un poco de la raya. Las hombreras y hasta el Swarovski hubieran pasado, pues reflejaban mi edad, rebeldía y gusto por la moda. Pero sobraba el cabello erizado de león. Ese día admití que debí haber hecho caso a la sugerencia de mi tía y bajar de intensidad a mi rebeldía... y al crepé de la melena.

Es verdad que una parte de mí necesitaba ser contestataria. Siendo estudiante de literatura, me criticaban por mi forma de vestir ya que no era seria o bohemia, que era el estilo privativo entre mis compañeros. Quería demostrarle al mundo que lo *fashion* no quitaba lo serio, y mucho menos te convertía en un mal alumno de la Facultad de Filosofía y Letras. Hoy recuerdo la historia con cariño, no con vergüenza. ¿Lo volvería a hacer? Sí, seguro. Quizás evitaría el exceso de spray en el cabello. Hubiera escuchado lo que decía mi familia, pero sin dejar nunca de escucharme a mí mismo, porque tenía un punto que probarme y probar al exterior. Además, ese momento de mi vida —como muchos otros— fue la génesis del estilo que conquisté a lo largo de los años.

Al final, éste es el proceso de pensamiento que debemos tener todos: tomar lo que el exterior nos ha impuesto como regla y que hemos asumido consciente o inconscientemente, pero también lo que hemos hecho por gusto y voluntad, y ponerlo todo en una balanza. Pesarlo. Meditarlo. ¿Hasta dónde estas decisiones, elementos, ideas de nuestra vida se han implantado en nuestra personalidad y luego manifestado en nuestro estilo? ¿Hasta dónde las hemos hecho nuestras con gusto? ¿Hasta dónde las asumimos por comodidad? Por último, pero no por ello menos importante, ¿hasta dónde seguimos practicándolas, aunque no nos gusten y lo hagamos sólo por costumbre?

Hasta aquí llegamos

Ve a tu clóset una vez más y vuelve a analizar tu guardarropa, pero ahora con otra óptica, quizá más sencilla. Separa de un lado de tu armario toda esa ropa que te pones porque *tienes* que hacerlo: uniformes, ropa de trabajo, pants para hacer ejercicio. Pon en ese lado del armario también toda la ropa que ya no usas por una u otra razón, desde la que te provoca la reflexión: "¿Qué estaba yo pensando cuando compré esto?", hasta la que dejó de quedarte o adquiriste por impulso y no por gusto. Ésta, de alguna manera, es la ropa de batalla, y es muy probable que no tenga nada que ver con tu personalidad.

Del otro lado del armario, pon la ropa que realmente te gusta, la que sientes que habla de ti, que dice quién eres, que te representa. Quizá tengas la fortuna de que una parte —grande o pequeña— de ella se adapte también a tu vida laboral, como debería ser idealmente. Ésta es la sección de tu armario que debe importarte, porque es la que define tu estilo de vestir. Es un reflejo de tu forma de ser. Si, como dije antes, hay constantes de prendas, colores, texturas... es muy probable que tu estilo esté definido. Pero si no, no te preocupes, que para eso estamos aquí.

Identifica tu estilo

Hay muchas señales que te harán saber hacia dónde se inclinan tus gustos y disgustos. Por ejemplo, en la frecuencia de ciertos tipos de prendas o colores puedes descubrir si eres una persona más conservadora o más libre. Si tu clóset está lleno de trajes oscuros y blusas o camisas blancas, eres de los primeros. Si está repleto de vestidos estampados, camisas multicolores, jeans, camisetas con brillos y aplicaciones, entonces estás del lado de los libres. Los estilos más específicos los analizaremos más adelante, pero hay que hacer una diferenciación importante en estas dos divisiones primarias.

Clásico versus conformista

Las personas conservadoras se inscriben más en los estilos clásicos, donde pueden caber el *sartorial*, el *preppy*, el corporativo. Se trata de estilos más formales, adoptados por personas que se mueven en ámbitos más corporativos y empresariales, y que suelen mantener ese mismo espíritu personal en su vida social. Sin embargo, no hay que confundir un estilo clásico con uno conformista, es decir, la persona que adopta un uniforme laboral por comodidad y lo lleva en todos los aspectos de su vida. ¿Cuántos hombres de saco y corbata —aflojada— vemos en los bares y restaurantes en las noches de jueves y viernes? ¿O cuántas personas puedes encontrar el fin de semana en un café, el mercado o el cine con el mismo atuendo que llevan para trabajar entre semana o a una cena formal? Esto no es estilo, es conformismo y comodidad —malinterpretada— al vestir. Y al vivir, agregaría. Estas personas no usan prendas por gusto, sino por rutina.

Una persona clásica y formal, por otra parte, tiene esta actitud en su vida laboral y muchas veces también en la social, pero logra variaciones dentro de una misma línea. El hombre clásico puede llevar al trabajo un traje con camisas y corbatas distintas, quizá del mismo estilo, pero que se van alternando. La mujer, por su lado, llevará vestidos o trajes sastre que aderezará con diferentes zapatos y joyería. Para sus momentos de ocio usarán prendas formales, pero adecuadas a cada situación; por ejemplo, para un fin de semana ellos vestirán pantalones caquis y camisas de algodón con mocasines; ellas, vestidos sencillos y zapatos planos o sandalias. Tal vez para salir a cenar o de copas ellos lleven un saco, pero no será el mismo que llevaron a la oficina, o si lo es, estará combinado de diferente manera. Ellas también pueden llevar un vestido formal, pero quizá con accesorios más llamativos u otro tipo de zapatos o bolsa. Éste sí es un estilo formal, definido, meditado y asumido.

Creativo versus estrambótico

Hay una diferencia también en la gente que tiene un vestuario colorido, disímbolo e imaginativo. La gente que tiene prendas distintas en una gran variedad de colores, cortes y formas puede tener un estilo creativo, más *fashion*. Así, puede jugar con uno o varios de los estilos existentes y usarlos según la ocasión y su gusto personal. Éste es el caso de muchos jóvenes estudiantes, gente que trabaja en profesiones creativas como publicidad, moda, diseño o arte, o que simplemente es amante de la ropa y la usa con criterio, a voluntad y con gusto: el suyo. Éste sí es estilo.

No obstante, está el otro lado de la moneda. Personas que tienen ropa de todos tipos, colores y sabores, y que la usan indistintamente, sin sustento, es decir, sin que haya una planeación del atuendo. Hoy usan un vestido floreado con botas, mañana un traje sastre con las mismas botas y, ¿por qué no?, el fin de semana unos shorts y un top. ¿Adivina con qué? Con las mismas botas. El caso de los hombres es parecido, y que me perdone mi género, pero suele ser mucho peor. Las mujeres por lo menos tienen más gracia. Imaginen al chico que se pone pantalón de colores con traje de vestir —quizá porque vio alguna película de los ochenta y le pareció buena idea—, camisas floreadas con pantalón de vestir y, en fin de semana, shorts con zapatos de vestir y calcetines o, incluso peor, sandalias con calcetas. Esto no es libertad ni creatividad. Es una falta total de gusto, una personalidad caótica y, por supuesto, una carencia de estilo. Es verdad, la creatividad es libre, pero, al igual que en el arte, en la moda puede ser causa ya sea de momentos absolutamente geniales o de otros que pueden llegar a ser trágicos.

Cómo vistes tu estilo de vida

El camino para encontrar nuestro propio estilo tiene un nombre: coherencia. Así de sencillo. Como individuos, tenemos que ser coherentes, primero con nosotros mismos y luego con las decisiones de vida que tomamos. Imagina a una estrella de Hollywood que se niega a vestir como tal, que se presenta a la entrega de los premios Oscar vestida con una camiseta, jeans y *flipflops*. Estará completamente fuera de lugar porque no es coherente con ella misma y con la carrera que escogió.

Claro que hay personas que con toda conciencia van en contra de las reglas —por una causa intelectual o política— y que de algún modo extraño, portándose de manera incoherente con el sistema que las alberga, se vuelven coherentes consigo mismas. Por ejemplo, una actriz que protesta por la hambruna vistiendo un saco de harina o una que está en contra del consumismo y se enfunda en una bolsa de plástico del súper. O un hecho real: la cantante islandesa Björk vistiendo como cisne y arrastrando un huevo en los premios Oscar como muestra de repudio a una industria cuyas reglas le resultaron absolutamente insoportables.

Si has buscado toda la vida ser una ejecutiva y ganar mucho dinero, no puedes vestir como hippie, de la misma manera que si trabajas como cajera en un mercado no puedes ir vestida de traje de noche. No hay coherencia. Pero antes de seguir quiero recordar la regla de John Galliano en este sentido: "Uno tiene primero que aprender las reglas para después poder romperlas". Así, hay que entender nuestro entorno, nuestra realidad, gustos y personalidad, y vestir todo eso adecuadamente. Luego, una vez que hemos construido una base segura, entonces podemos jugar más y romper alguna que otra regla. Una mujer absolutamente segura de sí misma, de su lugar y de quien es, con un estilo firme, puede aventurarse en aspectos que en alguien sin su personalidad se verían ridículos. Imagina a mujeres como Diana Vreeland, por ejemplo, que con su fuerza e imagen podía llenarse los brazos de extravagantes brazaletes, o a María Félix cargada de joyería y accesorios... Ambas divas siempre lucieron espectaculares, inspiradoras. Una mujer sin esa fuerza ganada por los años, sin esa personalidad y vistiendo como ellas podría verse ridícula o fuera de lugar.

Coherencia; es como un mantra que debes repetir. No hagas —ni te pongas— cosas que no tengan que ver contigo, que no luzcan naturales en ti. No uses lana gruesa o mohair si vives en un lugar tropical. No lleves lino si nieva. No uses textiles gruesos en estaciones cálidas, ni ligeros en frías. Si trabajas en una oficina, no llenes el armario con vestidos de noche de lamé y lentejuelas; si trabajas en la industria del espectáculo, no te compres trajes sastre y blusas camiseras. Si vives en el campo no te compres stilettos; si habitas en una gran ciudad, no vayas a trabajar con alpargatas o chanclas. Es una cuestión de pura lógica, ¿no crees?

Una vez más, analiza tu guardarropa y ve si tu estilo de vida está bien representado en él, ya sea que trabajes en una oficina, una escuela, un despacho creativo, una editorial o un salón de espectáculos. Si la mayoría de lo que está ahí colgado no tiene que ver contigo o con lo que haces, dónde y cómo vives, es que hay un problema. De coherencia, por supuesto.

Aprende a vestir tu personalidad y luego tu estilo de vida, así encontrarás rápidamente tu estilo. ¿Lo tienes claro o aún no?

4. Estilos de vestir ¿Clichés o realidades?

A PRINCIPIOS DE LOS AÑOS OCHENTA, TENIENDO APENAS UNOS DIECISIETE DE edad, cayó en mis manos un libro que cambió mi vida. Se titulaba *Dressing for Glamour* y estaba escrito por un tal Bob Mackie. Mi dominio del inglés entonces era muy básico. Como estaba escrito en ese idioma, casi lo usé como libro de texto en la preparatoria y pedí a mi profesora de Inglés que me ayudara a traducirlo y que mis tareas salieran de ahí. A ella la petición le resultó de lo más extravagante, pero, por alguna razón que hasta ahora desconozco, accedió. Así fue como pude leer de cabo a rabo ese libro que amé y que hasta ahora sigo amando. El libro era una guía de estilo escrita por Mackie, famoso diseñador de vestidos extravagantísimos que usaron en los años setenta y ochenta mujeres como Cher, Diana Ross, Barbra Streisand y la comediante Carol Burnett. Ilustrado con fotos de todas ellas y dibujos del propio Mackie, era un compendio interesante de reglas básicas de vestir: qué llevar a la oficina, a una gala; qué usar de acuerdo con tu tipo de cuerpo, y algo que me ayudó mucho a comenzar a clasificar la vestimenta social: los diferentes estilos de vestir. Para mí fue una revelación saber que existían los estilos formal, casual, deportivo, romántico o sofisticado. Yo salía entonces a la calle y trataba de analizar lo que las personas usaban para clasificarlas en un determinado estilo... En aquel entonces era relativamente fácil porque no había tantos. En fin, hoy releo el libro y sigo fascinándome con sus fotos y dibujos, que han pasado con mucha gracia la prueba del tiempo. No así su información y conceptos, que ya fueron superados por mucho.

Hace algunos años tuve la fortuna de conocer a Mackie en Nueva York y le agradecí de corazón por su libro, pues me había enseñado el camino que me trajo hasta aquí. Él sonrió amable y me dio dos besos. Yo estaba feliz por haber conocido a uno de mis héroes.

Claro está que el periodismo de moda y la experiencia que adquirí al trabajar en diversas facetas de este negocio me llevaron a otros niveles de análisis acerca de los diferentes estilos en el vestir. Ahora ya no podemos decir solamente que hay *looks* casuales o románticos. Esto resulta demasiado simplista.

Es importante marcar una diferenciación entre lo que es *una tendencia* y lo que es *un estilo*. La primera es una propuesta que un diseñador o un grupo de ellos tienen para una temporada determinada; puede ser lógica y estética o descabellada y estrambótica. Una tendencia nace de la inspiración de cualquier cosa que circunde la mente del diseñador: Asia, el arte rococó, el cine mudo... Pero una tendencia no necesariamente es un estilo, aunque en ocasiones puede coincidir con algunos. Las tendencias nos hacen estar a la moda; los estilos nos ayudan a manifestar lo que somos. Un estilo de vestir está muchas veces relacionado con una forma de vida o de pensamiento. Es como el estilo *hippie*, ya que normalmente es reflejo de una forma global de ver la vida.

Las tendencias suelen ser pasajeras y tienen fecha de caducidad; los estilos, no. Por lo general, una persona con un estilo determinado va creciendo a la par que él porque el estilo evoluciona, madura. A veces se afianza y otras se diluye, pero casi siempre se queda. Mira al cantante Elton John. Su extravagancia lo ha acompañado desde muy joven hasta ahora que es un hombre mayor, y sólo ha ido adaptando sus gustos a su edad y a los cambios que ha ido teniendo su cuerpo. Actrices con varias décadas en sus carreras, como Gwyneth Paltrow, Sarah Jessica Parker o Nicole Kidman, cuyo estilo siempre ha sido notorio y emulado, también han ido madurando a la par que él y, con mayor o menor intensidad que en sus momentos cumbres profesionales, las tres siguen siendo respetuosas de su elección de estilo de vestir.

Estilos, tribus y guetos

Ya que inicié este capítulo hablando de un libro que me había marcado la vida, ahora haré referencia a un programa producido por la BBC de Londres llamado *The Look*, en el que por primera vez se hacía en televisión un análisis más profundo y serio de la industria de la moda. Se tocaban temas como consumismo, uniformes sociales y grupos o guetos de moda. Este programa también me marcó, al punto que un par de décadas más tarde aún no lo he olvidado.

Con él aprendí mucho de las tribus y los guetos de moda. Sí, es verdad que esta última palabra tiene implícito un aspecto poco positivo, pero, al final, los seres humanos nos movemos en manadas, por si no te has dado cuenta. En la escuela, la oficina, tu grupo de amigos o el de la gente con tu misma profesión, los abogados, los financieros, las secretarias, los *emos*, los *fashionistas*... ¿Cuántos grupos hay actualmente en nuestra sociedad que se mezclan entre sí, pero que, al final del día, siempre regresan a su colmena?

Son las tribus urbanas. Y, más allá de una profesión determinada, como dije antes, se trata de una actitud frente a la vida, una creencia, una filosofía, forma de ser y estado mental... contenido todo esto en tu propia personalidad. Estas tribus o guetos son los que hoy podemos identificar o conocemos como estilos de vestir. Se nutren de la moda —por supuesto—, pero no necesariamente la siguen al pie de la letra. En ocasiones, algunos de estos estilos pueden "estar a la moda" o influirla, pero existen incluso a pesar de ella. ¿Un ejemplo? El estilo *rocker*, el cual entra y sale constantemente de las tendencias de moda, pero quienes lo han adoptado como estilo personal —casi de vida— lo llevan lo mismo si está *in* que si está *out*. ¿Te queda más claro? Ahora te hablaré de los estilos de moda más reconocibles para que conozcas sus características... Quizás haya alguno que te gustaría adoptar o del que puedas adoptar algún elemento para añadir al tuyo.

Clásico

Se trata de un estilo equilibrado que se basa en prendas de vestir de corte conservador y más atemporales. Se caracteriza por su discreción, su mesura. Por lo general, lo integran piezas más sastreadas, sartoriales, prendas de líneas más sencillas. Es un estilo que adoptan regularmente las personas cuya vida profesional (corporativa en muchos de los casos) es el centro de sus actividades, o gente con un estilo de vida más conservador, como la de ciudades de provincia en muchos países.

Perfil social: personas educadas, con nivel de cultura de medio a alto o de clase media con imposiciones profesionales o culturales.

Perfil psicológico: aman el orden, lo establecido. Son buenos jugadores sociales. Gustan de seguir reglas. Se trata también de personas con deseos de pertenencia y que acatan un *look* discreto para poder hallar más cabida en el grupo en el que se mueven. Pueden ser también personas a las que les gusta pasar inadvertidas y formar parte de un grupo determinado. Resaltar no es necesariamente una necesidad para ellas.

Tipo de prendas en mujeres: trajes sastre, chaquetas formales, faldas de vestir, vestidos sencillos de corte sobrio y con pocos adornos, pantalones de paño, blusas de corte camisero, camisetas o *tops* básicos. En fin de semana pueden usar jeans normales, caquis, camisetas o blusas más desestructuradas y sacos de algodón o chamarras de corte sencillo. Prendas en tejido de punto sobrias, como suéteres básicos o *twin sets*. La paleta de color es sobria y se inclinan básicamente por los neutros, aunque pueden llevar —con menos frecuencia— colores más llamativos y estampados.

Accesorios y *grooming* en mujeres: joyería sencilla, normalmente de calidad y nunca demasiado ostentosa. Perlas, cadenas de plata en su mayoría, oro en su minoría, broches sin demasiado brillo. Usan toques brillantes con discreción y sólo en la noche llevan alguna pieza más cargada. Mascadas de seda, gafas de sol de tamaño medio, en pasta o de armazón metálico. Medias, cuando son necesarias, en tonos naturales. El maquillaje es poco cargado, usan en los labios tonos suaves y los ojos se colorean poco. El cabello siempre será bien peinado en estilos recogidos, colas de caballo, melenas bien estructuradas o cortes cortos de inspiración masculina.

Tipo de prendas en hombres: trajes o combinaciones *sport* de saco y pantalón. Corbatas en tonos poco brillantes. Camisas lisas o con estampados discretos. En fin de semana o en ocasiones más *sport*, llevan caquis, jeans, camisas de algodón o incluso camisetas, pero casi siempre acompañadas de un suéter abierto o cerrado, un saco de corte *sport* o hasta una chamarra de piel de corte formal. Abrigos y gabardinas. La paleta de color que utilizan es completamente neutral.

Accesorios y *grooming* en hombres: zapatos en estilos sencillos, sin demasiados adornos u hormas de moda. Marrones o negros, o variantes discretas de estos tonos. Los cinturones normalmente son a juego, con hebillas discretas. Las corbatas son de corte normal (ni delgadas ni muy gruesas) y en combinaciones tonales tradicionales. Pañuelos de seda para el bolsillo del saco. A veces usan corbata de moño o tipo pajarita, pero sólo los muy clásicos (no confundir con la corbata de moño de los *hipsters*, de los que hablaré más adelante). Los cortes de pelo son pulcros, cuidados, no dejan cabellos fuera de su lugar. Siempre están bien rasurados y usan perfumes clásicos, masculinos, que casi nunca cambian.

Personajes de estilo clásico: la princesa Letizia de Asturias, la diseñadora Carolina Herrera, el presidente Barack Obama, el actor Denzel Washington.

Sport

No hay que confundirlo con el estilo deportivo, el cual, a pesar de que influye en el estilo sport, se refiere únicamente a la ropa usada para practicar algún deporte. Hay quien define también al estilo sport como casual, pero, en sentido estricto, lo casual es lo opuesto a lo formal, y el estilo sport no es exactamente esto. Entonces, ¿qué es?

El estilo sport nació influido por la moda deportiva, pero de principios del siglo xx; por la ropa para jugar tenis de René Lacoste o las prendas de montar, que tanto inspiraron a Coco Chanel. Poco a poco se ha ido transformando al punto que hoy incluso tiene influencia de la verdadera ropa para hacer deporte, como los pants, sudaderas y, claro, los tenis. Pero, generalmente, el estilo sport en su libertad tiene ciertas reglas; en la sociedad se ha aceptado hoy como un estilo que no está tan alejado del clásico y como una opción para vestir correctamente en circunstancias menos formales.

Perfil social: puede usarse en cualquier nivel social, siempre dependerá del estilo de vida, profesión y personalidad del individuo.

Perfil psicológico: normalmente es adoptado por personas que huyen de la formalidad, que se rehúsan con mayor o menor intensidad a seguir reglas. Se trata de personas de mentalidad más relajada que desean usar ropa cómoda.

Tipo de prendas en mujeres: las prendas sport de alguna manera sólo se diferencian de las clásicas por sus cortes y materiales. Trajes de dos piezas, con falda o pantalón. Pantalones de corte relajado en algodón, lino o lana. Jeans, caquis, faldas línea A o rectas. Blusas de cortes más suaves, en algodón o lino. Camisetas, sudaderas. Prendas en tejido de punto como suéteres o pulóveres. En fin de semana varían poco el estilo de vestir, quizá sólo lleven zapatos bajos y prendas más holgadas. La paleta de color puede ir de colores primarios hasta los tonos más brillantes y estampados. Dependerá del gusto particular de la persona.

Accesorios y *grooming* en mujeres: la joyería suele ser sencilla, pero de mayor tamaño que la clásica y mucho más variada. Se usan lo mismo oro y plata que otros materiales como plásticos, acrílicos y hasta textiles. Las gafas de sol son más grandes y coloridas. Cuando se usan medias pueden ser naturales o coloridas. Los zapatos son variados, desde sandalias de tacón alto, sin tacón, mocasines o zapatos cerrados de tacón alto o medio, de tipo masculino, hasta botas, botines, alpargatas o tenis, que mezclan indistintamente de acuerdo con la ocasión. Las bolsas son variadas y van desde el *tote* hasta la tipo maletín, la *hobo* o la tipo mensajero. Mascadas y bufandas de algodón o lino. El maquillaje es fresco y ligero, pero tiene más licencias de color y puede incluir tonos más intensos y formas más divertidas de aplicación —en las sombras, por ejemplo, o las uñas. Los cortes de cabello son más desestructurados, melenas largas o cortas, texturizadas, en capas o cabellos cortos a lo *garçon*, pero más naturales.

Tipo de prendas en hombres: trajes formales —pocos y usados de manera *sport*, es decir, sin corbata— o trajes *sport*. Sacos *sport*, pantalones de vestir o *sport*, caquis, jeans, camisas de vestir o botón *down*. Suéteres de cuello v o de tortuga. Prendas de punto en tejido más rústico, tipo cadena. Gabardinas y rompevientos. Chamarras de mezclilla, tipo *bomber* o de piel en corte *sport*. La paleta de color es más amplia y parte de los neutrales hacia tonos más brillantes, aunque sin llegar nunca a estampados o matices muy extremos.

Accesorios y *grooming* en hombres: joyería más creativa, relojes en colores y materiales más modernos —plásticos o porcelanas— y de mayor tamaño. Brazaletes o anillos en acero y hasta algunos en textiles o cadenas de plata. Pañuelos de seda para el cuello o mascadas y bufandas de algodón. Lentes de pasta o metal en estilo *sport*, de diseño más moderno. Los zapatos pueden ser formales, pero se mezclan con *looks* más informales. Mocasines tipo Oxford, zapatos de suela de goma y tenis. Bolsas tipo mensajero, mochilas tipo *back-pack* o portafolios no formales. La paleta de color en calzado es más libre y, ocasionalmente, pueden usar hasta colores brillantes.

Personajes de estilo *sport*: la modelo Kate Moss, las actrices Heather Graham y Kate del Castillo, el futbolista David Beckham, el actor Jude Law.

Geoestilos

Son aquellos que tienen inspiración en el folclor y cultura local de una región. Hay muchas variaciones, pero los más reconocidos son el étnico, que toma elementos de culturas ancestrales o tribus autóctonas de una zona determinada, como África, el Amazonas o México, por ejemplo; el *country*, inspirado en la ropa usada por los vaqueros en el Viejo Oeste y que ha influido también en muchas zonas del norte mexicano; el que he llamado *tropique*, nacido en los lugares costeños y cálidos; el estilo náutico, que básicamente es uno

veraniego y se funda en la ropa usada por los marineros; el estilo asiático, inspirado en los estilos de vestir de China y Japón, y el estilo hindú, surgido de la influencia del vestir de la India, de sus saris y su color. Pero atención: no se trata de estilos que calcan exactamente la vestimenta de las culturas en las que se inspiran, sino que toman ciertos elementos de ellas y los adaptan a sus atuendos cotidianos, normalmente basados en prendas básicas cuyo punto focal son los toques folclóricos con las que son ornamentadas.

Perfil social: en ocasiones, quienes adoptan estos estilos son personas de clase media a baja, muchas veces a modo de protesta política o social. Las clases altas adoptan temporalmente alguno de estos estilos, pero no como forma de vida, sino como un guiño estético. Es decir, lo asumen cuando están vacacionando (el náutico, por ejemplo) o en actitud de fin de semana (el *country* o hasta el étnico).

Perfil psicológico: pueden ser personas de espíritu libre, ajenas a las tendencias de moda y que buscan manifestar un punto de vista personal y su gusto por una cultura determinada a través de lo que se ponen. Están también las que tienen raíces muy arraigadas a su cultura natal y que de alguna manera buscan adaptarla e integrarla a la época que les ha tocado vivir. Incluso hay casos de personas que por ánimo político adoptan un estilo étnico para decir con él que son conscientes de alguna causa social determinada (como vestir prendas indígenas mexicanas para manifestar apoyo a estas comunidades).

Tipos de prendas en mujeres: varían de acuerdo con el estilo. Por ejemplo, vestidos bordados, huipiles, caftanes, rebozos, chales, mascadas en el estilo étnico. En el *country*, camisas a cuadros o bordadas y jeans; en el tropical, vestidos cortos o medianos de chifón, algodón, lino o seda, ligeros, lisos o estampados. En el náutico, pantalones de talle alto de algodón, camisetas o sudaderas a rayas. En el asiático, quimonos, pijamas de seda, blusas Mao y prendas en rasos coloridos y bordadas. En el hindú, saris o mascadas coloridas que normalmente se llevan a guisa de blusa o como faldas *sarong*. La paleta de color es infinita.

Accesorios y *grooming* en mujeres: las joyas étnicas son las más notorias y llamativas en piedras naturales, madera, plata, cobre o metales burdos; joyas de cuentas y cristales y las más de las veces de gran tamaño. Bolsas bordadas, en materiales crudos. Sandalias. En el *country* se llevan sombreros, pañuelos y botas, y algunas piezas de joyería en plata y turquesas. En el *tropique*, collares largos, pulseras y aretes hechos de cuentas o de corales, conchas o caracoles. Sandalias y bolsas tipo morral. En el estilo náutico se llevan gafas de sol, alpargatas o mocasines y joyería muy pequeña. En el hindú, joyería elaborada con cadenas y cuentas, collares tipo pechera, pulseras conectadas con anillos para cubrir el dorso de la mano. Babuchas o sandalias. Para el asiático, los accesorios son más bien simples, quizás algunos aretes tipo farol o piezas de joyería en oro amarillo con simbología china. Bolsas de seda. Los maquillajes suelen ser comunes, a menos que se busque, a través de él, lograr también un toque étnico, por ejemplo, una boca muy roja para el estilo asiático o delinear marcadamente los ojos para el estilo hindú. El cabello suele ser natural y muchas veces recogido.

Tipo de prendas en hombres: para el étnico, camisas de manta o lino lisas o bordadas. El *country* tiene camisas bordadas o con detalles alusivos a lo hípico y prendas de mezclilla. El *tropique* incluye prendas como camisas estampadas en motivos florales o naturales, pantalones de lino, *shorts*. El náutico, camisetas y sudaderas a rayas, pantalones blancos o azul marino. El asiático, camisas y sacos cuello Mao. Alguna prenda bordada. El hindú, alguna camisa con cuello Mao bordada y detallada en el pecho o camisas caftán.

Accesorios y *grooming* en hombres: étnico: sandalias, alguna pieza de joyería de piedras naturales, bufandas o mascadas en estampados coloridos. *Country*: sombreros, pañuelos al cuello, botas, corbatines de plata y cordones. *Tropique*: sandalias y algún colgante al cuello o pulsera hechos de cuentas, o conchas, o corales. Náutico: alpargatas, *top siders* o mocasines, lentes oscuros de formas clásicas, sombreros panamá. Asiático: joyería discreta con símbolos chinos. Hindú: pañuelos, mascadas y bufandas de seda bordada. El arreglo personal y corte de cabello es muy normal. Quizás algunos estilos, como el hindú o el *country*, permitan cabello más largo.

Personajes con *looks* de diversos geoestilos: la actriz Aishwarya Rai, la cantante Erykah Badu, el cantante Alejandro Fernández, la modelo Imán, el instructor de yoga Alejandro Maldonado.

Retro

Es un estilo que toma su inspiración en épocas pasadas, principalmente en las décadas de estilos más sofisticados o notorios del siglo xx, como los años veinte, cincuenta u ochenta, por ejemplo, aunque también llega a basarse en otras décadas. Suele mirar también hacia épocas históricas anteriores, como el periodo isabelino, el imperio napoleónico (de ahí los vestidos de corte imperio), la era victoriana, el barroco... Este estilo, al igual que los geoestilos, toma elementos de la época en la que está inspirado y se mezcla con prendas contemporáneas para lograr un nuevo discurso estilístico. Por ejemplo, un vestido de corte reloj de arena de los años cincuenta combinado con unos tacones contemporáneos de Louboutin.

Perfil social: se trata de personas de clase media a alta, bien educadas y apasionadas del arte, la historia y en especial de la moda.

Perfil psicológico: soñadoras y nostálgicas que buscan en el pasado su fuente de originalidad en el presente.

Tipo de prendas en mujeres: normalmente, en estos estilos se eligen las prendas más notorias y representativas de una época determinada. Por ejemplo, el vestido tipo *chemise* de los años veinte, las faldas acinturadas línea A, chaquetas o abrigos de corte elíptico de los años cincuenta, los vestidos trapecio de los sesenta, pantalones pata de elefante o *palazzos* de los años setenta o las prendas *over-size* y neón de los años ochenta. La paleta de color, obviamente, es variadísima.

Accesorios y *grooming* en mujeres: todo un universo. Collares largos, bandas para la cabeza, guantes, joyería de inspiración *art nouveau*, zapatos de tacón carrete o *kitten heel*, bocas maquilladas en forma de corazón y cortes de cabello a lo *garçon* en los años veinte. Guantes cortos de día y largos de noche, joyería discreta en perlas, *pumps* de tacón de aguja y punta larga, peinados estructurados y delineador de ojos muy marcado para los años cincuenta. Joyería geométrica, gafas enormes y extravagantes, zapatos planos o *kitten heels*, peinados con volumen estilo nido de pájaro, labios pálidos y pestañas postizas extravagantes en los años sesenta. Pañuelos en el cuello o la cabeza, aretes largos, anillos de piedras naturales y de gran tamaño, botas y zapatos de plataforma, melenas con crepé y rizadas y peinados de raya en medio en los setenta. Joyas de plástico y pedrería de gran tamaño, medias de encaje, cinturones enormes, botas de boxeador, zapatos de tacón de aguja, colores neón, melenas extremadamente cardadas y desordenadas, flequillos, maquillajes extremos y excesivos en los ochenta.

Tipo de prendas en hombres: los hombres somos mucho más discretos en los estilos retro. Si acaso, gustamos de probar alguna camisa estampada de los años setenta, jeans de colores muy al estilo ochenta. Quizás el estilo retro que más nos gusta sea el dandismo. El regreso de algunas siluetas de los años sesenta en los trajes (pantalones de tubo, sacos de tres botones y de largo hasta la cadera) es un signo retro. Muchos hombres han adoptado algún guiño retro de los años sesenta y ochenta, pero se trata de los *hipsters*, de los que hablaré más adelante.

Accesorios y *grooming* en hombres: los accesorios retro de los que echan mano los señores son los sombreros tipo panamá o borsalinos, herencia de los años cuarenta y cincuenta. Los lentes tipo Wayfarer de los años setenta que vienen y se van. El uso de corbata de moño en ocasiones cotidianas (no para etiqueta) es también un toque de estilo retro. El uso de zapatos bostonianos de los años cincuenta (Prada los ha hecho volver). Lo que, quizá, más fascina a los hombres de los estilos retro son los cortes de pelo. Los peinados con copete de los años cincuenta o las melenas ochenteras parecen fascinarles a muchos chicos.

Personajes de estilo retro: la modelo Linda Evangelista, la bailarina de burlesque Dita von Teese, el *playboy fashionista* Lapo Elkann, el actor George Clooney.

Hip-hop

Es un estilo urbano que nace paralelamente al movimiento musical del mismo nombre. Se trata de un estilo de vestir influido básicamente por las pandillas y bandas callejeras de Estados Unidos, por los guetos de grupos marginados. Tiene gran influencia negra y latina, pero los sajones también han aportado lo suyo. Este estilo conjunta dos extremos: la ropa deportiva y la joyería grande y excesiva. De esta mezcla han nacido prendas muy peculiares, *pants* o sudaderas excesivamente bordadas, ornamentadas y llenas de brillo. Justo de este tipo de prendas y de la joyería viene el término *bling-bling*, acuñado como una onomatopeya del sonido que produciría el brillo si lo hiciera.

Perfil social: normalmente son jóvenes de clase media a baja, trabajadores o que aún se encuentran estudiando.

Perfil psicológico: se sienten atraídos por la cultura de la calle. Más
que rebeldes, están en búsqueda de su personalidad.

Tipo de prendas mujeres y hombres: *pants*, camisetas, jeans, chamarras tipo *bomber*. Estas prendas se usan por lo general en varias tallas
más grandes, en colores muy chillantes y profusamente decoradas,
bordadas con lentejuelas y pedrería, lo mismo en hombres que mujeres. Pero los *hip hoppers* más *fashion* también gustan de las prendas de diseñador y las marcas con logos grandes. Ostentarlos se ha
vuelto una de sus características. Por ejemplo, Pharrel y su amor
por Louis Vuitton o Kanye West y su adoración por Givenchy.

Accesorios y *grooming* en mujeres y hombres: gorras de beisbol, tenis tipo basquetbol toscos y coloridos, y lo más importante: joyería
enorme en oro (oro del gueto) y pedrería que se usa en abundan-
cia y sin medida. El maquillaje para ellas es perfecto y llamativo, en
ocasiones intenso, pero casi siempre es balanceado con ojos muy
maquillados o bocas fuertes y brillantes. Sus estilos de peinado son
fashion, con cortes estructurados si son lacias o con melenas cortas
si tienen el cabello rizado. Los hombres prefieren el cabello corto
con máquina tipo *flap-top* o cortes de estilo militar.

Personajes de estilo *hip-hop*: los cantantes Rihanna, Pharrell, Pitbull,
Nicki Minaj.

Futurista

Este estilo encuentra su inspiración en algo abstracto, ya que el futuro, obviamente, nadie lo conoce. Muchos diseñadores han inventado su propia idea al respecto y han decidido imaginar cómo sería la ropa futurista. Diseñadores de los años sesenta, como Paco Rabanne, Pierre Cardin y André Courrèges, crearon prendas aerodinámicas, de corte futurista, en materiales inusitados para dar esa idea de usar algo "que no se usaba en el pasado", como vestidos hechos con placas o mallas metálicas, ropa y joyería de plástico. Lo interesante es que, aunque muchos críticos consideran infantil esta visión futurista de la moda, hasta la fecha sigue sirviendo como fuente de inspiración para nuevas colecciones, como las de Balenciaga, por ejemplo.

Perfil social: personas de clase media a alta, interesadas en la moda.

Perfil psicológico: aman y buscan la originalidad, también ven la vida con un toque de humor. No se toman demasiado en serio a sí mismas.

Tipos de prendas en mujeres: vestidos trapecio, chaquetas o abrigos muy estructurados, con formas elípticas o plisados dramáticos. La fuerza de estos atuendos está de la cintura para arriba. Los pantalones o faldas suelen ser de corte más simple. Mallones en colores lisos o metálicos. La paleta de color es de tonos sólidos: generalmente blanco, negro, gris o, cuando el estilo futurista es muy marcado, se echa mano de matices metálicos.

Accesorios y *grooming* en mujeres: cinturones gruesos, joyería grande y geométrica, ya sea hecha en plástico o metálica. Las aplicaciones en pedrería son muy puntuales, sólo para dar algún efecto de destello. Se usan lentes de sol enormes, tipo visor, por lo general con formas aerodinámicas. Se usan zapatos de tacón, planos o hasta tenis en tonos sólidos o metálicos. Los cortes de cabello son asimétricos y se estructuran como cascos. El maquillaje es suave, pero en tonos fríos.

Tipos de prendas en hombres: aunque es una tendencia menos seguida por nosotros, hay muchas prendas influidas por ella, como los sacos *sport* o chamarras en materiales *hi-tech*, como el neopreno o vinil, los pantalones dobles (pantalón largo de tubo con un pantalón corto más ancho encima), las camisetas sin costura o las mallas masculinas, pero son prendas para hombres muy jóvenes y amantes de la moda.

Accesorios y *grooming* en hombres: zapatos en texturas metalizadas, tenis *hi-tech* y lentes tipo visor. Cortes de cabello muy cortos.

Personajes del estilo futurista: la cantante Lady Gaga, la actriz Jennifer Connelly, el actor Keanu Reeves (en *The Matrix*).

Latino

Es un estilo que ha cobrado más y más fuerza a lo largo de los últimos años debido a la importancia de la población latina en Norteamérica y su influencia cultural en el resto del mundo. El estilo latino nace de una cultura, de una forma de ver la vida donde convergen valores familiares, tradiciones, religión y una rebeldía que se manifiesta de manera festiva en la forma de vestir.

Históricamente, el estilo latino en Estados Unidos se hace evidente con la aparición de los pachucos, el gueto de hispanoparlantes que buscan un lenguaje propio para no olvidar sus raíces en un país ajeno. De manera estrictamente cultural, un latino es aquel que pertenece a la cultura latina (nacida en Roma) y de cuyo idioma, el latín, derivaron las llamadas lenguas romances: español, italiano, portugués, francés... Todos los que las hablan podrían ser considerados latinos. Pero hoy sólo son identificados así los hispanoparlantes que habitan en Latinoamérica y, por supuesto, en Estados Unidos.

La cultura latina tiene códigos muy particulares y reconocibles de vestir. Si bien antaño todo lo latino provocaba rechazo, hoy se asume y se acepta en Estados Unidos y evoluciona y se sofistica en el resto de América.

Perfil social: todos los perfiles, todas las clases.

Perfil psicológico: los latinos tienen el antecedente histórico de haber padecido conquistas en su pasado, o sea que son culturas que han sido subyugadas. Por lo tanto, siempre buscan mostrar una identidad distintiva que los haga ser identificables y que evidencie sus raíces, educación... sobre todo su espíritu alegre, divertido, colorido.

Tipo de prendas en mujeres: trajes, faldas cortas, blusas reveladoras. Vestidos de falda de media a corta, con escotes, a veces profundos. La paleta de color es vistosa, alegre. Hay muchos estampados y texturas brillantes. Normalmente, la ropa se lleva ajustada para revelar las curvas y hacer que la mujer que las porta se sienta sexy y femenina.

Accesorios y *grooming* en mujeres: la joyería es vistosa, grande, variada. Cadenas, *pendentifs*, oro o plata sin distinción, collares de acrílico, flores, algunos toques de *bling-bling*. Zapatos altos, cerrados en colores vivos, muchas sandalias ornamentadas de tacón o planas. El maquillaje tiende a ser cargado y también el cabello, mediante melenas con crepé, chongos y recogidos muy restirados y mucho uso de fijadores para marcar rizos o hacer que el cabello luzca plásticamente impecable.

Tipos de prendas en hombres: las prendas masculinas tienen tendencia a mostrar el cuerpo. Los pantalones son ajustados, y un latino que se precie gusta de llevar desabotonada la camisa a la altura del pecho. Hay una búsqueda de sentirse sexy. De ahí la definición de *Latin lover*. Pueden llevar sacos o chamarras, pero de corte informal. Gustan de colores vivos, aunque una prenda distintiva por antonomasia del latino es la camisa negra, ésa a la que le canta Juanes.

Accesorios y *grooming* en hombres: pulseras, reloj, algún *pendentif* o cadenas en el cuello. Lentes de sol tipo aviador y zapatos casi siempre formales, botas o botines. Los cortes pueden variar de cortos a largos, pero siempre estarán bien peinados, ya que adoran el uso de gel y productos de fijación. Les encanta perfumarse... a veces en exceso.

Personajes de estilo latino: el cantante Ricky Martin, la actriz Penélope Cruz, la cantante Jennifer López, la modelo Gisele Bündchen.

Rocker

Es un estilo perpetuo desde que nació a mediados del siglo pasado el *rock & roll*. Sus múltiples derivaciones musicales hablan de la riqueza infinita de este género musical. De él se han desprendido el punk y una infinidad de géneros musicales, como el rock tal como lo conocemos en nuestro tiempo, con un discurso estilístico clarísimo y completamente reconocible. El estilo *rocker* es un canto a la rebeldía, a la juventud de corazón, y su lenguaje es fuerte, directo y con tintes agresivos. En los años ochenta, el *glam rock* hizo que la alta moda girara los ojos hacia este género, y desde entonces entra y sale de las tendencias de moda con regularidad.

Perfil social: jóvenes de clase media a baja, trabajadores, estudiantes o adultos de cualquier clase social, pero que se inclinan más por el rock clásico.

Perfil psicológico: gente rebelde, normalmente presionada por las reglas impuestas por la sociedad y que les cuesta trabajo acatar. Ven en el rock y su estilo una válvula de escape a sus presiones.

Tipo de prendas en mujeres y hombres: el cuero es el rey. Pantalones, chamarras, camisas, chalecos... todo de cuero; puede decorarse de poco a mucho con estoperoles y tachuelas, para un estilo más *hard rock*. ¿La prenda estrella, distintiva y *fashion*? La chamarra de cuero de motociclista. También se usan pantalones de mezclilla índigo o rotos y desgarrados con aplicaciones y camisetas estampadas con motivos musicales, las más de las veces. La paleta de color es básicamente blanco y negro, aunque se incluyen algunos otros colores, como el rojo.

Accesorios y *grooming* en mujeres y hombres: la joyería tanto masculina como femenina es, por lo general, en color plata: cadenas gruesas, anillos, muchos motivos de calaveras, brazaletes de cuero o muñequeras sencillas o con estoperoles, *chokers*, o collares de perro, de cuero. Las mujeres a veces complementan el *look* con medias de encaje o guantes de red. Adoran las botas; ellas de tacón alto; ellos, planas y de estilo motociclista. Si se adornan con estoperoles, aún mejor. El cabello en los dos es largo y revuelto. El maquillaje en ellas es *dark*, ojos delineados y bocas o rojo intenso o negras.

Personalidades de estilo *rocker*: los cantantes Cher, Marilyn Manson y Adam Levine, el grupo mexicano Moderatto.

Punk

Es otro estilo de vestir ciento por ciento urbano, que también surgió como parte de una corriente musical. Nacido como una ramificación del *rock & roll*, el espíritu del punk va mucho más allá de la rebeldía, ya que es anárquico, antisocial y agresivo. El punk busca contrariar, confrontar y violentar a la sociedad "represora" con su imagen extrema. Los punks usan en su vestimenta elementos burdos o básicos a los que transforman rompiéndolos o alterándolos. Camisetas recortadas, jeans rasgados y desflecados, prendas

decoradas con púas y estoperoles. Ropa a la que cortan en pedazos y vuelven a unir con alfileres o con zurcidos burdos. Además, utilizan elementos
que ellos identifican con la opresión, como chaquetas militares, de policía o
prendas de tartán escocés (símbolos de la ley y la alta sociedad); los transforman y usan a guisa de confrontación, como protesta ante un sistema que
ellos sienten que los limita y castra. Curiosamente, todos estos códigos de
vestir que nacieron como una antimoda se convirtieron en moda, y diseñadores como Vivienne Westwood, Marc Jacobs o hasta Karl Lagerfeld han llegado a tomar inspiración de este estilo, y es el que mucha gente sigue, pero
más diluido. El *punk-fashion* es muy popular.

Perfil social: jóvenes, en su mayoría, de clases obreras. El movimiento nació en Londres, pero existe en todo el mundo. Aunque ya no sea tan contestatario como en sus orígenes, sigue siendo un movimiento considerado marginal.

Perfil psicológico: personas rebeldes, con conflictos para acatar reglas. Son antisociales.

Tipo de prendas mujeres y hombres: viejas o envejecidas, chamarras de cuero, camisolas de lana, chaquetas militares intervenidas y decoradas con parches, alfileres, estoperoles o púas. Faldas tipo escocés —para hombres y mujeres— que se usan lo mismo como tales o puestas sobre pantalones de tubo. Camisetas alusivas a grupos musicales o con el signo de la anarquía. La paleta de color es básicamente negra, aunque también usan blanco, rojo o alguna variación tonal.

Accesorios y *grooming* en mujeres y hombres: alfileres de seguridad llevados como joyería. *Piercings*. Collares de perro. Brazaletes de cuero con púas y estoperoles. El maquillaje es semejante al del estilo *rocker*, pero es más extremo. Delineadores, labios y uñas negras, indistinto en hombres y mujeres. Los estilos de cabello son extremos: pelos parados, *mohawks*, cabelleras con volumen extremo, pero no pulcras, más bien desordenadas y de aspecto sucio. O, por el contrario, cabezas rapadas.

Personajes de estilo punk: la cantante Siouxsie Sioux, la diseñadora Vivienne Westwood, el cantante Robert Smith, de The Cure.

Romántico

Un estilo femenino, de colores suaves y que evoca una alegría de vivir un poco ficticia. Hay quienes piensan que el estilo romántico es un poco cursi e infantil, pero a mí me parece que tiene una fuerza estética interesante porque realza y exacerba el espíritu netamente femenino de una mujer. En un mundo donde la igualdad de géneros se busca a ultranza, el estilo romántico puede ayudar a las mujeres a sentirse como tales.

Perfil social: mujeres de todas clases, aunque se centran mayormente en la media y la alta, bien educadas, con valores morales firmes.

Perfil psicológico: mujeres que sienten que su cualidad más importante es la feminidad y que, de alguna manera, son un poco niñas y tienen una visión hasta cierto punto inocente de la vida.

Tipo de prendas en mujeres: vestidos o faldas principalmente, aunque pueden usar pantalones si están acompañados de una prenda muy *girlie*. Muchas prendas son estampadas con motivos coquetones, como corazoncitos, pájaros, mariposas o algunos dibujos geométricos, pero pequeños y delicados, como lunares. Las blusas suelen estar decoradas con holanes, encajes o botones delicados. Normalmente, son prendas más bien cubiertas, aunque a veces se dan el gusto de mostrar un poco con un buen escote o una falda corta. También gustan de chaquetas en texturas suaves, aunque prefieren más las prendas en tejido de punto, como los suéteres, pulóveres o *twin sets* porque ellos revelan más sus formas. La paleta de color es suave, casi siempre de colores pastel. El rey de los colores para ellas es el rosa.

Accesorios y *grooming* en mujeres: joyería sencilla, perlas. Accesorios para el cabello como diademas y broches para el pelo decorados con flores, encajes o algunas ornamentaciones bucólicas como mariposas o catarinas. Los zapatos son discretos, cerrados o sandalias de

tacón, pero nunca demasiado altos o extremos. Gustan de mocasines u otros zapatos cerrados. El cabello puede ser de corto a medio
largo, pero siempre bien arreglado. Los cortes más femeninos, pero
convencionales —como los *bobs*—, son los que fascinan a las parti-
darias de este estilo.

Tipos de prendas en hombres: no es una tendencia que aplique al público masculino. Aunque pueden darse casos... que mejor no tocaré
aquí.

Personajes de estilo romántico: la actriz Leighton Meester, la *socialite*
Paris Hilton, la actriz Amy Adams o Charlotte, el personaje interpretado por Kristin Davis en *Sex and the City*.

Preppy

Es un estilo que, a diferencia del punk o el *rocker*, viene de las clases altas.
Nació en Estados Unidos en los años cuarenta como una forma de vestir de
los alumnos de preparatorias y universidades de elite. Se basa primordial-
mente en los uniformes escolares o en la ropa que se usaba para realizar
actividades extraescolares, ya fueran deportivas o recreativas. De alguna
manera, el estilo *preppy* se volvió el lenguaje de estilo de la gente joven, que
hasta entonces solía vestirse con la misma ropa con la que lo hacían sus padres. Claro, por su origen, este estilo se considera de clases altas, aunque
la moda, gran democratizadora de discursos visuales, lo ha popularizado y
puesto a disposición de las masas.

Perfil social: personas de clase media o alta. Estudiantes y adultos jóvenes. Por lo general, los amantes del estilo *preppy* tienden a llevarlo, en el futuro, al estilo clásico.

Perfil psicológico: personas educadas, con conciencia de que para tener un buen lugar en la sociedad hay que seguir sus reglas. Adoran el estilo de vida estadunidense. Vivir bien y pertenecer. Son competitivas y ambiciosas, por lo general.

Tipos de prendas en mujeres: todas las que recuerden o imiten uniformes, como faldas tableadas, suéteres abiertos, blusas escolares. Sacos *sport* con escudos bordados en el pecho. También gustan de caquis, blusas camiseras y suéteres de tejido de punto. Las chamarras tipo *bomber* son fundamentales, más las que evocan a (o las que usan) las porristas o los jugadores de equipos de futbol. La paleta de color consta de grises, marinos, rojos y otros tonos neutros, pero casi nunca negro.

Accesorios y *grooming* en mujeres: la joyería es muy discreta, casi toda de oro o plata en formas sencillas. *Pendentifs*, pulseras de cadena o textil con *charms*. Zapatos planos tipo mocasín, *ballerinas* u tipo Oxford. Medias o calcetines. Diademas sencillas de textil para la cabeza. Algunas veces pueden usar corbata para dar el guiño al uniforme escolar. Cortes de pelo más bien tradicionales, nada de peinados extremos.

Tipos de prendas en hombres: todas las referentes a uniformes escolares. Camisas formales o de botón *down* lo mismo lisas que estampadas a cuadros, suéteres abiertos o cerrados, chamarras tipo *bomber*, sudaderas. Sacos *sport* con escudos bordados en el pecho. Si están decoradas con iniciales de un equipo de futbol o de una universidad, mejor. La paleta de color es gris, azul, blanca, beige, con algún toque de color esporádico y relacionado con la indumentaria que usan.

Accesorios y *grooming* en hombres: la única joyería que se permiten es el reloj, normalmente de tamaño medio y de correa de cuero y el anillo de casado, en caso de que lo sean. Corbata: importantísima, aunque para verse más *cool* se lleva aflojada en el cuello. Los zapatos son mocasines, Oxford o tenis, pero sin demasiados adornos o colores. Los cortes de cabello son discretos y pulcros.

Personajes de estilo *preppy*: los personajes de la telenovela *Rebelde* o de la serie televisiva *Glee*. La actriz Jessica Biel o el cantante Michael Bubble.

Glam

No hay que confundirlo con el *glam rock* o *glitter rock* de los años setenta y ochenta, que nació como una derivación del *rock & roll* y que incluía en su discurso la androginia y la sofisticación. De esta corriente podemos ejemplificar a cantantes como David Bowie o grupos como Bronsky Beat y, más tarde, nada menos, Boy George. El estilo *glam* contemporáneo tiene más que ver con una búsqueda de personalidad e identidad propia y la adaptación de la moda a sus propias características o gustos. Es un estilo sofisticado y a veces extremo que refleja individualidad y un gusto muy fuerte por la moda; es imaginativo, creativo y, en las más de las ocasiones, está ligado íntimamente con la gente que trabaja en la industria de la moda, el arte o con personas de alto poder adquisitivo y personalidad extravagante.

Perfil social: cualquier clase social y edad. Normalmente son personas que se dedican o adoran los temas relacionados con el arte o la imagen pública.

Perfil psicológico: son más que *fashionistas*. Son personas con una fuerte personalidad, sin miedo a decir: "Aquí estoy y esto es lo que tengo que decir". Son sensibles y se inspiran en todo lo que hay a su alrededor. No son, en términos generales, personas tímidas ni tampoco temen ser señaladas socialmente. Es más: les fascina.

Tipo de prendas en mujeres: toda clase de prendas que tengan un toque distintivo, extremo, dramático: *fashion*. Por ejemplo, pantalones estampados, chaquetas bordadas, abrigos de piel —de imitación o real—, piezas muy elaboradas o de corte original. Pueden usarlas acompañadas de prendas básicas o mezclarlas entre sí para lograr efectos más dramáticos.

Accesorios y *grooming* en mujeres: joyería grande, vistosa, inusual, como collares tipo pechera, broches enormes, brazaletes gigantes. Pueden usar una pieza o llevar varias en capas y mezcladas. Los zapatos son igualmente creativos o extremos, como los Louboutin o Giuseppe Zanotti.

Tipo de prendas en hombres: el *glam* masculino se inspira en las tendencias más *edgy* de la moda. Los *looks* más extremos y propositivos de los diseñadores son considerados más *glam*. Por ejemplo, los sacos bordados de Gucci o Dolce & Gabbana. Son piezas igualmente diferentes, más inusuales. Elaboradas o decoradas. En el caso de los hombres es más normal "diluirlas" y usar una pieza extrema con una más sencilla, aunque los más osados a veces llevan varias prendas extremas en un mismo atuendo.

Accesorios y *grooming* en hombres: joyería que va de tamaño normal a lo llamativo. A veces toman cosas prestadas de las mujeres, algún broche o brazalete, o incluso una bolsa de mano, especialmente las de gran tamaño. Zapatos más en tendencia: Louboutin, Prada... en colores y con aplicaciones peculiares, como tachuelas o hasta lentejuelas.

Personajes de estilo *glam*: el bloguero Bryan Boy, la editora de moda Anna Dello Russo, la fallecida columnista y editora Diana Vreeland, la cantante Madonna o el editor de moda André Leon Talley.

Dark

Este estilo es una derivación del existencialista, el cual, como movimiento filosófico, nació en el siglo xix, pero a mediados del siglo xx se volvió una moda en la sociedad intelectual europea. Los existencialistas vestían de negro, llevaban boinas y sombreros y se cuestionaba el porqué de la existencia, para qué estamos aquí. Y, por lo general, las reflexiones eran poco prometedoras. Desde entonces muchos movimientos de estilo *dark* han aparecido en la sociedad: los "vampíricos" o "satánicos" —derivados del punk— y con una estética muy a lo *Elvira, Reina de la Noche*, o como del *Show de terror de Rocky*. Hay quien se lo toma en serio y quien no, y sólo es una imagen que les parece divertida. Por otro lado, están los emos, a quienes hoy podríamos considerar como los herederos del estilo existencialista porque son los que tienen una visión más depresiva de la vida y su *look*, sombrío y melancólico, pretende expresar ese luto por la vida.

Perfil social: son, en su mayoría, jóvenes de clase media o baja, estudiantes o adultos jóvenes con una filosofía de vida muy específica en la cual encaja perfectamente este estilo de vestir.

Perfil psicológico: los vampíricos son personas con rebeldía religiosa y que encuentran en este estilo una manera diferente de creer en algo, que además se ha puesto de moda y tiene un cariz sensual y sexual muy fuerte. Los emos son chicos tímidos, de personalidad apocada que, por lo general, tienen problemas de adaptación en su vida social y se sienten arropados en medio de otros chicos que, como ellos, se sienten marginados.

Tipo de prendas en mujeres y hombres: camisas, blusas, suéteres, sacos, chamarras... Todo en color negro, aunque ocasionalmente incluyen alguna prenda blanca. Chamarras de cuero, prendas *oversize* (especialmente superiores) que emparejan con pantalones de tubo o mallas, muy semejantes a los del estilo punk. En el estilo vampírico para ellas a veces hay vestidos más ajustados y sexys; para ellos, alguna camisa con mangas amplias tipo bucanero o con pecheras y encajes o algún saco de estilo militar napoleónico.

Accesorios y *grooming* en mujeres y hombres: anillos de tamaño grande, *pendentifs* con motivos siniestros, como murciélagos, calaveras, diablos. A veces, guantes de encaje o terciopelo. El cabello es usualmente largo, libre. El maquillaje es dramático, oscuro y sofisticado en ellas, y ellos adoran delinearse los ojos de negro. Uñas negras para los dos sexos. En el estilo emo hay joyería más naïf o *piercings*; el cabello se distingue porque se pinta de negro, pero en muchos casos se matiza con colores como púrpura, rosa, azul. El maquillaje es extremo y, en ocasiones, trata de imitar expresiones de muñecas.

Personajes de estilo *dark*: los cantantes Alaska, Mario Vaquerizo y Bill Kaulitz del grupo Tokio Hotel, el actor y cantante Jared Leto.

Hippie o *bohemio*

El movimiento *hippie* nació en los años sesenta también de forma contestataria y de protesta contra el sistema, pero, a diferencia del punk, por ejemplo, era pacifista y abanderaba la libertad en la máxima extensión del concepto: amor libre, creer en lo que se quisiera, no trabajar en nada que se considerara "opresivo" o "institucional" y, para evadirse de este mundo que los angustiaba, experimentaban con drogas. Por supuesto, estaban en contra de la guerra y la violencia. Los *hippies* crearon una forma de vestir libre, colorida y con toques folclóricos. Todo tenía que ser hecho a mano o parecerlo. Muchas de sus prendas tenían influencia de religiones, como el budismo. Pusieron de moda el *tie dye*, ese estampado que se hace anudando la ropa antes de colorearla para lograr motivos psicodélicos, otra de las características estilísticas de este movimiento. Hoy, el *hippismo* evolucionó y se fue por un camino paralelo con el llamado estilo bohemio, que conservó las bases estéticas de libertad, comodidad y naturalidad, pero sin el trasfondo político y cultural.

Perfil social: es un poco extremo; lo adoptan los jóvenes de clase media como parte de un estilo de vida o algunos individuos de la clase alta como una postura que a veces puede ser un poco esnob. Son los que visten de manta, hacen yoga y van a Valle de Bravo o Ibiza a "conectar con la naturaleza", o los que lo adoptan como una forma de vestir cómoda. Para estos últimos es más bien una actitud *new age* que rara vez tiene que ver con un estilo de vida.

Perfil psicológico: se trata de personas que buscan establecer un contacto con su interior en búsqueda de espiritualidad. Desean huir del estrés, de la agitación de las grandes ciudades y de todo aquello que representa industrialización excesiva. Gustan de la vida bucólica, lo natural y relajado.

Tipo de prendas en mujeres y hombres: son fanáticos de la tendencia unisex porque justamente la igualdad de sexos y la libertad de los mismos es uno de sus mantras. Camisolas, blusas, blusones, "farfalas" (blusones tipo capa que semejan las alas de una mariposa), túnicas y caftanes. Adoran los pantalones de mezclilla (mientras más viejos, mejor) y las prendas en manta, lino u algodón. Adoran lo mismo los colores intensos que el blanco puro. Casi todas las prendas que usan se ornamentan con estampados *tie dye* o con bordados o estampados de estilo *folk*, especialmente florales. En el bohemio hay también chamarras y chaquetones de gamuza o cuero natural.

Accesorios y *grooming* en mujeres y hombres: cintas o pañuelos enredados en la cabeza o colgando al cuello, chalecos decorados, morrales y sandalias de cuero natural. La joyería es básicamente de plata, y aman las piedras naturales, sobre todo las turquesas y los ópalos. Muchas de sus joyas son elaboradas con alambre, cuentas y cuero, y tienen siempre un efecto de "hecho a mano", lo cual coincide con su filosofía contra la industrialización. En el bohemio hay sombreros de fieltro, botas altas y botines —normalmente sin tacón—, enormes mascadas y pañuelos anudados al cuello.

Personajes de estilo *hippie*: la cantante Janis Joplin (de hecho es la gran exponente), Phoebe Buffay, el personaje de Lisa Kudrow en *Friends*, la *socialite* Nicole Richie y, en ocasiones, las gemelas Mary Kate y Ashley Olsen, abanderadas del *boho chic* o bohemio de lujo.

Fashion

Lo dejé al último porque quizá sea el que esperaban con más ansias. El estilo *fashion* se oye por doquier, lo desea todo el mundo y lo consiguen pocos. Es como una aspiración porque toda la información que nos circunda parece confabularse para hacernos creer que la moda es como el oxígeno. Y lo es para algunos locos, como yo. Lo importante con la moda es siempre hacer que trabaje para nosotros, y no que terminemos trabajando para ella. Esto viene muy a cuento con lo que es el estilo *fashion*. Pero no hay que confundirlo con los *fashionistas*, que son los seguidores a ultranza de la moda —con buenos o regulares resultados—, o con los *fashion victims*, que son los que siguen la moda, casi siempre con resultados desastrosos. Una persona de estilo *fashion* es aquella que toma la moda con sentido común. Así de simple. Le gusta, la conoce, averigua sobre sus cambios constantes y después la sigue. La gente con estilo *fashion* gusta de llevar puesto el saco y los pantalones de última moda, la bolsa que llevó Gwyneth Paltrow a los desfiles en París, los zapatos que usó Victoria Beckham en la boda real. Le gustan las marcas, pero también, y de manera más importante, le fascinan las tendencias, sabe que puede seguirlas lo mismo a través de prendas de miles de dólares que de las que cuestan mucho menos. El único problema es que vive esclavizada por los designios de los diseñadores cada temporada... y con tanto cambio a veces cuesta trabajo descubrir hasta dónde se viste como ella desea o como lo desea el *fashion system*.

Perfil social: es democrático, puede ir desde las clases más altas y elitistas hasta las más bajas y aspiracionales. La moda y el estilo *fashion* son democráticos, claro está que la diferencia la hacen los presupuestos de cada quien para adquirir ciertas prendas.

Perfil psicológico: son personas con un ser social fuerte, que gustan de la aprobación de los demás, que buscan afirmar el sentimiento de pertenencia y tienen un sentido estético y de armonía desarrollado.

Tipo de prendas en mujeres: hablar de una específicamente es muy difícil porque en este estilo se llevan todas y de todas clases; lo importante es cuál. Cada temporada (primavera, verano, otoño e invierno) se escogen piezas clave que te harán lucir en tendencia: el saco bordado, los pantalones cargo, la blusa de camuflaje, la chaqueta militar, la blusa de seda china, el pantalón de tubo, el de pata de elefante... Tú nómbralo. Lo ideal es estar muy pendiente cada temporada de los dictados de la moda para saber cuáles son esas piezas especiales que debemos tener y cuáles, por supuesto, son las que nos quedan bien.

Accesorios y *grooming* en mujeres: son igualmente cambiantes, y lo que hace seis meses era indispensable, ahora ya no lo es tanto. Joyería, zapatos, bolsas, mascadas, lentes... Todo es importante, pero todo cambia cada temporada. El maquillaje también. Las casas cosméticas se mueven de manera muy cercana a la industria de la moda, y el *lipstick* de moda... seguro te hará el centro de las miradas.

Tipo de prendas en hombres: la moda se mueve un poco más lento en el terreno masculino, por lo que seguirla es más fácil. Compra con confianza un traje o saco de temporada porque podrás usarlo por unas cuantas más. Lo que hay que cambiar cada temporada son las camisas y las prendas de tejido de punto. De cualquier manera, salvo las prendas de *cashmere* o lana merino, más o menos es su ciclo de vida natural.

Accesorios y *grooming* en hombres: gracias a éstos, en gran parte, un *look* masculino puede verse actualizado cada temporada. Corbatas, mascadas y bufandas, calcetines, lentes y alguna pieza de joyería contemporánea (una pulserita o un anillo) son fáciles de agregar a un atuendo austero y volverlo *fashion*. En cuanto a cortes de cabello, al igual que la moda, cambian con menos frecuencia, o sea que si tu corte es de hace una o dos temporadas, sólo dale mantenimiento. Si ya tiene más tiempo, echa un ojo a las revistas o pregunta a tu peluquero si puede darte una "modernizada". Un hombre *fashion* tiene que ir a la última o a la penúltima, por lo menos.

Personajes de estilo *fashion*: los actores Sarah Jessica Parker, Brad Pitt y Ryan Gosling; las cantantes Beyoncé o Eiza González.

Otros estilos

Habrá quien se pregunte por qué no hablé más de estilos como el *hispter*, el militar o el dandi, por ejemplo. El primero se ha convertido en un movimiento fuerte y, estilísticamente hablando, está cobrando adeptos y hallando su propio lenguaje, pero desde el punto de vista de estilo es muy semejante al estilo retro; aunque puede tener toques del *hip-hop*, los *hipsters* están emulando, básicamente, estilos de los años sesenta y ochenta. El estilo militar es más bien una tendencia, que por recurrente que sea (la hemos visto en los últimos diez años) no podemos considerarla estilo porque nadie, a menos que trabaje en la milicia, echa mano de un estilo militar sin concesiones. Y el *dandy* es, definitivamente, una tendencia en la cual las mujeres usan ropa de estilo masculino, como trajes corbatas o zapatos tipo bostoniano. Pero tampoco es un estilo propiamente dicho.

Mezclas

Ésta es la parte que me parece más fascinante para el tema que estamos tratando en este libro. Los estilos de los que hablé antes son los más reconocidos en nuestra sociedad, y hay algunos que se me quedaron en el tintero porque, si me lo propusiera, podría hacer sólo un libro con los diferentes estilos que hay en el mundo. Pero no es el caso. Sí me parece importante que los reconozcas porque sé de gente que es absolutamente fiel a un estilo determinado y ni siquiera lo sabe. Una amiga mía, de carácter muy fuerte, autosuficiente, mandona y enojona era fanática del estilo romántico. Sí, como lo estás leyendo. La contradicción de su personalidad con lo que llevaba puesto era mayúscula. No hay problema, las contradicciones son parte de la moda y del estilo, pero deben ser planeadas, no involuntarias. Mi amiga llevaba ese tipo de ropa porque así la vestía su madre de niña y adolescente, y nunca cambió de modo de vestir porque no se le ocurrió. Ella pensaba que era su estilo, pero no; era una costumbre impuesta que jamás cuestionó. Aquí el problema era que con su imagen mandaba un mensaje muy distinto al de su verdadera personalidad, y la gente creía, en primera instancia, que ella era alguien que no era en realidad.

Si sigues un estilo determinado —los que mencionamos atrás o algún otro— porque te gusta, sientes que es un vehículo para expresar quién eres, te representa emocional y socialmente o simplemente crees que te queda de maravilla, adelante. Sólo un consejo antes de seguir: hay estilos en los que hay que inspirarse y no calcarlos —el punk, el *dark*—, porque pueden volverse un disfraz. A menos, claro está, que seas un punk verdadero. Pero si así fuera, no creo que estarías leyendo este libro, ¿verdad? Puesto esto en claro, ahora te invito a dar el paso siguiente.

Desde siempre, las revistas de moda muestran en sus páginas las tendencias más importantes de cada temporada. Antaño, cuando solía trabajar para *Marie Claire*, teníamos que escoger siete tendencias por temporada, y éstas serían las que las lectoras *fashion* tenían que acatar para estar *in*. Luego aumentamos las tendencias a diez porque se nos quedaba mucha información en el tintero. Hoy, si bien es cierto que las más importantes siguen siendo más o menos ésas, hay muchas otras tendencias menos llamativas o fuertes que también están consideradas dentro de la moda. Las revistas de moda hoy proponen tendencias cada mes, y a veces seguirlas es muy complicado para los mortales. Mi amiga, la que se viste con *look* romántico, me preguntó confusa alguna vez: "Pero ¿se llevan los estampados geométricos o los florales?", a lo que respondí con frescura: "Ambos". Es la verdad. Actualmente es más difícil discernir lo que no está de moda que lo que sí lo está. Esto se lo debemos a las personas que entienden cada vez más lo que significa el estilo.

Lo que debes hacer es buscar nuevos horizontes. Si ya has reconocido los estilos generales y te identificas con alguno, ahora pasa al siguiente nivel: busca tu estilo personal mezclando aquellos con los que te sientas identificado. El resultado será inédito porque nacerá de tu gusto propio y de tu visión personal de ver la moda. Será un estilo que parte de tu originalidad, de tu forma de experimentar con la ropa y, por ello, lo que resulte será mucho más cercano al reflejo de tu carácter.

Las mezclas de estilos sirven para refinar aún más tu visión de la vida y, por ende, de la moda. Quizá, como mi amiga, tienes una parte romántica, pero tienes otra más fuerte y hasta agresiva. ¿Cómo reflejas esto con tu ropa? Tomando ciertos elementos de un estilo y mezclándolos con otro. Por ejemplo, yo le hubiera puesto a ella una blusa con detalles de encaje acompañada de unos pantalones de cuero y unas botas de tacón fino. Aquí, como ves, mezclamos tres estilos diferentes: el romántico, el *rocker* y el clásico. Con esta combinación, esta mujer muestra que tiene un lado dulce, pero, al mismo tiempo, que es de temperamento fuerte.

Mezclar estilos es un poco como hallar la pintura para la pared de tu casa en el tono exacto. Si no existe, mezclas varios hasta lograr el que te acomoda, el que más te gusta. Las posibilidades de mezclar estilos son infinitas. Sólo que para hacerlo con gracia y para conseguir que el resultado sea estético, hay que experimentar mucho y tener la autocrítica necesaria para reconocer cuando la mezcla no te salió bien. Educa el ojo, busca inspiración... De esto te hablaré en un capítulo más adelante. Por ahora, piensa cómo puedes armar tu propio rompecabezas de estilo. Serás como esos libros para niños donde, pasando las páginas, puedes ir cambiando y mezclando la ropa de los personajes. Te voy a dar diez ideas de posibles mezclas armónicas para que las ensayes y luego te animes a hacer las tuyas propias.

Mezcla 1: rocker y clásico. Combina una falda de vestir recta en color gris con una camiseta blanca y una chamarra tipo motociclista en cuero negro y cálzate unos stilettos negros. Chic y agresivo.

Mezcla 2: punk, sport y fashion. Combina una camiseta rota con alfileres y púas con unos jeans de tubo y unos zapatos de charol rojo. De supermoda.

Mezcla 3: romántico y dark. Ponte una blusa de encaje con unos mallones y unas botas negras industriales. Gran contraste.

Mezcla 4: clásico y fashion (hombre). Mezcla un traje de corte clásico y bien ajustado y una camisa lisa con zapatos bostonianos de suela de color. Ideal.

Mezcla 5: clásico y fashion (mujer). Empareja unos pantalones de vestir negros y unos botines de tacón alto con un chaquetón bordado o con aplicaciones. Como de revista.

Mezcla 6: fashion y sport. Ponte un vestido largo con una camisola blanca *sport*. Simple y único.

Mezcla 7: glam, sport y clásico (hombre). Usa una chaqueta bordada, con detalles brillantes, o en terciopelo, con un par de jeans y unos zapatos de vestir clásicos. Ideal para un coctel.

Mezcla 8: hippie y rocker. Empareja un vestido en colores o *tye dye* y unas sandalias abiertas con una chamarra de cuero.

Mezcla 9: rocker y sport (hombre). Mezcla unos pantalones de cuero o de mezclilla engrasada y botas con una sudadera *oversize*. Juvenil y chic.

Mezcla 10: fashion y preppy. Ponte un vestido de cuello *halter* o escotado en un color sólido, y unos botines al tobillo con una chamarra tipo *bomber*. Un *look* muy joven y novedoso.

Podríamos seguir. El caso es que tú, con los respectivos aciertos y errores, debes ir aprendiendo cuál es tu estilo y cómo, mediante la fusión de prendas que aparentemente no tienen nada que ver, puedes hallar tu propio lenguaje personal, esa imagen que diga sin palabras quién eres. En suma, tu estilo.

5. Satélites del estilo: maquillaje y perfumes

Una de las cosas que más sigue capturando mi atención es un rostro impecable. No hablo de esa perfección de los rostros de las modelos en las revistas. Yo, que he trabajado en la industria editorial, sé perfectamente que detrás de esa perfección hay mucho Photoshop de por medio. No, hablo de una mujer normal, que llega a pedir un café a Starbucks y que se echa para atrás un mechón de cabello, mostrando una piel cuidada, unos labios bien maquillados y los ojos con la mirada definida. ¡Me resulta un gesto tan seductor, tan femenino! No se trata de llevar un maquillaje elaboradísimo, simplemente esos toques que hacen que el rostro se vea "vestido".

Ésta es la esencia de este capítulo: el maquillaje, que es, sin duda, el atuendo del rostro. Y el perfume, claro, que es, como lo describiera Carolina Herrera, "el accesorio invisible". Todos estos elementos forman parte fundamental del estilo de una persona. Están conectados directamente con su personalidad, pues reafirman y afianzan su lenguaje estilístico.

En mi vida profesional, he tenido la oportunidad de trabajar en proyectos que, literalmente, han cambiado mi vida. Uno de ellos ha sido M·A·C Cosmetics, firma para la que hice relaciones públicas por casi siete años. Ahí pude aprender lo importante que es el maquillaje en la vida cotidiana de una mujer. Su filosofía era: "Sé tú misma o transfórmate", y la verdad es que esta frase siempre me ha parecido lapidaria. En muchas ocasiones, cuando me despierto, me gusta pensar quién seré por ese día. No se trata de interpretar a alguien, sino mostrar una faceta especial de mi personalidad durante ese día. Qué versión de Antonio mostraré al mundo. Quizá las versiones "NY Black", "Funkie", "Couture" o la muy temida "Hoy me visto de jovencito porque me siento viejecito". O, simplemente, me peino de manera distinta. Otra posibilidad, más sencilla, es cambiar de perfume. Ésta es mi forma más inmediata y fácil de metamorfosearme: la fragancia, ya que con un gesto digo que ese día me siento sexy, ligero, interesante o hasta denso, cuando uso una muy compleja. Supongo que no soy el único. El ánimo influye mucho en lo que uno se pone, desde la ropa hasta el maquillaje y la fragancia.

Salir a la calle desnuda te traerá problemas con la ley o, en el mejor de los casos, una pulmonía. Salir sin maquillaje, perfume o despeinada no parece tan grave, hasta que te das cuenta que esto puede arruinar incluso el mejor de tus atuendos.

He llamado "satélites del estilo" a esos elementos que son parte fundamental no sólo de tu arreglo personal cotidiano y de la mínima pulcritud necesaria en tu vida, sino también de tu propio lenguaje estilístico. Seguramente has oído expresiones como: "Una mirada dice más que mil palabras" o "Supe que mi jefa llegó porque percibí su perfume". Cómo te maquillas los ojos, qué color usas en los labios, qué tipo de corte de pelo llevas y qué fragancia es la que te envuelve y haces tan tuya, como el resto de tu atuendo, son los complementos que ayudan a afianzar y perfeccionar tu estilo personal.

Más aún: hay ocasiones en que, dadas las restricciones sociales a las que a veces nos sometemos por nuestra necesidad de pertenecer a un grupo determinado, el maquillaje, cabello y perfume son lo único que habla de quiénes somos en verdad, de nuestra personalidad y estilo. Por ejemplo, imagina que tienes que llevar uniforme o que las reglas de vestir son muy estrictas en tu sitio de trabajo. Con lo único que lograrás diferenciarte de los demás, de mostrar tu unicidad y estilo es con tu manera de arreglarte... y *accesorizarte*, claro. Por eso, es importante conocer primero las bases de un buen maquillaje para que, con este inicio, descubras cómo compaginarlo con tu estilo o reflejarlo con él.

Maquillaje

Para mí, es mágico. El poder que tiene de hacer ver mejor a una persona es increíble. No hablo de un maquillaje profesional, recargado o de fiesta, sino de ese que, con unos cuantos toques, te hace lucir radiante. Ese que usas —o deberías usar— todos los días de tu vida. Si bien el maquillaje por sí mismo no te da un estilo (de hecho, nada de lo que te pongas en sí mismo tiene ese poder), sí te ayuda a manifestarlo, a reafirmar el que ya tienes y expresas con el resto de tu indumentaria. El maquillaje es un elemento más de tu atuendo y al igual que un buen par de zapatos, una bolsa de impacto o un vestido espectacular, debe vestirte, destacarte y hacerte lucir extraordinaria. La elección del maquillaje evoluciona casi de la misma manera que la de la ropa y la de los accesorios. En un inicio hay mucho de imitación, luego viene una etapa de experimentación y, al final, descubres qué es lo que mejor te queda y favorece.

En mi vida he tenido imágenes gloriosas que han estado íntimamente ligadas al maquillaje. Por ejemplo, la forma en que mi madre se delineaba los ojos. Esa raya perfecta en su párpado que hacía que su mirada luciera felina y sofisticada. Eran los tardíos años sesenta y el delineado era indispensable en el día a día. Las pestañas postizas lo mismo, pero para ocasiones más especiales. Nunca olvidaré sus ojos porque quizá representaron mi primer contacto con esa magia de embellecer algo con algo tan sencillo: su delineador. Éste era como una varita mágica.

Después vinieron los años "disco", con Donna Summer, Diana Ross, Blondie y tantas otras con esas pieles brillantes, los labios llenos de *gloss* y ese rubor que se conectaba con la sombra de ojos en una v extravagantísima. Luego los ochenta, con los excesos más grandes en la historia del maquillaje: color en todo el rostro, más-es-más, metálicos, pestañas, delineadores, rostros pálidos y mates. Madonna, Pat Benatar, Joan Jett, ¡Cyndi Lauper! Todas usaban sus rostros como un parque de recreo para el color. Una amiga mía, Tiziana, era entonces la mujer con más estilo que conocía. Recuerdo que una tarde, entre clase y clase, se sentó conmigo en un sofá que había en un pasillo de la escuela y, mientras hablábamos, se maquilló los ojos. En minutos se dibujó un arcoíris nacarado perfecto en cada párpado. ¡Una gloria! No había nadie como ella y yo la admiraba profundamente. Sé que esto hoy puede sonar un poco a Lady Gaga, pero en aquella década era estar a la última. Tiziana era una estrella y lo sigue siendo incluso ahora como madre de familia que recuerda nuestras locuras de juventud con una gran sonrisa. Con los años, y después de la experimentación, encontró un estilo más discreto, pero que igualmente le queda de maravilla.

Siete tips para encontrar tu estilo al maquillarte

Cada búsqueda es individual, cierto, pero la orientación es fundamental. Te voy a dar siete tips para iniciar o reafirmar la búsqueda de estilo a través del maquillaje.

1. *Cuida tu piel*. Esto es fundamental. Una piel debe estar sana, cuidada e hidratada para que sea una buena base para maquillaje. Identifica tu tipo de piel (seca, grasa o mixta) para darle el tratamiento adecuado. Si el lienzo donde vas a pintar no está en buena condición, tu maquillaje tampoco lo estará.

2. *Identifica tu tono de piel*. Esto parece obvio, pero no tienes idea de cuántas mujeres no lo toman en cuenta a la hora de escoger los colores con los que quieren maquillarse. Además de la base adecuada a tu tono de piel, identifica los colores que te quedan según seas morena o blanca.

3. *Imita*. No está mal para empezar. En un inicio puedes emular a tu madre, hermanas mayores o a una celebridad. Mi madre imitaba a Marilyn Monroe. Tú puedes imitar a Miley Cyrus, a Sarah Jessica Parker, a

Jennifer López, a Belinda... Sólo piensa en algo: la mujer a la que decidas imitar debe tener un punto de identidad contigo, es decir, deben ser de estilos similares.

4. *Experimenta*. Toma la imitación como base, algo similar a aprender el alfabeto. Pero ya que has aprendido a escribir, redacta tu propia historia. Experimenta, varía, inventa... Sé espontánea. Usa una sombra de ojos en los labios o un labial como sombra. A ver qué resulta. Quizá las texturas no funcionen igual, pero los efectos pueden ser interesantes. ¿Si no sirve? Tomas un pañuelo y te lo quitas. ¿Ves qué simple? Pero tal vez habrás llegado a un hallazgo estilístico interesante.

5. *Ubícate*. Aprende cuándo y dónde llevar determinados tipos de maquillaje. Una reglita sencilla que no falla: sin importar qué colores uses, los maquillajes ligeros son para el día y los más cargados para la noche. ¿Te gustan los colores intensos en el día? Entonces balancéalos. Si llevas la boca muy fuerte, los ojos deben ser discretos, y viceversa.

6. *Entérate de las tendencias*. A menos de que seas emo o *dark*, tienes que averiguar cuáles son los colores de maquillaje de temporada. No es que haya nuevos colores (no se pueden inventar más), lo que se crea cada temporada son nuevos matices y texturas. Esto se vuelve una oportunidad para variar tu estilo, sin comprometerlo, para verte a la moda.

7. *Pide asesoría*. Curiosamente, en el terreno del maquillaje es donde cada vez es más fácil y barato pedir una asesoría profesional. Los maquillistas de mostrador ya no son sólo vendedores, sino también verdaderos profesionales que han estudiado y están capacitados en imagen y tendencias. Ellos son la opción ideal para aconsejarte acerca de la paleta de color y texturas que te quedan bien, y lo mejor: la forma ideal de

aplicación. Te aconsejarán lo que puedes usar para una ocasión determinada o para tu vida cotidiana. Y, lo más importante, qué es lo que debes resaltar de tu rostro y volverlo tu rúbrica, ese toque extra que reafirmará tu personalidad.

Cosas que hay que saber de maquillaje

Cuando comencé a trabajar en el negocio de la moda en México todos éramos unos cuantos. Periodistas, coordinadores de moda, fotógrafos, peinadores, maquillistas... No llegábamos a veinte entre todos. Por esto, nos conocíamos perfectamente y casi siempre trabajábamos todos con todos. Nos íbamos de fiesta y viajábamos juntos. Puede sonar cursi, pero de verdad que éramos como una familia de pueblo: grande, metiche y muy divertida. En esa época conocí a Juan Carlos Frank. Trabajamos juntos en desfiles, editoriales, presentaciones para prensa. Lo vi crecer, trabajar con los grandes. Recuerdo que cuando vinieron a México los Backstreet Boys, todo el mundo les temía porque tenían fama de divos, y el único que los maquilló y los conquistó con su encanto fue Juan Carlos. Desde hace un par de años nos hemos reencontrado y ahora tuve la fortuna de que me maquillara para *Mexico's Next Top Model*. Por eso, cuando escribía este capítulo, pensé en él para poderlo complementar con su amplio conocimiento del tema. Conversamos, discutimos, reímos y al final sacamos conclusiones muy interesantes.

¿El maquillaje tiene relación con el estilo? "Absolutamente", dice Frank. "Es un matrimonio total y, como suele suceder en estos casos, cuando las cosas no funcionan suele acabar en divorcio." Para él, el maquillaje es el accesorio que no se ve, pero se nota. Un maquillaje exitoso debe provocar que la gente diga: "Qué bien te ves". Si alguien elogia el maquillaje y no a la persona que lo lleva es que algo anda mal. El maquillaje debe ser invisible.

El inicio de la búsqueda de tu estilo en maquillaje nace de la admiración, de lo que ves en casa, de cuando veías maquillarse a tu madre, abuela o hermana mayor y tratabas de imitarlas. Es así como la mayoría de las mujeres sientan la base de su estilo. Luego sigue el laboratorio, asegura Frank. De los quince a los veinticinco años se pueden experimentar todos los estilos, variarlos de acuerdo con tus estados de ánimo, tu rebeldía. Es el momento en que ya dejaste de imitar a tus iconos y decides realizar una búsqueda por tu cuenta. "No obstante —añade el artista—, a partir de los treinta ya no debes variar demasiado tu estilo y, sobre todo, colores de maquillaje. Conozco muchas mujeres que comenzaron a maquillarse en los años noventa, cuando estaban de moda el minimalismo, los colores *nude* y matices discretos. Ellas hoy difícilmente aceptarán ponerse colores más intensos. Y las variaciones deben ser dentro de la misma gama de color. Si te van los rosas, los rojos, puedes variar en los matices y volverlos más hidratados para invierno, más mates para otoño. Hay *miniglitters* que son casi imperceptibles y se aplican sobre un labial para darle un efecto distinto. Pero esto siempre es una comunión con el espejo y la cercanía con tu mejor amiga o un maquillador profesional que puede darte buenos consejos. Escucha a la gente. Cada vez que te digan que te ves bien, toma el elogio como algo que hiciste bien."

Una mujer que ya definió su estilo en el vestir suele encontrar su estilo de maquillaje influida más por el grupo social en el que se desenvuelve que por la moda. Es una conducta casi de tribu y, en ocasiones, el ser propositiva se queda en segundo plano ante la necesidad de pertenencia a un grupo determinado. Entonces el estilo personal se abre paso cuando comienzas a interesarte por las tendencias de moda y te haces una *beauty fan*, o cuando estás bien asesorada por un maquillador.

Colores, detalles, gestos de aplicación...

Esto que parece tan sencillo a veces es como una ecuación de álgebra. ¿Qué colores me van mejor? ¿Los delineadores de moda se le ven bien a todo el mundo? ¿Qué pasa con las pestañas postizas? Muchas preguntas, y las respuestas no siempre son esclarecedoras o, peor aún, honestas. A veces crees que algo te queda bien o te dicen que se te ve bien sólo para que lo compres. ¿En quién confiar? En un profesional, claro, pero también en tu sentido del gusto y, lo más importante, en que te sientas cómoda con lo que estás poniendo en tu rostro. Que tengas la certeza de que te hace ver más guapa, más segura. "Las pestañas postizas —afirma Frank— son las grandes vituperadas de la historia. Se las relaciona con aquellas cosas largas y extravagantes de los años sesenta y que usaba Liza Minelli. Pero no. Han regresado de una manera muy diferente y ya no se llevan sólo en bodas, sino que también pueden llevarse casi en cualquier ocasión que se requiera enfatizar la mirada. Ahora hay cortes muy naturales que lo que dan es juventud a la mirada. Una mujer con pestañas tupidas se ve joven. Y casi son imperceptibles, sólo hacen que la mirada se enmarque perfectamente."

También hay efectos y colores que son privativos de una edad y que, horror de horrores, te pueden hacer ver mayor. Los delineados excesivos, los colores fluorescentes, los *glitters* muy brillantes son, sin duda, para edades jóvenes. Suele haber colores que mezclados te hacen ver terriblemente mayor. "Me vino a la mente Sarita Montiel en sus últimos años, cuando casi se replicaba una pluma de pavo real en el ojo —dice Juan Carlos Frank—. Pero son las combinaciones equivocadas las que surten este efecto. Por ejemplo, una mujer aplica en el párpado sus colores básicos: dorados, cobrizos. Hasta aquí, todo va bien. Pero si decide profundizarlo con morado y fucsia o con azul marino y verde esmeralda, entonces se vuelve un despropósito. El exceso de color en maquillaje siempre va a aumentarte la edad."

Otros tips prácticos

- *Los básicos del día a día.* Según Juan Carlos Frank, una mujer debería utilizar diariamente, en su ritual de belleza, cuatro cosas fundamentales: primero, un buen iluminador. "Nadie debería salir de su casa sin maquillar las ojeras. Te hacen ver cansada, mayor. Ya no me gusta usar la palabra corrector porque suena agresivo. Ninguna mujer quiere que la 'corrijan'. Los iluminadores son una maravilla porque cada vez son más fáciles de aplicar." Lo segundo es la base de maquillaje, que ya han dejado de ser esas cremas espesas y cubrientes del pasado. Ahora hay las llamadas BB *cream* o CC *cream*, que son cremas tratantes con color, ligeras y dan a la piel un aspecto natural y saludable. Lo tercero es una buena máscara de pestañas, y lo cuarto, lápiz labial. "No te lleva ni diez minutos aplicarlos. Debes considerarlos para cualquier actividad que hagas fuera de tu casa: dejar a tu hijo en la escuela, ir a trabajar, ir a ver a las amigas."

- *Colores para morenas y rubias.* Una morena no debe ponerse tonos pastel ni texturas mate porque la hacen verse ceniza, demacrada. Las morenas deben usar colores más vivos y texturas más *glossy*, nacarados aterciopelados. "Me encantan los tonos vino y los morados liliáceos en los ojos de una mujer morena", dice Frank. Las rubias, por su parte, tienen un rostro como un lienzo en blanco que permite una gran variedad de colores. No obstante, una rubia no debe usar colores como plata o verde nacarado, por ejemplo, porque el maquillaje se vuelve muy evidente. "El color terracota en los labios de una rubia la hace verse mayor."

- *Para que se te vean los ojos más grandes.* Aplica una sombra en color más claro que el color de tu piel. Esto amplía el espectro entre la ceja y tu línea de pestañas superiores. Luego profundiza con tonos neutros el pliegue del párpado o agrega una línea negra debajo de las pestañas superiores. "Otro tip que me encanta: una vez que está estructurado el párpado con tus sombras neutras —beige, canela, rosa, gris— se enfatiza el lagrimal con un tono nacarado (en cualquier color, pero luminoso) en forma de triángulo. Con esto das un toque de luz que de inmediato surte el efecto de abrir el ojo."

- *Para afinar el óvalo facial y hacer que la cara se vea más delgada.* Utiliza un *press powder* tres tonos más oscuro del tono de tu piel. Profundiza abajo del pómulo, en los temporales, debajo de la nariz y en las aletillas, entonces, encima, puedes aplicar el polvo bronceador o *bronzer* difuminándolo muy bien. Así se hace efecto de ángulos y se afina muy bien la cara. Funciona perfectamente en rostros cuadrados, redondos u oblongos. "Si tu rostro es muy angulado, cuida mucho la perfilación, hazla con suavidad porque corres el riesgo de subirte la edad o de parecer *drag queen*", comenta Frank.

- *Para verte descansada y fresca.* Antes y después del maquillaje, puedes utilizar un *primer*. Son productos en crema que se usan como base o para hacer que tu piel se vea fresca e hidratada. Te iluminan. También puedes aplicar brumas hidratantes. Al final, date un toque de bálsamo hidratante sobre tu lápiz labial.

- *Para verte sexy.* No hay cosa más *sexy* que una mirada felina, según Frank. Ésta se logra con una máscara de pestañas perfecta, un *smoky eye* que hace que la mirada se vea más lánguida. "Es verdad que los labiales son muy *sexys*, pero el labial se deslava a la segunda copa de martini y los ojos se conservan intactos toda la noche."

- *Para levantarte el ánimo con maquillaje.* La máscara de pestañas hace que el ojo se abra. Es un efecto psicológico que te hace verte bonita con un gesto muy simple.

- *Para verte provocativa.* Un delineador negro dentro del ojo, delineador líquido; un labial más agresivo, sacado uno o dos milímetros de los labios para hacerlo más mórbido; todo esto eleva tus ojos a la octava potencia.

- *Para saber cuándo te pasaste de lista con el maquillaje.* Cuando tu maquillaje hace juego con tu ropa, es un signo inequívoco de que te pasaste. Si la máscara de pestañas está grumosa, te pasaste. Si usas máscara de pestañas de colores y tienes cuarenta y cinco años, te pasaste. Si marcas demasiado la ceja con el lápiz y eres rubia o castaña, te pasaste.

El maquillaje, clave del estilo: entrevista con Bobbi Brown

"Al maquillarse, una mujer tiene que ser quien es;
sólo debe verse más bonita y segura de sí misma."

Es madre, esposa, empresaria y seguramente la maquillista más importante del mundo. Es la mujer que, literalmente, inició el camino del maquillaje natural, amistoso, fácil de llevar. Bobbi Brown no cree en el maquillaje que oculta defectos, sino en el que destaca virtudes. No cree que el maquillaje te transforme, sino más bien que te da seguridad y te hace más hermosa. Cree firmemente que el estilo de una mujer se refleja en su maquillaje, y éste, al mismo tiempo, se vuelve un elemento para afianzarlo, para hacerlo más puntual y evidente. Conversé con ella sobre maquillaje, estilo y todo lo que hay alrededor de ellos.

–¿Qué es para ti el estilo?

–Para mí, el estilo no significa seguir las tendencias, sino usar lo que te hace ver mejor. El estilo es sentirte seguro usando ropa y maquillaje que exprese quién eres tú.

–¿Cuál es el papel del maquillaje en el estilo de una mujer?

–Creo que el maquillaje es una forma de ayudar a las mujeres a verse y sentirse como ellas mismas, sólo que más hermosas y seguras. Más que para intentar distorsionar las características de una mujer, uso el maquillaje para resaltar aquellos aspectos que la hacen única. El maquillaje es una expresión de su personalidad; es un camino que sigue para ser lo que quiere ser. No importa si usa el lápiz labial más rojo o el supernatural.

–¿Hay alguna persona en particular que haya inspirado tu trabajo como maquillista?

–Mi madre. Crecí mirándola maquillarse y siempre deseé ser tan glamourosa y tener su *look*, tan fresco. Me enseñó que la autoconfianza es el aspecto más irresistible de la belleza real. En verdad, le debo mi carrera. Un invierno, cuando llegué a casa después del colegio, le dije que quería dejarlo. Mi madre me dijo: "Olvida lo que quieres hacer con tu vida por un momento. Hagamos de cuenta que es tu cumpleaños y que hoy puedes hacer cualquier cosa que quieras". Le dije que quería ir a jugar con los maquillajes en Marshall Field. Entonces me dijo: "¿Y por qué no estudias cosmética?". Así fue como entré al Emerson College en Boston, donde me gradué en el curso de Maquillaje Teatral con una especialidad en Fotografía. Después de esto, en 1980, me mudé a Nueva York para seguir mi sueño de convertirme en una maquillista profesional.

–¿Cómo conquistaste tu estilo personal?

–Después de muchos intentos fallidos, descubrí qué era lo que mejor me quedaba y me apegué a ello. Me siento mucho mejor en estilos clásicos y sencillos. Durante el día, casi siempre uso jeans azul índigo, camiseta y tenis. Si salgo de noche, me pongo algo más vestidor, pero

•••

siempre cómodo. Me gustan los pantalones negros rectos emparejados con un suéter de lentejuelas o una chaqueta estructurada con tacones altos. Normalmente prefiero colores neutros, como azul marino, marrón, negro y gris.

—¿Hay alguien a quien hayas admirado y que se haya convertido en tu inspiración en el momento de crear tu propio estilo?

—Siempre he admirado a esas mujeres cuya ropa refleja su estilo individual y personalidad. Todo tiene que ver con probar diferentes prendas, llamativas o sencillas, y sentirte feliz con quien eres en ese momento. Mi estilo se manifiesta de diferentes formas: desde los tenis Converse, que uso para ir a la Casa Blanca, hasta los stilettos rosas que me pongo para la fiesta rosa a la que voy cada año; o cuando no llevo nada de maquillaje a un evento, especialmente después del Fashion Week, que me deja extenuada. A veces prefiero sólo guiarme por el instinto en lugar de planear lo que quiero hacer.

—Desde el punto de vista de un maquillista, ¿cuál es el secreto para construir tu propio estilo?

—Siempre recuerda "ser quien eres". Esto significa todo: desde amar tus líneas de expresión hasta apreciar tus características personales, esas que te hacen única. Cuando llegas a esto, la belleza y el estilo son pura seguridad en ti misma. Siempre recomiendo a las mujeres que experimenten con diferentes estilos y colores hasta que encuentren algo que encaje mejor con su personalidad. Lo que puede funcionar bien para una persona puede no hacerlo para otra. Por ejemplo, para ciertas mujeres, todo lo que es natural, colores sutiles, puede irles de maravilla, pero para otras son los tonos más vibrantes e intensos. El maquillaje no tiene que ver con reglas, sino con opciones.

—El maquillaje definitivamente es para todos, pero ¿cuál es la forma de adaptarlo a tu personalidad, mediante formas de aplicación o color?

—El maquillaje, independientemente de tu edad, estilo o personalidad, no debe intentar cambiar tus facciones o tratarte de hacer lucir

•••

mayor o más joven. El maquillaje es para hacerte ver como tú eres, sólo más segura de ti misma. El meollo es encontrar lo que funciona para ti. Por ejemplo, siempre les digo a las mujeres que, a pesar de lo que puedan pensar, cualquiera, sin importar su tono de piel, puede mostrar unos labios audaces. Siempre he pensado que, aunque seas una mujer con labios de colores naturales, debes tener un par de colores más brillantes para ocasiones especiales o para la noche, o simplemente por diversión. Si aún no te sientes lista para usar un labial más fuerte, entonces crea el tuyo propio mezclando un delineador labial en un color más intenso con tu tono favorito de labial, o intenta poner bálsamo labial en tu boca y luego coloréala con un delineador de labios. Dicho esto, sí hay un maquillaje apropiado para cada edad. Siempre he pensado que las jovencitas tienen que apreciar su rostro exactamente tal cual es. Las exhorto a que esperen hasta la preparatoria para experimentar solamente con un *gloss* labial, máscara de pestañas, rubor y un iluminador. Entonces, cuando vamos madurando, es importante ir revaluando nuestro cuidado cotidiano de la piel y la rutina de maquillaje. Los productos que te funcionaban a los veinte no tienen por qué seguir sirviéndote a los cuarenta.

–Hablando en el terreno creativo, ¿Bobbi Brown es una marca que "grita" o que "susurra"?

–Bobbi Brown Cosmetics es simple, real y alcanzable. Su esencia consiste en usar los matices correctos para exaltar la belleza natural de una mujer y las cualidades que la hacen única. Creo firmemente en hacer que una mujer luzca como ella misma, sólo más hermosa y segura. Cuando comencé a trabajar como maquillista *freelance* en los años ochenta, el *look* de la época era estridente, exagerado. Me frustré muy pronto de lo poco favorecedor que era el maquillaje en el mercado. No encontraba matices o colores que lucieran naturales, tampoco me encantaba el olor de los productos. Entonces comencé a fabricar mis propias mezclas para crear un maquillaje que realmente se emparejara con la piel de la mujer. Estrené mi línea de maquillaje en Bergdorf

•••

Goodman, en Nueva York; consistía en diez lápices labiales en colores muy naturales y fáciles de usar. Estaba claro que una revolución en la belleza se estaba gestando. Las mujeres adoraron esta línea de colores tan favorecedores y mi acercamiento tan realista a la belleza. Las mujeres que venían a mi mostrador eran modernas, muy ocupadas —como yo—, y no tenían miedo alguno de decir lo que querían: lucir bien con productos fáciles de usar y que funcionaran.

–¿Crees que se puede conquistar un estilo personal empezando por el maquillaje y moverte de ahí a la ropa y los accesorios?

–Definitivamente. Siempre he creído que el maquillaje desempeña uno de los papeles más importantes en la autocreación de imagen. Es una forma extraordinaria de exaltar tus cualidades personales y expresar quién eres.

–¿Cuáles son los instrumentos básicos de maquillaje que debe tener una mujer?

–Tener las brochas correctas puede hacer toda la diferencia a la hora de aplicar el maquillaje. La brocha adecuada te hará tener el control preciso de dónde y cuánto maquillaje quieres aplicar. Incluso puedes usar tus brochas y pinceles para cambiar la textura y acabado de tu maquillaje, y eso te amplía la posibilidad de *looks* que puedes crear. Recomiendo tener por lo menos una brocha especial para la base, otra para las sombras y una ultrafina para delinear los ojos. Con un buen juego de brochas tendrás la seguridad de saber que posees las herramientas para siempre lucir bien. Si las cuidas correctamente pueden durarte años.

–Una mujer no debería salir de casa sin...

–Corrector o iluminador, máscara de pestañas y rubor, que dan al rostro una luminosidad inmediata. El iluminador es mi producto de maquillaje favorito, es el secreto en el universo de la belleza. Cuando se aplica correctamente, te hace lucir de inmediato fresca y descansada. Una máscara ultranegra es también un indispensable porque hace resaltar los ojos de inmediato. Finalmente, pero no por ello menos

•••

importante, está el rubor, que es la quintaescencia de la belleza instan-tánea. Mi tip para encontrar el matiz ideal de rubor es escoger el tono exacto que tienen tus mejillas después de que has hecho ejercicio.

–¿El maquillaje debe coordinar con la ropa que llevas puesta?

–Creo que se ve más fresco y espontáneo cuando no lo combinas con tu ropa. Soy más partidaria de emparejar un maquillaje suave con un *look* fuerte, como, por ejemplo, con una chamarra de cuero de motociclista o un suéter neón. O balancearlo en el rostro; si llevas una boca fuerte o unos ojos más dramáticos, procura que el resto sea más neutral.

–Cuando una mujer decide cambiar de *look*, ¿por dónde debe co-menzar?

–Sugiero que comience por una consulta con un asesor de imagen, un maquillista o su propio peluquero. Si se trata del maquillaje, le recomien-do que primero pruebe colores. Puede iniciar con un labial más fuerte o más suave, dependiendo de lo que normalmente usa... Es una manera divertida de probar cosas nuevas. Pero siempre piensa en escoger lo que te haga lucir mejor. Experimentar con maquillaje es maravilloso, porque si no funciona simplemente lo limpias y ya está. Las uñas también son una manera muy divertida de experimentar sin necesidad de un gran desprendimiento emocional y de un oneroso desembolso económico.

–¿Qué opinas del maquillaje en los hombres?

–No diría que un hombre deba usar maquillaje, pero hay una serie de trucos para que un hombre pueda lucir natural sin verse maquillado. Por ejemplo, mi *bronzing gel*, al que llamé "Joe Brown" por mi padre. Él quería un producto fácil de usar, que luciera natural y tuviera pro-tección solar. También tengo un bálsamo labial, Yogi Bare, al que bau-ticé así por mi querido amigo beisbolista Yogi Berra, de los New York Yankees. Claro, los hombres deben tener conciencia de sus rutinas de cuidado facial y usar los limpiadores e hidratantes correctos de acuer-do con su tipo de piel.

Perfumes

Para hablar de los perfumes necesitaría escribir no uno, sino varios libros. Éste es un tema que me apasiona profundamente y que podría estudiar por meses o años. Ser nariz o creador de fragancias es una de las profesiones que me hubiera gustado abrazar en la vida.

El perfume tiene muchos poderes, y el más importante de todos quizá sea el de despertar emociones y transmitirlas. Un perfume evoca alegría, nostalgia, tristeza, sensualidad... pero, curiosamente, no por sí mismo, sino que lo saca de ti para reflejarlo. A lo largo de la historia se han vendido —y se venden— fragancias otorgándoles un propósito, una función o un efecto. Es decir, las fragancias se ofrecen al público con un mensaje: si usas este perfume eres así o, mejor aún, *serás así*. Puedes conseguir reflejar tal o cual cosa, sensualidad, alegría, juventud, romanticismo, *glamour*... Claro, la maravillosa publicidad está detrás de ello. ¿Cuántos comerciales de perfumes recuerdas? Cientos. Todos tratan de definir a una persona o de atraerte vendiéndote una imagen de lo que te gustaría ser. "Para el hombre aventurero", "La esencia del *sex appeal*", "Romanticismo puro" y tantos otros que intentan reflejar con palabras la idea olfativa de un aroma. El mensaje visual de un perfume se transmite, pero ¿coincide realmente con lo que la fragancia

va a despertar en la gente? Esto es muy complicado. Al ser algo intangible, todo aquello que despierta un perfume es tan individual como cada persona que lo huele. Es como el arte, pues cada uno hace una interpretación de la obra que estamos viendo o le damos un valor impuesto por nosotros. Por ejemplo, cuando elegí la fragancia que iba a usar el día de mi boda tenía tres opciones: Chanel Cristalle —el perfume que usaba mi madre—, Gris Claire de Serge Lutens o Black Orchid de Tom Ford. El primero era un aroma que me traía recuerdos muy gratos del pasado, los dos últimos simplemente me enamoraban y con ellos crearía entonces un nuevo recuerdo basado en la experiencia de ese momento especial. Opté por lo segundo. Elegí Black Orchid y hoy, cada vez que lo huelo, mi mente se traslada de inmediato a mi boda, y recuerdo vívidamente cada momento de ese día. Ahora, si vemos la publicidad de este perfume, es completamente opuesta a mi recuerdo y al valor que yo puse en él.

Por eso, y por más atractiva que parezca la publicidad de los perfumes, olvidémosla por un momento y vayamos directamente al jugo, es decir, al perfume mismo. Es ahí donde está su valor, donde yace eso que va a complementarte y a decir algo de ti sin palabras, y sólo tú y quienes estén cerca de ti podrán recibir ese mensaje. El perfume es, antes que nada, un placer personal.

La elección de una fragancia es intuitiva. No hay reglas ni fórmulas, a menos, claro, que compres un perfume porque está promocionado por una cantante, una actriz o un modelo que te mueve la hormona o al que quisieras parecerte. Si éste es tu caso, sáltate esta parte del libro porque puede que no te interese. Pero si quieres escoger una fragancia con el corazón y los sentidos, entonces debes saber que es como una relación emocional: debe haber química entre los dos. Al oler el perfume tienes que sentir que te transporta, te despierta emociones, te hace sentir.

Escoge tu fragancia sin prisa. Pruébala siempre antes de comprarla. Si no estás segura, pide muestras. Sephora, por ejemplo, te da *samplers* de cualquier fragancia para que puedas probarla porque siempre es mejor que lo hagas en la intimidad de tu casa; ahí tus sentidos están más relajados. Otro consejo es que no compres un perfume que le oliste a alguien más porque nunca va a oler igual en ti. El pH de la piel transforma las fragancias y las hace únicas en cada individuo. Luego, y como lo he dicho ya antes, ten cuidado con la publicidad. Aunque Madonna sea la imagen de un perfume y tú la idolatres, si el aroma que ella promueve no te gusta o en tu piel huele terrible, no lo compres, porque será como llevarte unos zapatos que te quedan chicos: nunca estarás cómoda con él.

Ahora, no es necesario que te cases con un solo perfume. Puedes tener un gran número de ellos y cada uno evocará emociones distintas que se adecuan lo mismo a tus estados de ánimo que a las horas del día, estaciones del año y, lo más interesante, a los atuendos que te pones. Yo, por ejemplo, en época de calor adoro usar aguas de colonia cítricas, perfumes herbales o florales ligeros, y retocármelos constantemente para renovar la sensación de frescura que me brindan. En invierno, amo usar fragancias más especiadas, con vainilla o maderas que se impregnan de otra manera a la piel y cuyo aroma dura más tiempo. Me fascina quitarme el abrigo y que mi suéter o chaqueta emane ese aroma potente, pero a la vez suave, que se desprende al calor del cuerpo. También tengo perfumes para cuando estoy alegre, cuando me siento "apachurrado", cuando salgo de noche o incluso para tener sexo. De verdad, no creo que ninguno de los perfumes que uso haya tenido una campaña publicitaria que promoviera el uso que les doy. Esto es completamente arbitrario, por eso debes escoger tu propia historia olfativa y decidir qué es lo que va a decir de ti.

¿Fragancia acorde con tu estilo? Utiliza tu intuición. Debo decirte que no es muy necesario que analices tu estilo y que con base en ello escojas tu fragancia, porque no funciona así. Si tienes clara tu personalidad, tu estilo y lo que quieres en la vida, la elección de un perfume será muy fácil, porque sólo hay que dejar libre tu instinto y que sea él el que te escoja el perfume. Dicho esto, sí hay ciertas reglas de uso y usos del perfume:

- No te apliques demasiado; es de mal gusto.

- Aplica perfume, como dijera Chanel, en los sitios donde quieras que te besen.

- Nunca regales perfumes, a menos que conozcas muy bien a la persona a quien vas a dárselo. El perfume es algo íntimo.

- Hay ciertas reglas de uso del perfume de acuerdo con el lugar. En la playa no puedes usar perfumes fuertes porque, además de mancharte la piel, su aroma se potencializa y resultará molesto incluso para ti. ¿Lo ideal? Usa perfumes más ligeros en el calor y más intensos en el frío. Muchas casas cosméticas lanzan cada año versiones de verano de sus fragancias más populares.

- No lo apliques directamente sobre la ropa. Si acaso, haz una nube con tu fragancia frente a ti y atraviésala para que perfume delicadamente tus prendas.

- ¿Usar o no usar perfume? Te aconsejo que sí. El perfume es un placer para ti y los que te huelen. Es un regalo. Además, Coco Chanel dijo: "Una mujer sin fragancia es una mujer sin futuro". Así que ya lo sabes.

Familias olfativas

Los perfumes han seguido modas a lo largo de los años y sus variantes se vuelven icónicas de una época, por ejemplo, recordemos las fragancias fortísimas de los años ochenta (como Giorgio) o las osmóticas de los años noventa, ligeritas, antisépticas y poco invasivas (como CK One). Pero, más allá de esto, los perfumes se dividen en familias olfativas de acuerdo con las notas con las que están elaborados. Conociendo cuáles son estas familias puedes descubrir mucho de tu personalidad y del tipo de aromas que más te representan. Las familias básicas se dividen en seis.

- *Florales:* fragancias cuyas notas dominantes provienen de una o muchas flores. Es quizá la más conocida en el mercado masivo. Se solía pensar que estas fragancias eran para las mujeres románticas, pero hoy estos clichés han desaparecido y las esencias se han vuelto tan complejas que las fragancias florales ya no pueden identificarse con un solo tipo de mujer u hombre, como Untitled, de Maison Martin Margiela, que puede ser usada indistintamente por hombres y mujeres.

- *Chipres:* perfumes que deben su nombre a la fragancia creada por Coty en 1917 y que justo se llamaba así: Chypre. Tienen notas de musgo de roble y pachuli como base y se van construyendo con notas florales, afrutadas o de madera. Normalmente son fragancias con carácter y fuerza, como Chanel No. 5.

- *Cuero:* evoca el aroma de la piel, como su nombre lo indica. Tiene notas ahumadas, amaderadas, que suelen acompañarse de notas florales. También solían relacionarse con el género masculino, pero ya no es así. Ahí está Kelly Calèche, de Hermès para probarlo.

- *Amaderadas:* su base, como su nombre lo indica, son las maderas. Las más comunes son la de sándalo, cedro o ciprés, y se mezclan con vetiver o pachuli. Suelen ser fragancias básicamente masculinas, aunque muchas femeninas contemporáneas ya tienen una base semejante, como Mademoiselle Ricci, de Nina Ricci.

- *Orientales:* creadas a base de especias y esencias exóticas, tienen notas de vainilla y ámbar, entre otras, que se asocian regularmente a flores.

133

Suelen ser fragancias profundas y sexys. ¿Un ejemplo? Amber pour Homme Intense, de Prada.

- *Fougère:* perfumes boscosos, se basan en una mezcla de musgo con maderas y lavanda, combinados con cítricos o especias y a veces con flores. Son perfumes más complejos y con carácter, pero más suaves que los chipres, por ejemplo. ¿Una fragancia de este estilo? Dolce & Gabbana pour Homme.

De modo que elegir maquillaje y perfume requiere de honestidad contigo misma para analizar —una vez más— quién eres, adónde vas y qué te gusta y, ante todo, ejercitar y poner a trabajar tu intuición. Si las sigues, seguramente harás las elecciones correctas, y lo que te apliques va a exaltarte y será parte inequívoca de tu estilo.

Fragancia y personalidad: entrevista con Jean Claude Ellena

"La relación entre una persona
y su perfume es como un romance."

Es una de las narices más importantes del mundo. Ha creado cientos de fragancias que hoy por hoy son iconos aromáticos: First de Van Cleef & Arpels, Eau Parfumée au thé vert de Bvlgari, Déclaration de Cartier y, por supuesto, todas las que ha hecho para la casa Hermès, de la que es creador exclusivo desde 1998. Conocí a Ellena hace ya algunos años, cuando se lanzó el perfume Un Jardin en Méditerranée, y su manera de explicarme cómo había creado la fragancia me sedujo completamente. Tuve la oportunidad de charlar en otras ocasiones con él, incluso en su estudio en Grasse, en Francia, donde al lado de frascos y tubos de ensayo develaba más y más secretos del mundo de las fragancias. Así que tenía que ser él quien me hablara del binomio fragancia y estilo.

—Jean Claude, ¿cómo escoge una persona una fragancia?

—No tengo la menor idea [ríe]. Ése es el gran misterio de la vida. Mucha gente hoy escoge sus fragancias por la imagen. Es un hecho que, gracias a la publicidad, una fragancia se vuelve nueva cada vez que su imagen cambia o se renueva. Sirve para atraer nuevos consumidores. Por ejemplo, si tomamos Chanel No. 5, te darás cuenta de que la publicidad ha ido cambiando mucho desde que se creó, le ha hablado a diferentes tipos de mujeres, pero la fragancia sigue siendo la misma. También suele influir la edad en la elección de una fragancia. La gente más joven está más propensa a dejarse guiar por un anuncio que por la fragancia en sí misma. La gente más madura, con una personalidad forjada, se va más por la fragancia en sí.

—¿Cuál sería la forma ideal de escoger una fragancia?

—Ir a la perfumería o a la *boutique*, pedir una muestra y probarla en tu piel. En Hermès hacemos esto. Si la persona vuelve por la fragancia es porque le gustó el jugo, no la imagen que hay alrededor de ella. Para mí, como perfumista, esto es lo verdaderamente valioso. Una persona que compra un perfume por su imagen seguramente se aburrirá pronto de él y, lo peor, no volverá a comprarlo. Quien se queda con un perfume por el perfume mismo, lo hace suyo y seguro lo seguirá usando por mucho tiempo más.

—Hay veces también que la gente escoge un aroma por un gusto aprendido, ¿no?

—Es cierto, muchas veces las personas escogen un perfume en la línea del que usan actualmente. Por ejemplo, si una persona adora los florales, la tendencia es que si huele otro floral, le encante de inmediato por resultarle familiar, y descarte un ámbar. La elección de un perfume siempre tiene que ver con tu pasado. Normalmente tiene que ver •••

con las notas de entrada, esas que se perciben primero cuando hueles una fragancia. Éste es el puente que conduce de tu elección del pasado a la que harás para el futuro.

—En un mundo ideal, Jean Claude, ¿la fragancia tiene que reflejar tu personalidad?

—No necesariamente. Le agrega algo. Tú construyes tu personalidad escogiendo el perfume. Es mucho más complejo… El perfume no tiene ese poder, lo tienes tú y, al final, eres tú quien decide lo que el perfume dirá de ti. Es un poder que tienes en tus manos o en tu nariz. Pretender que una fragancia "te defina" es lo que llamo un "acercamiento de marketing comercial". Una marca te dice: "Tú eres esta clase de persona; tú tienes este estilo", y lo cierto es que no lo eres porque tú eres muchas personas. Uno por la mañana, otro por la tarde… Puedes llegar a tener más de cinco versiones tuyas durante un mismo día. Por eso, me parece muy difícil que una fragancia te defina.

—¿Las notas olfativas se relacionan con un tipo especial de persona, por ejemplo, las notas florales con las mujeres románticas, las amaderadas con los hombres muy viriles…?

—No, de ninguna manera. Eso es un cliché. Mira: el arte de un perfume consiste en protegerte y proyectarte. Por ejemplo, si eres una persona tímida, puedes escoger un perfume fuerte como protección. Si el aroma que eliges es muy fuerte, construye alrededor de ti una muralla que guarece tu sensibilidad. Por otro lado, si eres una persona con carácter fuerte, puedes tener dos opciones. La primera elegir una fragancia que diga algo, una fuerte para decir: "Aquí estoy", o una muy ligera, como un agua de colonia, que dice de ti: "Soy lo suficientemente fuerte que no necesito un aroma fuerte para demostrarlo". La segunda, elegir un perfume sólo por el placer, sin afán alguno de demostrar nada. Por eso, si quieres conocer la personalidad de una persona, habla con ella, porque su perfume, a veces, puede engañarte.

—¿Elegir un perfume es un proceso intelectual o emocional?

•••

—Para mí es intelectual porque los creo, pero para el consumidor es absolutamente emocional. No podría crear un perfume basándome en emociones porque no llegaría muy lejos con él. Tengo que tener la cabeza más fría y crear un aroma que despierte emociones, pero no que esté basado en ellas. Los perfumes que hago no me tienen necesariamente que gustar a mí. Normalmente, si un perfume de los que creo me gusta mucho, no funciona para el mercado [ríe]. Se vuelve muy difícil para el gran público entender el trabajo de un perfumista. Es como un cocinero: tiene que seguir una receta para crear un buen platillo y no basarse en los ingredientes que a él más le gustan, porque de esta manera su creación no será balanceada. Yo tengo que pensar más en lo que hago que en lo que me gusta.

—¿Crees que hay una relación entre un perfume y la elegancia?

—Sí, hay una relación, sin duda. Hay definitivamente fragancias que pueden reflejar elegancia y que están dentro del área de la belleza. Pero hay otras fragancias que yo llamo de *performance*, es decir, fragancias fuertes, de *show off*, de alardear. Esto ya no es elegante. Para mí, la elegancia es hacerte presente sin molestar al de junto. Esto es una fragancia elegante.

—¿La elección de una fragancia tiene que ver con el buen o mal gusto?

—Creo que la mala elección de una fragancia es más bien una falta a la decencia [ríe].

—Si tomamos una fragancia como un accesorio, ¿qué pasa cuando no combina con nosotros, es como un mal par de zapatos o una pieza errónea de joyería?

—Puede pasar, claro. Esto sucede cuando alguien escoge una fragancia por el marketing y no por la fragancia en sí misma. ¿Sabes por qué? Porque no estás comprando un perfume por su aspecto más importante: su olor. Elige un perfume por como huele, no por como luce. Eso no es lo importante y, al final, puede traducirse en una mala elección,

•••

como un accesorio que no tiene nada que ver con lo que llevas puesto.

–A mí no me gusta dividir los estilos de fragancias por "románticos", "sensuales", "rockeros"... Prefiero pensar en las fragancias en dos rubros: conservadores y creativos. ¿Qué opinas?

–Estoy de acuerdo contigo. La cuestión es que dentro de estas divisiones hay matices porque una persona clásica puede también ser muy moderna, y una creativa, discreta. En esto radica la riqueza y complejidad de los perfumes. Aun así, yo no pondría etiquetas en nadie porque hasta la persona más clásica de pronto puede usar un aroma completamente arrojado. Todo depende del momento que estés viviendo al elegir una fragancia.

–¿Entonces crees que un mismo perfume puede ser para muchas personas con diferentes personalidades?

–Sí. Por ejemplo, con Jour D' Hermès quise crear un perfume floral abstracto. ¿La razón? Para que mucha gente pudiera identificarse con él. Hay personas que encuentran el nardo, otros el jazmín, y hay quien huele todo un jardín de flores. Me fascina crear perfumes que puedan interpretarse y, de esta manera, adaptarse a la mayor cantidad posible de personalidades. Es como una novela, cada persona que la lee percibe la historia de diferente forma. Es la misma anécdota, pero nunca será exactamente la misma para cada uno.

–En esta filosofía, es la fragancia la que tiene que adaptarse a la gente, no la gente a la fragancia, ¿verdad?

–Por supuesto. La relación entre una persona y su perfume es como un romance: la persona se enamora de la fragancia porque ésta ya la enamoró. Es una elección mutua. Si fuera más lejos, diría que es una relación amorosa entre tú y tú, porque lo que hueles es lo que te gusta, y eso eres tú.

–¿Un perfume se crea como puede crearse un vestido, tomando en cuenta la moda?

–No funciona igual porque un vestido tiende a cambiar mucho más.

•••

Tú no podrías usar un vestido de hace treinta años porque quizá te queda muy corto o largo, o el zíper ya no te cierra. Un perfume está ideado para durar, para que resista la prueba del tiempo, idealmente, claro. Un buen perfume siempre va funcionar bien, sin importar cuándo fue creado.

—Me gustaría saber cuál es tu definición de estilo, elegancia y buen gusto.

—Estilo es encontrar un lenguaje propio para decir lo mismo que todo mundo dice. Es decir, lo que dicen todos, pero a tu manera. Cuando encuentras tu propia forma de decir las cosas, encuentras estilo. La elegancia es lo que dije antes: hacerte presente, darte a notar, pero sin molestar a los demás. ¿Buen gusto? Es relativo. En la vida creo que se debe tener un poco de buen y de mal gusto. En una fragancia, por ejemplo, es muy hermoso que tenga aunque sea cinco por ciento de mal gusto, porque esto la hace imperfecta. Si una fragancia fuera perfecta, sería muy aburrida. Creo que siempre, cuando te vistes, debes tener un toque de algo que no funciona, un poco de imperfección, porque esto te hace humano y hermoso. Por ejemplo, llevar el cabello no tan arreglado o un reloj que choque un poco. Este balance me parece maravilloso.

—¿Una fragancia puede enaltecer o ayudarte a encontrar tu propio estilo?

—Sí, por supuesto. Un perfume es parte de tu personalidad y se convierte en una faceta de tu estilo.

—¿Cuál es la diferencia entre una persona que escoge una fragancia de nicho y una que escoge una masiva?

—Una persona que busca una fragancia de nicho es aquella que está harta del uniforme que una fragancia masiva puede representar. Quiere ser diferente, no pertenecer al grueso de la gente.

•••

6. Satélites del estilo: accesorios

DE MIS PRIMEROS AÑOS CUBRIENDO LAS SEMANAS DE LA MODA INTERNACIONALES recuerdo a un hombre que llamó mucho mi atención. Era un otoño lluvioso en Nueva York, allá por 1992. La pléyade de periodistas, compradores y *fashion freaks* llegaba a los desfiles del Bryant Park en limusinas, taxis o corriendo, ellas en tacones altos y ellos en zapatos Prada de suela de goma; columpiando sus bolsas a la última moda y escondiendo la mirada tras enormes lentes de sol aunque lloviera. Lo importante era darse un aire misterioso y chic. A pesar de que el uniforme oficial *fashionista* en ese entonces era el color negro, las editoras de las revistas de moda estadunidenses hacían gala de su extenso vestuario e incluso se cambiaban varias veces al día, de acuerdo con el desfile al que asistieran. Era todo un espectáculo.

Por otro lado, estaba el resto de los mortales: los que no nos hospedábamos en El Plaza y viajábamos en clase turista restringidos por los kilos de equipaje que nos permitían las aerolíneas. Entonces conocí a un hombre que me hizo entender muchas cosas. Se llamaba Gunther, un alemán que trabajaba en Berlín para una revista muy *hip* que ya ni siquiera existe. De primera instancia, cada vez que llegaba a los desfiles lo hacía con un *look* atrevido, rompedor. Todos lo miraban; un gran logro en un mundo que puede ser tan poco impresionable como el de la moda. Cada día se veía diferente y algunos de nosotros esperábamos con ansia ver con qué se aparecía cada vez. Un día me acerqué a saludarlo y le dije cuánto me gustaban sus *looks*. "Ya me imagino la cantidad de maletas con las que tienes que viajar", le comenté. Él, sonriendo, respondió: "Con una sola, y una pequeña por si hago alguna compra", dijo sonriendo. ¡Claro que le pregunté cómo lo hacía! Esta información es oro molido, en especial para los mexicanos, a quienes nos es imposible viajar ligeros. Y si uno trabaja en la industria de la moda... mucho más.

La respuesta fue simple y llana: accesorios. El buen Gunter viajaba con unas cuantas prendas de color negro y lo que se cambiaba todos los días eran los accesorios, por los cuales lograba lucir diferente en cada ocasión. Un día eran los broches, otro, las gafas, uno más, brazaletes y anillos, y en el resto eran bolsas y zapatos. Incluso, la mezcla variada de todos ellos daba un resultado diferente cada vez. A pesar de que la fórmula me pareció interesante y atractiva, no tuve oportunidad de saber cuán útil era hasta que hice por primera vez el ciclo completo de semanas de la moda en Nueva York, Milán y París. Si hubiera tenido que llevar ropa para casi un mes completo de viaje, me habría vuelto loco llevando cuatro o cinco maletas. No obstante, con la fórmula de mi amigo alemán, logré hacer un balance ideal: ropa básica, muchos accesorios... Así, lucí digno durante muchos años —incluso hasta llamativo— durante mi paso por las *fashion weeks* del mundo.

Así de importantes son los accesorios. He podido presenciar momentos llenos de gracia nacidos de una buena elección de complementos o cómo, con la mala elección de un detalle, un atuendo que pudo ser espectacular se convirtió en un desastre absoluto. Los programas y revistas de moda se regocijan al hallar esas piezas que hacen triunfar o fracasar un *look*. Seguramente habrás escuchado a los críticos en la televisión decir: "Precioso vestido, lástima de los zapatos" o "Esa bolsa no tiene nada que ver con el resto del atuendo". Por eso, esa elección es fundamental no sólo para exaltar las cualidades de nuestra ropa, sino también, y esto es algo importantísimo, para reflejar nuestra personalidad.

Comenzando por el principio, defino lo que son los accesorios: se trata de todos aquellos artículos que complementan la ropa que usamos. De ahí que en España y algunos otros lugares de habla hispana se les conozca como "complementos". En el más estricto sentido de la palabra, un accesorio es algo que no es vital, que se puede quitar o poner y no altera el orden de nuestro atuendo. Por ejemplo, una blusa, una falda, un pantalón no son accesorios, porque si los eliminamos, andaríamos desnudos por la calle. Sin embargo, si no llevas aretes o gafas de sol no pasaría nada grave... Hablando de manera puramente práctica.

Pero para la gente a la que nos importa la moda, que nos sirve como modo de expresión personal y que sabemos que lucir bien es parte del triunfo en la vida, los accesorios no son nada accesorios. Incluso yo les cambiaría el nombre a "fundamentales" o "indispensables". ¿Se imaginan lo triste que sería la vida sin chicas con bolsas Chanel, sin gafas de sol de pasta negra de Dior u hombres sin relojes Montblanc, o mocasines de Ferragamo? Los accesorios nos dan color, vida, personalidad. Susurran o gritan quiénes somos. Por eso, a la hora de manifestar y afianzar nuestro estilo, su uso y elección son tan importantes como la respiración.

Estilos

De la misma manera en que la ropa tiene estilos diversos y sus características se ven marcadas por la tendencia de cada temporada, los accesorios, al ser satélites de la moda, también son influidos por estas clasificaciones. De modo que cada temporada podrás encontrar piezas que hacen juego con el espíritu de las colecciones que están en tendencia esa temporada. Por ejemplo, si está en tendencia el *animal print* (estampado con motivos de pieles animales), verás que los creadores de accesorios hacen mascadas, zapatos, bolsas, medias, joyería con ese mismo estilo o en alguno que sea combinable con él. Esto es relativamente sencillo y lo tienes muy a la mano. Pero te voy a hablar de los dos grupos fundamentales de accesorios, en términos generales.

Clásicos: accesorios que son un valor seguro, que pasan de moda con menos facilidad. En joyería, generalmente son las piezas finas y sencillas, como las creadas por grandes casas joyeras, que pueden llevarse casi con cualquier atuendo y lucir siempre espectaculares. Por ejemplo, un anillo de la colección *Love* de Cartier, un brazalete de plata enorme de Elsa Peretti para Tiffany, o unos aretes de brillantes de la colección *Rose de Monaco* de Montblanc. Todos, valores seguros; todas, piezas atemporales. También hay cierta joyería *vintage* que puede considerarse clásica, como ciertos broches, anillos, algún brazalete o las firmadas por una casa joyera importante. Pero cuidado, porque algunas piezas de joyería fina antigua pueden lucir pasadas de moda o cursis. ¿Cuáles? Las muy barrocas o decoradas, o que imitaban la joyería real o imperial. Mi consejo en estos casos es llevar estas piezas con un joyero de confianza a reformarlas, transformarlas o incluso fundirlas y hacer algo que sea de tu completo agrado.

Ahora bien, las bolsas clásicas son aquellas que, a pesar de tener un estilo contemporáneo, no están demasiado inclinadas hacia una tendencia; es decir, no son de colores muy estridentes ni están muy decoradas o siguen al pie de la letra algún capricho de la moda, como el *clutch* del Rottweiler de Givenchy, por ejemplo. Ya lo he dicho mucho, una bolsa clásica es aquella que por sus características discretas podrá usarse por muchos años y en diversas circunstancias: la *Muse* de YSL, la *Alma* de Louis Vuitton, la *2.55* de Chanel, la *Birkin* de Hermès o incluso, si no hablamos de grandes marcas, una simple bolsa negra de piel que compraste con un diseñador en tu ciudad o de una marca de *fast fashion*, como Zara, que también crea bolsas de este estilo cada temporada. Claro que una de esta firma no te durará veinte años, pero si su estilo es pulcro y básico te vestirá correctamente por un par de temporadas.

Hablando de zapatos, la categorización es semejante a la de las bolsas. Se trata de piezas no demasiado en tendencia, de colores más discretos y preferentemente lisos y de cualidades menos extremas, es decir, sin tacones o plataformas demasiado característicos. Por ejemplo, un sí rotundo a unos *pumps* cerrados negros de tacón fino de Ferragamo y un no absoluto a los zapatos de tacón transversal de Marc Jabobs de hace algunas temporadas.

Otros accesorios que podríamos considerar clásicos son los guantes de piel o lana en colores neutrales, cinturones de corte estándar, bufandas, mascadas (éstas curiosamente pasan poco de moda), diademas y algunos lentes de sol, como los aviadores de Ray Ban, que nunca pasan de moda.

¿Y los hombres? Pues para nosotros también hay muchas piezas que considero clásicas. De hecho, el grueso de los hombres son más inclinados a usar accesorios clásicos, con excepción de los muy *fashionistas*. En joyería, los básicos son mancuernillas que, en metales preciosos y de firma, son piezas que se usarán de por vida, como las de Bvlgari o Tiffany. Otro accesorio clásico es la pluma, y aquí la delantera la lleva Montblanc, sin lugar a dudas. Una pluma fuente, *roller* o bolígrafo de esta marca, además de ser un símbolo reconocible de estatus, es un valor seguro. Lo mismo que el reloj, debe ser de un tamaño medio (los muy grandes o pequeños son más *fashion* que clásicos) para que se vea bien por mucho tiempo.

Las corbatas clásicas tienen que ser discretas, con estampados muy finos y en seda. Los zapatos, en colores neutrales y con la punta discreta, no muy chatos ni puntiagudos. Los mocasines son un ejemplo del calzado clásico masculino. Gucci, Prada y Ferragamo son maestros en este terreno. Lentes de sol, cinturones, bufandas, guantes y pañuelos de seda en tonos sobrios son otros accesorios que entran en la categoría de clásicos.

Fashion: como lo dije atrás, los accesorios cada temporada complementan la propuesta de los diseñadores de moda, por ende, suelen coincidir en paleta de color e idea general. Normalmente son piezas más llamativas y generalizadas, es decir, que se pueden encontrar en todos los rangos de calidad y de precio, desde las primeras líneas hasta las marcas de *fast fashion*. Piezas representativas, fuertes y llamativas, ya sea por una razón u otra: diseño, color o novedad. Por estas mismas características, su vigencia es menor y pasan de moda fácilmente, pero tienen una enorme ventaja: pueden hacerte lucir en tendencia fácil y rápidamente. Por ejemplo, cuando los *clutches* de acrílico se pusieron de moda (Fendi, Chanel, Zara y Top Shop los tuvieron), una chica podía llevar unos simples jeans, camiseta y un saquito básico, pero con este *clutch* ya se veía a la moda.

Soy partidario de la cautela al momento de invertir en accesorios demasiado extremos. Bueno, ahora lo soy. Antaño no me importaba y gastaba en piezas demasiado *fad* (es decir, de ultratendencia) y me sentía fabuloso al usarlas. Pero, con el paso del tiempo, veo mi clóset y hay muchos de estos accesorios que ya no puedo usar porque simplemente ya no se ven bien. La magia de su momento terminó. Quizá con un poco de suerte la caprichosa moda les devuelva la oportunidad de una nueva vida, pero mientras tanto son sólo objetos preciosos, de colección, que no sirven más que para la finalidad con la que fueron creados en su tiempo: impactar.

Hoy prefiero poner mi dinero en algo que, si bien es *fashion*, no vaya a verse viejo en dos años, o en una pieza que no haga decir al mundo: "Mira, ahí va otra vez con sus zapatos de florecitas de Prada". Pero esto, querido lector, depende al cien por ciento de ti, de tus gustos, presupuestos y, lo más importante, de tus ganas de seguir o no las reglas.

Ahora voy a hablarte de los diversos accesorios *fashion*. Empiezo por la joyería. A pesar de que hay joyería fina de moda (Louis Vuitton, Chanel, Van Cleef & Arpels o Dior), generalmente el grueso de las piezas de joyería de moda son bisutería más o menos fina. Repito, puede haberla desde las marcas más *high end* hasta las de gran difusión. Normalmente se trata de piezas llamativas, grandes o pequeñas, coloridas y con mucha publicidad detrás; las has visto primero en los desfiles de moda y luego en revistas, televisión y en las celebridades. Por eso las deseamos tanto.

La joyería *fashion* puede darse el lujo de ser más innovadora y vanguardista. En los últimos años se han puesto de moda las joyas para usarse en lugares distintos de los tradicionales, por ejemplo, los aretes largos estilo tribal que se ponen al borde de la oreja, los anillos para dos o tres dedos o los mini para llevar a medio dedo, los aretes del tabique de la nariz (como los de Givenchy) o las tiaras y joyería para la cabeza, piezas que antaño eran para galas y ahora se utilizan para cualquier ocasión.

Por otra parte, la joyería de la primera década del siglo XXI y de lo que va de la segunda se caracteriza por su tamaño, brillo y originalidad. Así como los zapatos han visto en estos años su máxima creatividad en la historia, la joyería se ha ido por el mismo camino. Piezas grandes, elaboradas, inéditas... Muy a lo Swarovski. Hay collares de tela con piedras, pieles, pulseras de textiles con piedras preciosas o semipreciosas, lentejuelas, cuentas y hasta metales en acabados industriales, o aun tuercas y estoperoles, como lo ha venido haciendo Prada. Todo se vale, esto cambia y se renueva cada temporada, y si bien las piezas de temporadas inmediatamente anteriores no se ven pasadas de moda, lo importante en estos casos es tener la más reciente, la última. Por eso, comprar estas piezas en marcas de moda masiva siempre es una buena opción. A menos, claro, que tengas un gran presupuesto y quieras tener la pieza *couture*. Insisto, todo se vale.

En cuanto a zapatos, como dije antes, pasamos por una era creativa realmente interesante. Las suelas se esculpen, los tacones se transforman. Las mujeres suben a alturas inesperadas con zapatos de vértigo. Los materiales son novedosos, las aplicaciones, inesperadas, los colores, un deleite. Hay sandalias, mocasines, zapatos de piso, botas... Todo tocado por la varita mágica de la novedad y la moda. Son un sueño y, como tal, su vida es relativamente corta. Si tu pasión por la moda es feroz, sabrás de lo que te estoy hablando. Los zapatos de una temporada ya no son lo mismo cuando llega la que viene. Ahora, si tu gusto por la moda es grande, pero no obsesivo (como ocasionalmente suele ser el mío, lo admito), podrás usar los zapatos más tiempo, digamos, un par de años más y de manera esporádica (piensa que los accesorios llamativos son más recordados por la gente que te ve con ellos), pero nunca como un par de zapatos clásico, que puede pasar más inadvertido.

Las bolsas *fashion* atraen a las mujeres como la miel a las moscas. Quizá sea su representación lo que crea tal atracción. En ellas se lleva lo más importante de nuestra vida cotidiana, pero además las bolsas, más que los zapatos, suelen ser trofeos y se ostentan mucho más por una razón meramente circunstancial: están más a la vista que los zapatos y que cualquier otro accesorio. Por eso las grandes marcas hacen de ellas su estandarte, y a las mujeres les gusta agitarlas como si fueran banderas que ondean cuando se conquista una tierra prometida, la de la moda. Cada temporada, las bolsas renacen; hay nuevos modelos, estilos, tamaños e incluso nuevas formas de portarlas. ¿Te has fijado que últimamente en los desfiles las modelos llevan las bolsas —de cualquier estilo— bajo el brazo, como *clutches*? Las bolsas clásicas reaparecen en nuevos colores, materiales y tamaños (¿recuerdas la versión XXL de la *2.55* de Chanel?), y en esta propuesta, todas las marcas, de alta, media y baja gama, tienen una participación importante.

Las bolsas *fashion* son las más aventureras porque, justo como los zapatos, son el complemento más importante de las colecciones de ropa. Se pueden llevar con las prendas de vestir más anónimas y discretas, y aun así hacer lucir a su portadora a la última moda. Una vez más tengo que decir que su permanencia en el panorama de la moda es corta porque la siguiente generación de bolsas *fashion* ya está en el horizonte esperando a desbancarlas. Por eso hay que escogerlas con cuidado. Por ejemplo, hace algunos años compré un *backpack* de Chanel en color azul cielo con detalles en naranja. La bolsa era una monada y combinaba con un traje de motociclista en los mismos tonos que Karl Lagerfeld presentó en el desfile. Con el tiempo caí en la cuenta de que la *backpack*, por sus colores, no me combinaba absolutamente con nada. Lo mismo me pasó con una bolsa tipo mensajero de Loewe, que era blanca, azul marina, naranja y caqui; salvo vistiendo enteramente de blanco, no la podía combinar casi con ningún atuendo.

Ésta es una buena lección para ti: cuando compres una bolsa de temporada, piensa antes con qué vas a ponértela, porque corres el riesgo de que ni siquiera nueva puedas usarla. Hay marcas, como Gucci, que aman hacer bolsas estampadas coordinadas con sus zapatos o con algunas prendas de sus colecciones. Hoy, el problema es que si tomas el *total look* te verás cursi, y si compras una sola pieza y los colores son muy particulares, quizá tengas complicaciones para combinarlos. Pero no temas, a grandes males, grandes remedios. Estas piezas tan especiales se combinan idealmente con colores neutros, simples y llanos. Claro, no podrás usarlas tanto como las piezas más clásicas, pero si adoras tu bolsa con flores o pájaros, adelante, sólo asume que el uso que le darás será escaso.

Los lentes de sol son un accesorio de moda que considero tremendamente *fashion*, y más en los últimos años. Desde que a Lady Gaga se le ocurrió usar los armazones más extravagantes de la historia, los diseñadores descubrieron que en la moda oftálmica estaba una veta creativa inexplorada, así que desde entonces en las gafas han volcado pedrerías, figuras, cristales impresos, colores y, sobre todo, tamaños enormes y formas caprichosas nunca antes vistas. De esta forma, las gafas de sol —o incluso oftálmicas— se han vuelto un accesorio fundamental que reflejan tendencia y, más aún, que gritarán a los cuatro vientos cuál es tu estilo. Sí, éstos son accesorios muy especiales y no son para todo el mundo. Además, son más un *statement* de moda que realmente un accesorio versátil, pero, al igual que las bolsas o zapatos, con ellos ya puedes estar *a la última* sin necesidad de muchos elementos.

Otros accesorios que podemos inscribir en la categoría de *fashion* pueden ser los guantes de malla o encaje en colores o texturas poco usuales, cinturones muy finos o muy gruesos, medias, algunos tocados o hasta los sombreros que están inclinados hacia la tendencia de moda de la época en que nacieron.

¿Y los hombres? Como siempre, las tendencias de moda son más discretas con el género masculino. No obstante, cada vez hay más guiños, giros y elementos que son *ultrafashion* y, claro, hay que tenerlos bien ubicados. Por ejemplo, cada vez se pone más de moda la joyería masculina, los anillos, brazaletes y hasta *pendentifs*. Si es tu estilo, corre por ellos. Sólo un consejo: en un hombre, las joyas se ven mejor si son discretas y de calidad. Pero donde puedes jugar todo lo que quieras es con el reloj, y usar neones, de plástico, enormes y hasta con pedrerías o dibujos. Todo se vale.

Los zapatos también reciben la influencia de la moda, se llenan de color, texturas, brillos o hasta estoperoles, muy a lo Louboutin. Son lindos y *fashion*, pero los usarás poco y pasarán de moda en un par de años, o sea, que tómalo en cuenta al adquirirlos. Las bolsas masculinas muy estampadas (tipo Prada o Cavalli) o con aplicaciones o brillos son una maravilla (deliro por ellas), pero piensa en su limitada versatilidad y en que probablemente, como me pasó a mí con algunas, terminarán recluidas en un clóset en un par de años. Si te fascinan y estás consciente de esto, no lo dudes y hazlas tuyas; es un precio que a veces se paga por estar a la moda. Las corbatas muy delgadas o gruesas, los lazos, las bufandas en colores estridentes y los lentes extravagantes también se consideran accesorios más *trendy* que clásicos.

Todos los accesorios: manual de uso

Sí, accesorios hay muchos y de muy diversas clases. Aunque en un nivel general pueden caber en las categorías de clásicos o *fashion*, hay muchas subdivisiones dentro de ellas, todas coincidentes con los diversos estilos de vestir de los que ya hablé en un capítulo anterior. Ya sabes que hay accesorios *rockeros*, románticos, *preppy*, bohemios, étnicos, futuristas, retro... y que coinciden con los estilos que complementan. Pero ahora de lo que voy a hablarte es de las características y cualidades de los accesorios y cómo utilizarlos para que cumplan su propósito final: hacerte lucir fabulosa... y fabuloso, porque ya sabes que nunca me olvido de los chicos.

Joyería

Quizás a la par que los zapatos y las bolsas, la joyería sea uno de los elementos más importantes al *accesorizarte*. Con la joyería llevarás tu atuendo al siguiente nivel, acentuarás su estilo y el tuyo, por supuesto. Pero, como cualquier prenda de vestir, hay que elegirla con tacto e inteligencia, porque un accesorio mal elegido puede estropear tu *look*.

Collares
Aprende a identificarlos y a usarlos correctamente con cada prenda que te pongas.

Collares largos: confeccionados en cuentas, perlas, piedras semipreciosas, cadenas o incluso los hay de alta joyería. Normalmente llegan abajo del busto, un poco más arriba del ombligo, aunque llega a haberlos más largos aún.

• *Úsalos...* Preferentemente con prendas a las que no vas a poner otra encima. Lleva uno para un *look* más conservador o muchos para uno más *fashion*. Incluso puedes mezclarlos, pero, recuerda, mientras más lleves, más sencilla debe ser tu indumentaria.

• *No los uses...* Si tienes demasiado busto o exceso de peso. Tampoco si llevas una prenda ajustada encima de tu prenda base, es decir, un saco o un abrigo, porque los collares se verán poco estéticos debajo de ella.

Collares de largo medio: son collares que llegan justo arriba del nacimiento del busto. Puede haberlos simples o más elaborados, como se han puesto de moda en los últimos años, con aplicaciones y en mezcla de materiales. Son bastante favorecedores y versátiles.

• *Úsalos...* Casi en cualquier ocasión, sobre una camisa o camiseta e incluso si llevas chaqueta encima. Si tienes busto abundante, te quedarán perfectos.

• *No los uses...* Si tu escote es medio, es decir, el collar debe cubrir la línea del escote o guardar una pequeña distancia de éste, pero no quedar paralelo, el efecto no es estético.

Collares tipo pechera: son la gran aportación de la moda de los últimos años. Se trata de piezas más grandes, inspiradas en las joyas que usaban los indígenas prehispánicos o en las pecheras de tela usadas en la época victoriana. Son collares que parten de la base del cuello y envuelven parte del pecho, en ocasiones incluso llegan casi a los hombros. Se les conoce también como "baberos".

• *Úsalos...* En cualquier ocasión que amerite un dato más *fashion*, ya que se trata de piezas importantes y llamativas. Llévalos a la oficina (si no son muy brillantes) o a un coctel o de fiesta (si son más elaborados). Idealmente, se llevan sobre una camiseta, suéter o vestido, y la regla fundamental es que cubran la línea del escote. También úsalos con una chaqueta encima.

• *No los uses...* Si tienes el cuello o el talle muy corto. No los lleves sobre una prenda escotada que deje ver parte de tu piel.

Collares tipo *choker* o gargantilla: son los que se llevan justo alrededor del cuello o de la base del mismo. Pueden ser cadenas, de una sola pieza en metal, como un cinturón que envuelve el cuello, de cuentas o piedras o hasta de tela con bordados y aplicaciones. Los hay en todos los estilos y son ultrafemeninos. Son finos o gruesos y se fabrican en toda clase de materiales.

• *Úsalos...* Si son finos, bajo el cuello de una camisa, con una blusa o camiseta escotada. Los gruesos son ideales cuando llevas los hombros descubiertos. Los finos son más fáciles de llevar casi con cualquier peinado, pero los gruesos se ven ideales con el cabello recogido o, por lo menos, con el rostro descubierto.

• *No los uses...* Si tienes poco cuello o la cara muy redonda.

Collares tipo cuello: hay quienes opinan que no es un accesorio, pero, al no ser una prenda de vestir, pues entonces sí lo es. Prada comenzó a incluirlos en sus colecciones y todo mundo la ha imitado. Hoy, los cuellos tipo camisero o el estilo "Peter Pan" están por todas partes y son un complemento ideal para dar un aire diferente a tu indumentaria. Son confeccionados simplemente en tela, algunos bordados, decorados, enjoyados y hay quien incluso los ha hecho metálicos.

La verdad es que son originales y son una forma peculiar de llevar un accesorio diferente en el cuello.

• *Úsalos...* Con una camiseta dejando espacio entre el cuello y el escote; sobre un suéter para dar efecto de que llevas debajo una blusa. Con un vestido sin hombros o con una blusa de tirantes espagueti. Bajo un saco. Sobre el cuello de un vestido para cubrirlo.

• *No lo uses...* Sobre un traje de noche o vestido de coctel, a menos de que se trate de un esmoquin femenino, ahí si se vale. Si tienes poco cuello, opta por los cuellos "Peter Pan" y no por los de estilo camisero.

Collares tipo *pendentif*: éstos son los formados por una cadena —normalmente— de la que cuelga la pieza de joyería, que puede ser cualquier cosa, desde una piedra preciosa, una figurita de plástico, hasta imágenes religiosas, símbolos... Todas las posibilidades son factibles. A veces, el *pendentif* puede ir colgado de un cordón o un lazo.

• *Úsalos...* Cuando quieras. Mézclalos con otros collares para un *look* más osado o llévalo solo para una imagen más discreta.

• *No los uses...* Si se trata de medallas religiosas o símbolos de suerte o protección, no los lleves por fuera de la ropa. Mejor, pásalos por dentro de la blusa o la camiseta. No es porque debas avergonzarte de ellos, jamás, sino porque se trata de piezas más íntimas que no necesitan ser ostentadas.

Aretes o pendientes

Antaño era el elemento que diferenciaba los rostros de los hombres y las mujeres. Hoy, ellos también los llevan y a veces igual de grandes que ellas. Pero los aretes joya, hasta ahora, siguen siendo de la jurisdicción femenina. Te hablaré de los más famosos.

Aretes tipo broquel: son aquéllos relativamente sencillos consistentes en una piedra preciosa, perla, cristal, una figura geométrica o figurativa que va insertada directamente en los lóbulos de las orejas. En los últimos años, las chicas y chicos se han saturado las orejas con ellos y llevan más de uno.

• *Úsalos...* Si eres una mujer discreta y no te gusta la joyería muy llamativa.

• *No los uses...* Sin dimensionarlos primero. De acuerdo con tu talla es el broquel. No los uses demasiado pequeños o grandes: tienen que ser proporcionados con el tamaño de tu lóbulo.

Aretes tipo botón: son más grandes que los broqueles y pueden ser de clip o de alfiler. Normalmente son más llamativos y las formas, más imaginativas. Pero siempre están pegados al lóbulo de tu oreja.

• *Úsalos...* Cuando quieras, pero son más usuales en un ambiente laboral porque se consideran más formales.

• *No los uses...* Si tu cara es muy redonda.

Aretes tipo *chandelier*: son aquellos que asemejan un candil y cuelgan de tu oído cayendo a los lados de tu cuello. Los hay pequeños y grandes, más decorados o menos, de acuerdo con la ocasión para la que quieras portarlos.

• *Úsalos...* Para ocasiones más especiales, para salir, en situaciones formales o cuando quieras sentirte muy *fashion*.

• *No los uses...* Para la oficina, más si son muy brillantes. Si tienes cuello corto, evita los que son muy grandes.

Aretes de péndulo: son como un híbrido entre los de botón y los *chandelier*. Se trata de un arete con una base que puede ser un broquel o un botón del cual cuelga una parte extra más grande. Las formas y posibilidades son infinitas.

• *Úsalos...* Cuando quieras y como quieras. Sólo combínalos adecuadamente con prendas que les den suficiente aire, es decir, que los hagan lucir, y procura que tu cabello también les permita movimiento.

• *No los uses...* Si son demasiado grandes y tú muy pequeña o si tu cuello es corto. La prueba de fuego: si los aretes pegan en tus hombros, el tamaño no es el adecuado para ti.

Aretes largos: son muy parecidos a los de péndulo, sólo que los aretes largos normalmente son más finos y elegantes. Resultan favorecedores para casi cualquier tipo de mujer. Ahora hay de largos a largos; si son de una longitud discreta lucirán más clásicos. Si son muy largos, entonces son más *fashion*.

• *Úsalos...* Para cualquier ocasión. Si son de joyería fina, incluso puedes llevarlos a tu boda. Preferentemente, despéjate la cara, sobre todo si los quieres lucir.

• *No los uses...* Al igual que los de péndulo, si son muy largos y tú, muy bajita.

Aretes tipo arracada: son famosísimos. Se trata de aros o medios aros que cuelgan del lóbulo de tu oreja. Los hay en todos tamaños e incluso llegan hasta semejar columpios para aves. Tienen un cariz más tropical, veraniego, juguetón.

• *Úsalos...* Pequeños para la oficina, más grandes cuando quieras lucir *sexy*, y enormes para una fiesta o una salida a bailar... Acompáñalos de una buena melena.

• *No los uses...* Con atuendos más formales. Las arracadas son sexys, juveniles, pero no precisamente elegantes.

Aretes tipo *piercing*: son tipo broquel con doble cabeza y se ponen para decorar diversas partes del cuerpo, desde la nariz, los labios y el resto de las orejas, hasta una serie de lugares en los que no te pega el sol. La verdad es que soy poco partidario de ellos porque, a pesar de que se pusieron de moda, me parece que son justo lo opuesto a ella. Un *piercing*, como un tatuaje, es algo permanente, una alteración que hacemos a nuestra fisonomía. La moda cambia cada temporada, se transforma... pero esto no va a cambiar la temporada que viene; se quedará en tu cuerpo para siempre, aunque te quites el arete, el hoyo ahí estará hasta que te entierren. Pero, aunque a mí no me gustan, quizás a ti sí, y yo respeto absolutamente tu derecho de usarlos.

• *Úsalos...* En un estilo de vida urbano, en la escuela o en el trabajo, si te lo permiten.

• *No los uses...* En ninguna situación formal o en una circunstancia donde necesites que tu interlocutor confíe en ti.

Aretes inusuales: en este cajón vamos a poner los aretes que se han creado en los últimos años, como los que se ponen a lo largo del borde de la oreja o los que se ponen abrazando el tabique de la nariz. Son originales, incluso extraños, pero los llevan cada vez más jóvenes en el mundo.

• *Úsalos...* En situaciones que quieras sentirte muy *fashion*.

• *No los uses...* En situaciones formales.

Anillos

Las manos que se mueven tanto, se visten perfectamente con anillos. Ésta es una pieza de joyería que nos gusta porque muchas veces suele ser más que sólo eso, se convierte en símbolo. Los anillos se dan al casarse, al comprometerse, al graduarse o por algún acontecimiento especial en nuestras vidas. Pero también son una manera de hacer que nuestras manos hablen de estilo. Del nuestro. He aquí los diferentes tipos de anillo.

Argollas: son básicamente las que se usan como anillos de bodas. Por lo general, son elaboradas en metales preciosos (oro, platino o incluso plata *sterling*) y pueden estar ornamentadas por piedras preciosas. Claro, también pueden usarse por moda, pero acompañadas de otros anillos.

• *Úsalas...* Cuando quieras. No hay restricciones.

• *No las uses...* En el dedo anular (a menos que estés casada), pues podrías ahuyentar a buenos partidos.

Solitarios: son las argollas que llevan una sola piedra, ya sea preciosa o de fantasía. Si se usa como anillo de compromiso, el solitario debe ser un brillante, aunque hay quien prefiere otro tipo de piedra.

• *Úsalo...* Siempre, tampoco hay reglas. Si es de compromiso, llévalo al lado de la argolla de matrimonio.

• *No lo uses...* Con más anillos en el mismo dedo.

Churumbelas: son los anillos de joyería fina que tienen pavé de diamantes u otras piedras preciosas alrededor de todo el anillo. También hay con cristales. Este tipo de anillo suele usarse para festejar aniversarios u ocasiones especiales.

• *Úsalo...* Siempre en el dedo anular si es de joyería fina. Usa varios en la mano o un mismo dedo si son de fantasía.

• *No lo uses...* Si haces actividades deportivas o extremas. Las piedras de una churumbela son delicadas.

Anillos de coctel: son lo más chic de la moda. Se pusieron de moda desde hace algunos años y parece que llegaron para quedarse. Son piezas grandes, brillantes, llamativas y, generalmente, de fantasía, aunque hay algunas de alta joyería a precios inalcanzables. Los anillos de este estilo se usan en casi cualquier ocasión y dan un extra al *look* de cualquier mujer. Los hay en formas caprichosas, figurativas, geométricas y, casi siempre, son de gran tamaño, como los de Swarovski.

• *Úsalos...* Con mesura. Uno en cada mano, máximo, especialmente si son muy grandes.

• *No los uses...* Si tus manos son muy pequeñas.

Anillos creativos: son otra gran aportación de la moda contemporánea. Los diseñadores de joyería se han fascinado creando nuevas formas de llevar los anillos. Algo que parecía imposible, sucedió. Se han creado anillos para dos, tres o cuatro dedos, anillos conectados a una pulsera o los minianillos para usarse a medio dedo... Hay quien se los pone en varios dedos de la mano. Quizá sean algo muy de momento, aunque, una vez que hemos descubierto esta nueva forma de decorarnos, no creo que la dejemos morir tan fácilmente.

• *Úsalos*... En la oficina, la escuela, cuando quieras sentirte especial y única. Cuando quieras lucir *fashion*.

• *No los uses*... Si eres muy conservadora o si estás en una reunión importante en la que se requiere formalidad.

Pulseras

Son también objeto de fascinación femenina y, desde niñas, todas las mujeres las adoran. Se crean en todos tamaños, colores, materiales. Se puede llevar una sola o docenas (¿te acuerdas de las *gummies* de Madonna en los años ochenta?). Puedes llevar incluso pequeños pañuelos anudados en la muñeca, cordoncillos. El límite es tu propia creatividad y gusto. Veamos los tipos más generales.

Pulseras tipo brazalete: son más grandes e importantes, fabricadas lo mismo en plásticos que en metal, rígidas o articuladas; incluso pueden ser en tela u otros materiales. En inglés se les llama *cuffs*, al hacer alusión a los puños de las camisas, porque justo esto parecen por su tamaño y el lugar donde las ponemos.

• *Úsalas*... Preferentemente con las muñecas descubiertas, para que luzcan y no estorben a la ropa. Son ideales con blusas de manga corta o sobre mangas largas ajustadas.

• *No las uses*... En demasía. Una muy grande o hasta dos medianas por brazo son suficientes. No lleves una en cada brazo porque corres el riesgo de parecer La Mujer Maravilla.

Pulsera tradicional: es la que conoces de toda la vida, redonda, delgada o gruesa, en materiales variados y que se lleva una o muchas, de acuerdo con tu gusto particular.

• *Úsalas*... A tu gusto absoluto. Casi no hay reglas.

• *No las uses…* En demasía, ésa sería la única regla. Muchas pulseras son un poco *folk*.

Pulseras textiles: se han puesto muy de moda en los últimos años. Hilos, cordones, listones o hasta trapitos que se anudan en la muñeca. Algunas con pedrería, otras con bordados y aplicaciones, otras con consignas de buena suerte… Todo el mundo las ama. Son juveniles, modernas, pero muchas son demasiado informales.

• *Úsalas…* En un *look* urbano o si no te interesa lucir muy formal. Si eres una chica —o chico, porque muchos las usan— que trabaja, lleva una solamente y opta por las que son más simples. ¿Ejemplo? Un brillantito o un anillo metálico atado al cordoncito. Este toque bohemio puede verse incluso sexy.

• *No las uses…* Con un atuendo muy formal o de gala.

Pulseras para antebrazo: otra aportación histórica que vuelve a nuestros días. Usadas por los egipcios y los romanos, han vuelto, y para *looks* veraniegos o de noche pueden ser una belleza si se ponen con tino.

• *Úsalas…* Cuando lleves vestidos sin mangas o *tank tops*.

• *No las uses…* Si tu antebrazo no está bien tonificado, porque te sacará la "carnita" hacia fuera. No las uses con otras pulseras en el mismo brazo. Demasiado gitanesco.

Relojes

Ésta es la pieza de joyería con la que nos obsesionamos los hombres. No obstante, las mujeres también son fanáticas de ellos. Claro, la visión femenina de los relojes es distinta. Ellas buscan que estén a la moda, incluso hasta podrían perdonar que no dieran la hora con tal de que sean lindos. Como también los teléfonos celulares dan la hora, la visión práctica de los relojes se ha modificado. Hoy tienen que ser estéticos, joyas.

Relojes masculinos: se han puesto de moda y los llaman *the boyfriend watch*, porque parece que se lo tomaste prestado a tu galán. Están hechos en goma, metal o los hay de alta relojería. Normalmente son de gran tamaño.

- *Úsalos...* Para una actitud *sport*, relajada y urbana.
- *No los uses*: si tienes manos muy pequeñas o eres muy *petite*.

Reloj joya: más finos con cristales o incluso con piedras preciosas. A veces creados como brazalete. Son piezas más formales, aunque en un *look* más casual/chic lucen espectaculares.

- *Úsalos...* Para la oficina, en una ocasión especial, cuando quieras impactar.
- *No los uses...* En situaciones demasiado casuales o para hacer deportes.

Relojes tecnológicos: son más urbanos, prácticos. Sirven para mucho más que ver la hora; en ellos escuchas música o hasta puedes ver la televisión o hablar por teléfono. Son perfectos para personas que gustan de llevar la agenda y todo a la mano.

• *Úsalos*... Si tu estilo de vida es relajado o tu profesión no exige un *look* más refinado. Estos relojes son útiles, pero no son necesariamente estéticos.

• *No los uses*... Para salir de copas o una gala.

Relojes deportivos: son los que puso de moda Swatch hace ya varias décadas y que hoy todo el mundo fabrica en diferentes materiales, tamaños, colores, estampados, aplicaciones. Los hay con cristales, en goma, metal... Tú nómbralo. Como están de moda, el permiso de usarlos en más ocasiones está dado.

• *Úsalo*... Para el diario. Dale un toque *fashion* y chic a tus atuendos con él. Con cristales o pedrería si eres muy *trendy* o más simples si eres más formal.

• *No lo uses*... En situaciones más formales.

Zapatos

De ellos podríamos escribir un libro entero porque son la obsesión de todas las mujeres, casi tanto como las bolsas o más. Los zapatos, como ya dije, pasan por un momento de creatividad maravilloso y hoy una mujer con la correcta elección de zapatos necesita poca cosa más para lucir a la moda. Los estilos ya los conoces; ahora prefiero hablarte de las categorías de zapatos.

Pumps: son también conocidos como zapatos cerrados de tacón, de altura variable. De acuerdo con las tendencias, la punta puede ser más o menos fina, el tacón más o menos delgado o alto, pero el término medio siempre se ve de moda y es considerado un clásico. Hay en todos los colores, piel, textil o hasta materiales sintéticos. Es el zapato femenino por antonomasia.

• *Úsalos...* En *looks* más formales o semiformales, con faldas, pantalones de vestir o incluso *jeans*.

• *No los uses...* Con faldas muy cortas o minivestidos, y menos si los zapatos son de tacones extremadamente altos. La fórmula falda muy corta/tacones muy altos dará probablemente un resultado vulgar. Pero puede haber excepciones que confirmen la regla. Una chica con piernas lindas, maquillaje discreto y actitud casual puede llevar un blusón, por ejemplo, con tacones altos, según la circunstancia y, sobre todo, cómo lleve las prendas.

Sandalias: son otro básico en el guardarropa de una mujer, ideales en primavera-verano, aunque en otoño ya son permitidas con medias. Pueden ser de tacón alto, medio o planas. Estas últimas son perfectas para un *look* más relajado y *sport*. Las hay más o menos cubiertas y, de acuerdo con la cantidad de piel que enseñes, variará la ocasión para las que puedas usarlas. Formulita: mientras más desnudas sean, menos formales son. Si son muy llamativas, decoradas o con brillos, se reservan para después de las cinco de la tarde, es decir, para situaciones de coctel, formal o gala. Claro, una vez más, hay excepciones y una mujer muy *fashion* puede darles un uso muy distinto. Todo dependerá de personalidad y estilo, pero, en términos generales, las reglitas son las que acabo de mencionar.

• *Úsalas...* En climas templados y con una buena pedicura. En la oficina, si no son muy descubiertas.

• *No las uses...* Con trajes sastre.

Zapatos abiertos: son un híbrido entre los *pumps* y las sandalias. Zapatos semicerrados que tienen la punta, el talón o los laterales descubiertos. Pueden ser de tacón alto, medio o planos. Son más juveniles y se permiten incluso en atuendos formales.

• *Úsalos...* Con pantalones, faldas, trajes sastre, vestidos, en cualquier altura de tacón.

• *No los uses...* En atuendos muy *sport*, salvo los planos.

Ballerinas: son los zapatos de piso por antonomasia. En piel, tela y hasta plástico, son la opción perfecta para descansar de los tacones y lucir chic.

• *Úsalas...* En la oficina, si se permite vestir casual, en la escuela o para un estilo urbano cómodo. Para coctel o un *look* más *fashion*, opta por las que tienen aplicaciones de pedrería o lentejuelas.

• *No las uses...* Con vestidos formales ni con calcetines.

Botas de caña alta: son las más tradicionales. Su nombre viene por el largo del cuerpo de la bota, que puede llegar a media pantorrilla, debajo de la rodilla o en algunas ocasiones a medio muslo. Pueden ser de tacón alto, medio o planas y hay en muchos estilos: motociclista, *grunge*, formales... para todos los gustos, como puedes ver. Idealmente, las botas se llevan en temporadas frías (su función es abrigar el pie), pero algunas variantes novedosas de ellas pueden llevarse en climas templados, como las botas con punta o talón descubierto o de tiras estilo gladiador (estilo sandalia).

• *Úsalas...* En un atuendo semiformal puedes llevarlas, pero la falda debe cubrirlas, idealmente. En un estilo más casual, puedes llevarlas con falda corta o short, siempre y cuando sean planas o de tacón bajo. Las botas de tacón muy alto lucen perfectas por fuera de pantalones o jeans.

• *No las uses...* En colores muy llamativos o en estilos muy extremos para el trabajo o la oficina. Si son de tacón muy alto, no te las pongas con mini o short, se ven vulgares. Si son descubiertas (con punta, talón o más), no las lleves con medias o calcetines.

Botines: se trata de botas de caña corta que llegan arriba del tobillo e incluso pueden llegar hasta el inicio de la pantorrilla. De tacón alto, medio o planas.

• *Úsalas*... Con faldas o pantalones cortos. Si son cerradas, con medias o mallas; si son abiertas, con nada. Con pantalones se ven bien, sólo asegúrate de que los botines se cubran bien con el pantalón —si son de vestir— o déjalas por fuera si son sport.

• *No las uses*... Con faldas que lleguen debajo de la rodilla. Acortarán tus piernas.

Botas al tobillo: son relativamente nuevas en la moda. Conocidas en inglés como *ankle boots*, son un híbrido entre un zapato y un botín, pero la característica que las define es que llegan justo a donde empieza el tobillo, es decir, cubren sólo el pie. Las hay desde formales hasta algunas más *trendy* en colores, con estoperoles (a lo Louboutin) o aplicaciones.

• *Úsalas*... Con vestidos, pantalones al tobillo o cortos, faldas cortas, para un *look* más *fashion* y sexy.

• *No las uses*... Si tus piernas son cortas o tienes kilitos de más, no te favorecerán.

Mocasines: son los famosos zapatos planos de suela de goma o cuero y de corte masculino. Son ideales para lucir pulcra y cómoda en una actitud semiformal o casual.

• *Úsalos*... Con jeans, faldas o shorts en un fin de semana o un viernes casual con caquis o jeans. Las versiones más formales (con suela de cuero) pueden llevarse con pantalones de vestir para un *look* más de oficina casual.

• *No los uses*... En atuendos muy formales.

Tenis: sólo para vestir casual. No importa cuán caros sean ni lo muy decorados que estén.

• *Úsalos*... Para la escuela, el fin de semana, salir de compras, una reunión relajada con amigos.

• *No los uses*... En ninguna circunstancia que no sea casual.

Bolsas

Otro de nuestros grandes delirios, para mujeres y, cada vez más, también para hombres. Yo soy vicioso de las bolsas y tengo una colección que idolatro y atesoro. Caras, baratas, viejas, nuevas, pequeñas, grandes.... Todas tienen un gran encanto; todas son talismanes, trofeos, compañeras, amigas, bebés. Quien sea *freak* de las bolsas, como un servidor, entenderá lo que digo. La bolsa es importante porque en ella llevamos nuestras extensiones y contactos con el mundo que nos rodea, como llaves, teléfono, lentes, dinero, agenda, *snacks*, amuletos, pastillas de menta, perfume... Podría seguir por todo el párrafo y no acabaría. Por eso es que este receptáculo de tantas cosas tan importantes en nuestra existencia tiene que ser hermoso y seductor. Por eso nos gustan tanto.

Como ya sabes, cada temporada las bolsas se pintan de nuevos colores, renacen en materiales novedosos y se agigantan o encogen de tamaño de acuerdo con los caprichos de los diseñadores. Esto ya lo sabes bien y seguramente las revistas de moda te dirán con mucha certeza cuáles son las más *in*. Por mi parte, te hablaré de los diferentes tipos que hay y cómo llevarlas o no.

Tipo *tote*: conocida también como *shopping* por su semejanza a las bolsas de compra que dan en las tiendas —de ésas de papel con asitas que tanto nos gustan—, es una bolsa práctica, versátil que puede hacer las veces de portafolio. En algunos casos y de acuerdo con el tamaño, sirve como bolsa para el gimnasio, para ir de compras o hasta como pañalera moderna. Siempre es juvenil, relajada y fácil de llevar.

• *Úsala*... Para cualquier actividad cotidiana y profesional. En lona o piel, como las de Louis Vuitton o Goyard, son perfectas para la escuela o la oficina. Pero, prácticamente, son una gran compañera en cualquier actividad.

• *No la uses*... En un coctel o para salir de noche. Si es de tela, no la lleves a la oficina, a menos de que sea como una bolsa auxiliar.

Tipo maletín: son las más comunes, geométricas, con asas o correa —o ambas—, bolsas muy prácticas por su tamaño mediano; actualmente, a algunas variaciones también se les llama *satchels*. Las bolsas de Prada, Loewe o Proenza Schouler son las más representativas de estos estilos. Puede haberlas más grandes (conocidas como bolsas tipo bolichera) o más cuadradas (la bolsa de doctor), pero todas son variaciones del maletín.

• *Úsala…* Para la oficina, la escuela, la vida cotidiana. Si te gusta tanto y quieres llevarla a un coctel, está la versión mini, que te fascinará.

• *No la uses…* Para un coctel o de noche. Si es muy grande y tú pequeña, evítala.

Tipo caja: femeninas, elegantes. Se les llama así por su forma estructurada. ¿Un ejemplo? La *2.55* de Chanel, de la que ahora hay cientos de versiones y reinterpretaciones. Pueden tener correa o asas.

• *Úsalas…* Cuando no necesites llevar demasiadas cosas contigo porque su tamaño sólo puede guardar lo básico. Para salir a una comida, para el trabajo, para un coctel. Las versiones mini de este tipo de bolsas pueden llevarse a una ocasión formal, especialmente si son enjoyadas o con texturas brillantes y vivas.

• *No la lleves…* Retacada de cosas. Estas bolsas no deben ir llenas para lucir perfectas.

Tipo mensajero: son las bolsas rectangulares o cuadradas que tienen una correa larga y se atraviesan en el pecho. Son cada vez más populares en el segmento masculino. Se trata de bolsas prácticas que, como los *totes*, sirven para llevar muchas cosas y fungen igualmente como portafolios. La ventaja es que dan libertad de movimiento; la desventaja es que son más informales.

• *Úsalas…* En un entorno laboral más casual, para un *look* urbano o la escuela.

• *No las uses…* Para acontecimientos formales o salir de noche.

Tipo morral o de hombro: bolsas más relajadas, suaves y sin estructura de tamaño medio que se llevan colgadas al hombro —de ahí su nombre—, son compañeras ideales de *looks* más casuales y bohemios.

• *Úsala...* Para *looks* más urbanos. Para la oficina, si es en piel. Para salir de copas o a cenas, puedes optar por alguna versión brillante o metálica.

• *No la uses...* En eventos formales r en la oficina si es de tela.

Tipo mochila: se les llama *backpacks* y son una versión para adultos de las que usan los niños para ir a la escuela. Consiste en una bolsa con dos correas paralelas que sirven para colgar la bolsa en la espalda. Prada las hizo famosas, entran y salen de la moda constantemente, pero son prácticas y pueden ser muy *fashion*, según cómo la combines.

• *Úsala...* En cualquier circunstancia informal.

• *No la uses...* Para la oficina o si tienes más de cuarenta años (a menos que sea tu bolsa de gimnasio).

Tipo *clutch*: se le llama también "sobre". Estuvo de moda en los años cuarenta y cincuenta y ha vuelto con la misma intensidad. Son bolsas pequeñas, rectangulares (aunque hay de formas diversas) que sirven para llevar lo básico. Las lisas o poco ornamentadas se llevan de día, las más barrocas o con brillos y pedrería se llevan después de las diecisiete horas.

• *Úsala...* Para *looks* más *fashion*, cuando salgas de compras, a reunirte con amigas, en un coctel. Para una gala, sólo si es muy pequeña y decorada.

• *No la uses...* Para la oficina porque no te cabrá casi nada. Si llevas una bolsa auxiliar, entonces sí. No la lleves a una ocasión formal de noche si es un *clutch* muy grande.

De noche o *minaudière*: es una bolsa minúscula a la que le cabe lo esencial para salir de fiesta. Pueden ser sobres, cajas estructuradas y rígidas o variaciones de los monederos de antaño. Son muy decoradas, brillantes, festivas. Sólo son para ocasiones formales o de gala.

- *Úsalas...* De noche.
- *No las uses...* De día.

Tipo *pochette*: bolsa pequeña que podría ser un *clutch*, sólo que tiene un asa para llevarla bajo el brazo o colgando en la mano. ¿Recuerdas la *Baguette* de Fendi o *Pochette accesoires* de Louis Vuitton? Pues son como ésas. Idealmente, se pueden usar para una comida con amigos, eventos de día semiformales o salidas de noche informales. Las mujeres muy jóvenes la pueden usar como bolsa de noche si es decorada y brillante.

- *Úsalas...* En un *look* más *fashion*, para ir a cenar o a bailar.
- *No las uses...* Si eres muy alta o robusta.

Maxi: puede ser cualquier bolsa de las que te hablé, pero en tamaño XL. La moda hoy permite estilos mayúsculos y pueden lucir tremendamente chic, según cómo sean llevadas.

- *Úsalas...* Si eres muy *fashion*, alta, preferentemente espigada.
- *No las uses...* Llenas de cosas porque, además de que pesarán mucho, las deformarás. Tampoco las lleves si eres talla *petite*.

Mini: la misma historia, puede ser cualquier bolsa de las mencionadas, sólo que en versión micro. Las asiáticas, por ejemplo, las adoran. Puede ser la *2.55* de Chanel, la *Montaigne* de Dior, la *Amazona* de Loewe o la *Alma* de Louis Vuitton en versión mini, que se llevan perfectamente en un coctel. Algunas más extraordinarias, hasta pueden lucir bien en una gala.

- *Úsalas...* En eventos casuales y chic.
- *No las uses...* Si eres demasiado alta y robusta.

Otros accesorios

Tocados: de haber sido accesorios privativos de festejos, hoy se han colado hasta la moda cotidiana, y la verdad es que dan un toque distintivo que les queda de maravilla a ciertas mujeres. Pueden ser diademas simples o decoradas, broches para el pelo, minisombreros o tiaras.

   • *Úsalos...* Si son parte planeada de tu *look*, para ir a la escuela, a una fiesta o a bailar, o para un festejo especial, boda, bautizo...

   • *No los uses...* Si tienes más de treinta años, a menos que seas pariente de los novios en una boda.

Sombreros: los diseñadores siguen incluyéndolos en sus colecciones y cada vez más personas se animan a usarlos. No obstante, ya no como se llevaban a mediados del siglo xx. A pesar de ser estéticos, elegantes y muy *fashion*, aún hay personas que no se atreven a usarlos por miedo a sentirse observadas y criticadas. ¿Mi consejo? Si te quedan y te gustan, úsalos. Sólo averigua primero cuál es el que te queda mejor, según tus rasgos, forma de cara, estatura y estilo.

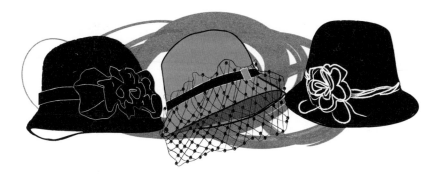

• *Úsalos...* Con seguridad y orgullo.

• *No los uses...* Si no te sientes cómoda con ellos. Te verás ridícula si así te sientes.

Guantes: se usan generalmente en los lugares donde los inviernos son fríos y están confeccionados en lana o cuero. Pero ahora se han vuelto otra vez un elemento de moda que complementa un atuendo, como en los años cincuenta. De encaje, tela, en cueros de colores, metálicos, con aplicaciones, estoperoles o cadenas son un toque divinamente chic. Hay muchos mitones (guantes sin dedos), medios guantes (cortados a la mitad de la mano) o extravagancias como sólo los dedos del guante.

• *Úsalos...* Con un *look super fashion*.

• *No los uses...* Para la vida cotidiana, a menos que sean guantes de abrigo.

Bufandas y mascadas: son un accesorio versátil y muy en boga para complementar tu *look*. Además, tienen una función práctica: te abrigan con suavidad cuando es necesario. Están confeccionadas en seda, lino, algodón o lana, en el caso de las de invierno. Ahora hay mascadas de gran dimensión creadas para dar varias vueltas al cuello o están las clásicas que se llevan bajo la blusa o con un simple nudo al cuello en un *look* semiformal. Las mascadas y bufandas son lo que tú quieras que sean: formales, relajadas, clásicas o *fashion*. Sólo escoge la que más se acerque a tus necesidades y a tu estilo.

• *Úsalas...* Cuando quieras complementar tu *look* con un toque chic y con gracia.

• *No las uses...* Demasiado grandes si tienes poco cuello. Evita las de lana en primavera y las de lino en invierno. Cuestión de sentido común.

¿Y los hombres?

Por supuesto que no me olvido de ustedes. De hecho, más adelante les dedicaré un capítulo, especialmente para los neófitos en cuestiones de moda. Pero para los que están interesados en el segmento de los accesorios, he aquí mis consejos generales.

La elección de complementos en el público masculino suele ser más simple que en el género femenino porque sus accesorios siempre están más ligados a su estilo de vestir. Es un $a + b = c$. Las mujeres son más complicadas, porque su oferta de moda es mucho mayor. Mi sugerencia es la siguiente: si eres un amante y seguidor de la moda —como yo—, seguramente encontrarás información que puedes adaptar a ti en lo que dije antes para las mujeres. Si no lo eres, considera las reglas siguientes.

Para la *joyería*: nunca voy a decirte que la única joya que se ve bien en un hombre es el reloj. Esto es sexista y hasta machista. Aquel viejo refrán que decían las madres latinas: "El hombre debe ser feo, fuerte y formal", se ha quedado sin sentido. ¿Quién demonios quiere ser feo? Fuerte quizá, formal a veces, pero feo jamás. La belleza masculina requiere de cuidados y de un poco de ornamentación, claro que sin pasarte demasiado de listo. Por ejemplo, un anillo de acero con diamantes, como los de Montblanc, una pulsera rígida de metal con cristales, como las de la colección masculina Swarovski, o unas mancuernillas de plata u oro de Tiffany te darán ese toque chic sin que dejes de ser masculino. Una flor pequeña de tela en la solapa es un detalle supersartorial. ¿Un consejo? No abuses. No te llenes las manos de anillos o las muñecas de pulseras, a menos que seas un *fashionista* irredento y te dé la gana hacerlo, en cuyo caso te aplaudo de pie, porque yo suelo hacer lo mismo.

Para los *zapatos*: tenemos más permisos y variedad. ¡Más opciones! Miuccia Prada y otros diseñadores han decidido, por fortuna, que la moda masculina en calzado tenía que dejar de ser común y aburrida. Por eso se han creado zapatos con aplicaciones, con piel de color, con acabados tecnológicos, con suelas inusuales para dar ese pequeño giro que incluso el hombre más formal necesitaba para sentir que estaba dando un paso adelante en lo que se refiere a moda. Lo formal seguirá existiendo para los que gustan de jugar seguro, y las locuras, que han existido desde siempre, para los amantes de la moda. Lo interesante es llegar al punto justo, donde el hombre promedio pueda encontrar esas opciones que lo lleven a un siguiente nivel, que lo hagan sentir partícipe del cambio de la moda de cada temporada. ¿Mi consejo? Un toque, un extra en la elección de los accesorios. Lleva zapatos negros, pero con pespuntes en color o con suela en color contrastado. En fin de semana lleva unos mocasines en color inusual. Respeta tu estilo, sí, pero permítete ese pasito extra. Si los diseñadores lo han hecho, ¿tú por qué vas a quedarte atrás?

En cuanto a *bolsas*: cada vez los hombres se animan a dejar a un lado el portafolios y suplirlo por opciones más *trendy*. Los aplaudo. Te recomiendo que te aventures con bolsas tipo mensajero, quizá con una tipo bolichera o, si eres más *fashion*, hasta un *tote* masculino, como los de Ferragamo o Prada, que son prácticos, versátiles y modernos. Los colores, texturas y materiales serán una decisión tuya.

En cuestión de *corbatas*, *bufandas* y *mascadas*: las corbatas son el accesorio privativo masculino y, aunque las mujeres las han tomado prestadas, aún siguen siendo básicamente nuestras. Si las usas, ensaya con las nuevas texturas y paletas de color si estás buscando un cambio. Deja las combinaciones clásicas para otro momento. Las corbatas de moño o pajaritas están súper *in*. Los *hipsters* las llevan a todas partes. Sólo evítalas si eres rellenito y tienes la cara redonda. Si eres amante de las bufandas, corre por ellas porque están de supermoda. Póntelas encima de una camisa, rodeando tu cuello y hasta sobre un saco. Es muy chic. Los pañuelos idealmente úsalos en el bolsillo del saco. Si eres muy amante del estilo europeo y te gusta anudarte mascadas como gazné, adelante. Sólo elígelas en estampados discretos y preferentemente geométricos.

Diez ideas preconcebidas sobre accesorios

1. NO SE DEBE MEZCLAR ORO Y PLATA EN LA JOYERÍA
Falso, está de moda y luce de maravilla. Da un aire más espontáneo a tus joyas.

2. LOS ZAPATOS Y LA BOLSA TIENEN QUE IR A JUEGO
Falso. Hoy se permiten combinaciones diversas que pueden ir del contraste a variaciones sobre el mismo tono.

3. LOS CINTURONES Y LOS ZAPATOS TIENEN QUE IR A JUEGO (EN LOS HOMBRES)
Falso, parcialmente. Aunque pueden llevarse zapatos y cinturón de colores distintos, idealmente tienen que ser de la misma familia tonal. ¿Negro y café? Nunca, por Dios.

4. SIEMPRE HAY QUE USAR MEDIAS CUANDO VISTES PARA LA OFICINA
Falso: a menos que la empresa lo exija, hoy se puede ir perfectamente a trabajar sin medias.

5. NO DEBES LLEVAR LENTES OSCUROS EN INTERIORES
Cierto, es de gente sin educación y falta de sentido común. Si los lentes oscuros sirven para protegerte del sol, ¿por qué llevarlos en un cuarto donde no hay luz solar?

6. LOS MOCASINES DEBEN LLEVARSE SIN CALCETINES (EN HOMBRES Y MUJERES)
Cierto. Si uno de sus objetos es tener fresco el pie, ¿para qué acalorarlo con los calcetines?

7. ESTÁ PERMITIDO LLEVAR SANDALIAS CON MEDIAS O CALCETINES
Cierto, pero esto no las exime de lucir espantosas. La moda no siempre tiene la razón, y ahora los hombres comienzan a usar calcetines con sandalias. Verán que en unos años lo recordaremos con vergüenza.

8. A una fiesta de etiqueta los hombres deben llevar forzosamente corbata

Por reglas generales, es verdad. Pero los *fashionistas* o quienes nunca han usado corbata por convicción pueden suplirla con un lazo en la camisa o hasta con un broche creativo. Claro que esto no es apto para todo público.

9. Las mujeres no pueden llevar zapatos planos a una fiesta de gala

Falso: ahí está Carla Bruni para demostrarlo. Se puede ir de gala o coctel con zapatos planos, siempre y cuando hayan sido seleccionados según el atuendo elegido.

10. Llevar demasiados logos en tus accesorios es de mal gusto

Cierto. Uno o dos son correctos. Con más parecerás un muestrario de marcas.

Brillo para la vida cotidiana:
entrevista con Nathalie Colin

"Las joyas son parte de tu personalidad
si te sientes desnudo sin ellas."

No todo lo que brilla es oro, sino Swarovski. Esta firma, que en los últimos años se ha vuelto indispensable en los guardarropas de mujeres y hombres, ha conseguido aquello que el arte siempre ha buscado: hacer nuestra vida más agradable... y centelleante. Su directora creativa, Nathalie Colin, es autora de piezas lo mismo prácticas y de deslumbrante belleza cotidiana, como de algunas majestuosas y que quitan el aliento, dignas de cualquier miembro de la realeza o de alguien que quiera lucir como tal. Nathalie nos dice por qué los accesorios, en especial las joyas, son tan importantes para reafirmar el estilo de una persona.

•••

–Nathalie, ¿cuál es tu definición de elegancia?

–La elegancia es una actitud. No tiene que ver con la ropa, sino que más bien se conecta con quien eres, con lo que crees, con tu respeto por los demás y educación. Hay gente que puede llevar ropa elegante, pero su actitud no lo es. La elegancia viene de dentro.

–¿Qué es buen gusto?

–Lo que era de mal gusto la temporada pasada [risas]. La moda viene en ciclos, y lo que ayer nos encantaba hoy nos parece terrible, y viceversa. Por ejemplo, una de las cosas que más he detestado en mi vida es ver a los turistas usando sandalias con calcetines. ¡Siempre me pareció horroroso! De pronto se volvió una moda y muchos diseñadores lo pusieron en las pasarelas. Sigue sin gustarme, pero seguramente mucha gente pensará que ya no es de mal gusto porque está de moda.

–¿Qué es estilo?

–Es como el humor, le da a alguien personalidad, carácter, un punto de vista. Es ese giro en un atuendo que lo hace diferente.

–Tú, como mujer con estilo, ¿qué recomendarías a cada hombre o mujer para desarrollar el suyo?

–Para desarrollar tu estilo, primero tienes que identificar cuál es tu zona de confort. La ropa, colores y formas con las que te sientes muy cómodo. Partiendo de ello, debes experimentar con piezas diferentes, colores y estilos que se salgan de esa zona de confort. Tienes que ir dando los pasos poco a poco para que cada etapa te haga sentir en confianza. Nunca hay que ir de un extremo a otro, porque esto puede hacerte perder el camino.

–¿El estilo es algo que puedes desarrollar dentro de ti o que puedes tomar del exterior?

–Creo que funciona de las dos maneras. Las revistas, la televisión o el cine son una gran fuente de inspiración para ayudarte a encontrar tu estilo. Los estilistas o coordinadores de moda son una ayuda

•••

invaluable para este propósito porque ven en ti cosas que tú, por una razón u otra, no eres capaz de ver. Conocí a una mujer que siempre usaba negro. Pero un estilista que la estaba ayudando le sugirió usar colores más fuertes. Cuando le dio una chaqueta fucsia, ella automáticamente dijo: "¡No!", pero, al probársela y ver las posibilidades que le daba, se dio cuenta de que le quedaba estupenda. Recomiendo que, por lo menos una vez en la vida, pidas consejo a un estilista.

—¿Qué circunstancias en tu vida definen tu estilo?

—Tu humor, la hora del día para la que vas a vestirte, la edad… Pero también tu profesión, el lugar donde vives… ¡El color! Y quizás una era o época con la que te sientas identificado. Por ejemplo, a mí me divierte mucho lo alegre y excesivo que era el estilo de los años ochenta… ¡Se podía usar lentejuelas durante el día! [*risas*]. Me gusta mucho también el *mood* de los años veinte para mis fines de semana. Es un estilo más casual retro que va más con mi personalidad.

—Los accesorios y joyería, ¿qué tan importantes son en el guardarropa de una persona?

—Creo que son clave. Para mí, muchas veces la elección de un atuendo comienza con los accesorios. A veces escojo primero los zapatos que voy a ponerme o un collar y luego todo lo demás. También son muy útiles para cambiar de *look* de una manera más sencilla. Cuando viajo, a veces llevo siluetas más básicas y muchos accesorios para irlos combinando con la ropa y da la impresión de que estoy viajando con un guardarropa muy extenso. Los accesorios hacen que puedas tener un *look* de noche, de oficina, *relax chic*…

—Entonces los accesorios le dan versatilidad a tu guardarropa…

—Totalmente. Versatilidad, además son los que te ayudan a mostrar tu personalidad. A veces, una prenda de vestir es como un uniforme, pero con los accesorios das un punto de vista y te hacen sobresalir del montón.

—¿La selección de cierto tipo de joyería define tu personalidad?

•••

—Sí, o por lo menos hace juego con ella. Por ejemplo, a una mujer tímida no le gustará llevar piezas muy dramáticas porque la opacarán más, o mujeres muy llamativas, como Loulou de la Falaise, no podrían usar una cadenita pequeña con una piedra minúscula porque no va con su personalidad. Ella lleva piezas grandes y magníficas. Tus accesorios son como un espejo de tu personalidad que se muestra hacia el exterior.

—¿Crees que haya joyería acorde con cada tipo de personalidad o esto es un cliché?

—Antaño sí era más específico, pero hoy las fronteras se han roto. Antes las mariposas eran para las mujeres románticas y las púas o estoperoles sólo para los rockeros. Ahora los estilos se mezclan no sólo para crear nuevos estilos, sino también para jugar con diferentes personalidades. Hoy puedes ver a una ejecutiva con un traje sastre y un choker de púas y cristales de Swarovski. No obstante, sí hay estilos que pueden encajar con determinado tipo de personalidad, por ejemplo, las joyas en colores pastel son para mujeres más clásicas, más suaves, y las piezas más dramáticas, para mujeres de carácter más fuerte. Por ejemplo, el corazón en joyería, por su simbología, se identifica con el amor, la dulzura, pero si se le da un giro y se pone sangrante o partido, ese corazón le irá a una mujer de carácter más gótico o *rocker*.

—¿O sea que se eliminan los clichés en joyería?

—También en la moda, por fortuna. Las fronteras son cada vez más borrosas, algo que antaño era para un determinado tipo de persona, hoy puede llevarlo cualquier otro. Por ejemplo, la chaqueta de cuero de motociclista, hoy se puede llevar hasta con vestido de noche. Hay fusión en la cultura, en la comida, en la moda. La joyería antes se diferenciaba entre bisutería y fina, y ahora pueden incluso confundirse entre ellas.

—¿Cómo se escoge la joyería, con la cabeza o con el corazón?

•••

–Es emocional. Es una conexión muy íntima. La joyería casi siempre recuerda momentos, personas o sucesos. Por eso, se escoge con el corazón.

–¿Cómo puede ayudarte la elección de una joya a encontrar tu personalidad?

–Primero hay que ver a la persona desde una dimensión diferente. Piensa con la cabeza y analiza, de acuerdo con tu morfología, cuáles son las joyas que te quedan mejor. Por ejemplo, si tu cuello es corto y grande, no uses collares muy grandes pegados alrededor del cuello. Identifica que cierto tipo de joyas te hacen lucir mejor. La gente que, como yo, habla mucho con las manos, seguramente optará por llevar brazaletes o anillos grandes, porque es una manera de vestir esa parte de tu cuerpo con la que te estás expresando. Pero una actriz o alguien que trabaja más con su rostro buscará aretes, collares que enmarquen esa zona de expresión particular. ¿Cómo te das cuenta de qué joyas son parte de tu personalidad? Cuando te sientes desnudo si no las usas. Son piezas que te dan confianza, poder. Además, te ayudan a iluminar tus mejores atributos, los coronan...

–¿Se hacen malas elecciones en joyería?

–Sí, cuando no balanceas las piezas que llevas puestas, cuando el exceso no es por estilo, sino por mala decisión. Una mujer que lleva un collar grande con aretes grandes que lo golpean es un ejemplo claro de una selección errónea de joyería. O, por ejemplo, cuando las piezas que escoges no tienen una misma idea. Como usar un collar muy orgánico, futurista, con unos anillos de perlas clásicos. No son de la misma idea, no son armónicos.

–¿Es posible mezclar distintos tipos de joyería en un mismo atuendo?

–Claro, pero deben tener un hilo conductor entre sí; puede ser el color, mismo acabado del metal o con piedras similares. No obstante, hay que confiar en tu gusto e intuición.

–¿Cómo sabes si hiciste una buena elección de joyería?

•••

–Si al día siguiente te levantas y quieres volverla a usar.

–Swarovski da brillo a la vida cotidiana, pero ¿cómo saber si se tiene el brillo correcto en cada ocasión?

–Para hacerlo correctamente, piensa dónde quieres enfatizar y poner brillo. Por ejemplo, en una oficina, puedes poner brillo en tus manos porque es lo que siempre está visible, pero para una fiesta o un coctel el brillo lo puedes poner en otro lado. Analiza la geografía de tu cuerpo y mira dónde quieres hacerlo más brillante.

–¿Hay un brillo bueno y brillo malo?

–Creo que todo el brillo es bueno porque llama la atención, porque atrae una mirada, porque es divertido. La vida es demasiado seria en sí misma, preocupante y te llena de ansiedad. Con los accesorios aderezamos más nuestra vida, le damos alegría...

–¿Una mujer que brilla tiene estilo?

–Sí, si lo hace con una sonrisa, con actitud y elegancia. Ese brillo va más allá de los accesorios, es ese que viene de su personalidad.

————————————————

7. El estilo, ¿se consigue o se compra?

EN ESTE CAPÍTULO COMENTARÉ VARIOS EJEMPLOS RELACIONADOS CON EL CINE. CREO que, en muchos aspectos, el llamado séptimo arte está lleno de imágenes que nos inspiran e invitan a la reflexión en algunos casos. Esto es particularmente cierto con el tema espinoso del estilo y el dinero. Vamos, pues.

Si eres mexicano o latino, seguramente habrás crecido en contacto con los melodramones cinematográficos —o telenovelas— que fascinaban a nuestras madres y abuelas, aquéllos donde los ricos son malos y los pobres, buenos; los primeros visten maravillosamente y los segundos, de una forma terrorífica. Ahora, ¿qué pasaba cuando un pobre se volvía rico? En primer lugar, se convertía en malo. Pero también, casi de manera automática, se transformaba en un ser vulgar, sin gusto. Un *payo*, un *naco*, para acabar pronto. Esta reflexión puede parecer terriblemente reaccionaria al mandar el mensaje de que el dinero nuevo, además de corroer tu espíritu, te hace un individuo ostentoso sin gusto alguno. Pero el dinero —viejo o nuevo— no es malo. Sólo hay que aprender a utilizarlo adecuadamente si queremos invertir en mejorar nuestra imagen. Si estos personajes de película que enriquecen en lugar de correr al centro comercial a comprarlo todo hubieran ido a estudiar, a recibir un *couching* o cultivarse, otra sería su historia. ¿Como la de saben quién? *Sabrina*, protagonizada por Audrey Hepburn. En la cinta, ella es la hija de un chofer que se enamora del hijo millonario del patrón de su padre. Para alejarla del joven es enviada a estudiar a París y regresa culta, exquisita, refinada y con un guardarropa que quitaba el aliento, que, dicho sea de paso, le dio un Oscar a su diseñadora, Edith Head. Claro está que conquista al galán y a... su hermano, con quien finalmente se queda. ¿Ven? Un buen ejemplo de cómo usar correctamente el dinero.

Otro ejemplo más: Andy, el personaje interpretado por Anne Hathaway en *The Devil Wears Prada*. Ella consigue un trabajo en una revista de moda y va a trabajar los primeros días hecha una desgracia, con ropa sin chiste, sin maquillaje y con un corte de cabello terrorífico. Cuando entiende lo que significa su puesto, inicia una transformación que, a simple vista, parece estar relacionada sólo con un cambio de imagen. Un buen corte de pelo, un maquillaje espléndido y, por supuesto, muchísima ropa de diseñador. Pero no, va mucho más allá. Y esto refuerza la tesis del presente capítulo.

Seguramente, si te quedas sólo con esta imagen, podrías pensar con justa razón que sí, que el estilo puede comprarse. Entonces, siguiendo esta premisa, ¿por qué vemos constantemente en la calle a tantas mujeres vestidas con el último vestido de Dolce & Gabbana, los zapatos de Balenciaga o la nueva bolsa de Cèline... y que lucen tan mal? Supuestamente, como Andy, el personaje de la película, también tendrían que lucir impactantes, ¿no? Pues no, no es tan simple. Voy a decirte tres cosas que quizá te causen un *shock*.

1. El dinero no te da estilo.
2. La moda —en sí misma— no te da estilo.
3. El estilo se conquista. No se adquiere de la noche a la mañana.

En efecto, volviendo al primer ejemplo de las películas de "cortarse las venas", tenemos que ver más allá de su mensaje reaccionario y de los terribles clichés que se utilizan en ellas. Detrás de todo esto hay una verdad que subyace en su esquemático argumento: el dinero nunca será sinónimo de elegancia o buen gusto. Ayuda, pero en sí mismo no sirve de gran cosa. Si así fuera, todas las mujeres que se ganan la lotería o que comienzan a ganar sueldos millonarios en su empleo se volverían Audrey Hepburn instantáneamente. Pero no. Qué más quisiéramos que hubiera una maquinita a la que le pudiéramos depositar unos miles de dólares y que, al pasar por ella, nos dejara como para la portada de *Vogue* o *GQ*.

La moda, tal cual, tampoco es garantía de nada. Siento mucho decepcionarte. El hecho de que lleves el vestido que acaba de aparecer en la portada de la revista más *in* no te hace la más *fashion* por arte de magia. Si la prenda en cuestión no está bien combinada, llevada con gracia y personalidad, lucirá terrible, aunque cueste miles de dólares. El vestido más a la última, la bolsa más espectacular o los zapatos para los que hay lista de espera no te aseguran que serás la más elegante ni la más chic.

Quizá después de leer estas declaraciones, un poco inmisericordes, tengas unas ganas enormes de tirar este libro por la ventana, porque ya no estás entendiendo nada. Pero antes de que lo hagas, deja que te explique.

Sí, los objetos pueden comprarse con dinero. Hermosos accesorios, vestidos para morir de verlos y trajes de hechura impecable. Todo esto sale de una tienda una vez que pasaste tu tarjeta de crédito y te endeudaste, tal vez por años, para poder hacerte de ellos. Pero cómo usarás esas prendas, adónde vas a llevarlas y cómo las volverás una prolongación de ti mismo... esto no se puede comprar. Esto, querido lector, es estilo. Sí, se aprende. No se compra.

El síndrome del nuevo rico

¿Qué es esto? El dinero nuevo que tiene que ser mostrado y ostentado a toda costa: "Que todo mundo se entere de que ya no soy pobre". Comprar caro no significa comprar correctamente. Vestir lujosamente no significa ser elegante. El dinero da muchas cosas, pero no personalidad ni estilo.

Hace algunos años estaba haciendo fila en un Starbucks. Delante de mí había dos chicas muy seguras, muy parlanchinas, un poquito jugando al papel de "Yo soy total". A veces me divierte mucho ver este comportamiento, quizá porque todos alguna vez hemos pasado por ello en nuestra búsqueda de estilo. En fin, ambas chicas llevaban imitaciones de bolsas de Louis Vuitton que movían y ostentaban de una forma que ya comenzaba a ser molesta para mí y los que estábamos alrededor de ellas. De pronto, una de ellas notó mi bolsa y, queriendo ser amable, me preguntó: "¡Qué linda tu bolsa! ¿En qué mercado la compraste?". La sangre me subió de golpe a la cara, pero, antes de dejar que hablara mi enojo, respiré profundamente y sólo le respondí: "La compré en la *boutique* de Vuitton, no en un mercado". La chica, entendiendo su impertinencia, se disculpó suavemente. Mientras esperábamos el café, volvió a acercarse para preguntar cuánto había costado mi bolsa. No quise decirle la cantidad y sólo le dije: "No me costó barata, pero esta bolsa es una inversión. Va a durarme años y siempre va a verse impecable. Si ahorras, en lugar de comprar copias por un año, podrás comprarte una original que te durará toda la vida". Para mi sorpresa, la mujer me agradeció el tip amablemente y salió del café con su amiga.

Éste es un ejemplo claro del síndrome del nuevo rico. Y atención: no es imprescindible ser millonario para caer en él, simplemente se requiere tener un dinero extra recién obtenido y muchas ganas de imitar costumbres que no son necesariamente las nuestras. Quizá todos los que hemos nacido en una familia común y corriente lo hemos padecido en algún momento de nuestra vida, en mayor o menor grado. Cuando comencé a trabajar en el mundo de la moda, soñaba con un montón de cosas: ropa, zapatos, bolsas, accesorios... Pero con el sueldo que ganaba, casi todo se quedaba en sueños. Alguna ocasión me di a la tarea de ahorrar para comprarme algo costoso, y cuando tenía el dinero necesario, me daba cuenta de las muchas cosas baratas que podía comprarme con él en lugar de adquirir una sola cara. Pero un buen día me di cuenta de que mi clóset estaba lleno de ropa. Mucha, pero barata. Mientras tanto, seguía soñando. Cuando iba a una *boutique* a preguntar por el precio de algo que me volvía loco —una mochila de Vuitton, una pieza de joyería de Chanel, una chaqueta de Armani...—, me quedaba con los ojos como platos y salía de ahí mordiéndome las ganas. Hasta que llegó la primera pieza realmente *fashion* a mi guardarropa: una hermosa bolsa tipo mensajera de Louis Vuitton, de la colección *Musette*. Fue un regalo que recibí, por mi cumpleaños, de una amiga muy generosa. Recuerdo también que ése era mi segundo año cubriendo las colecciones de *ready to wear* en Nueva York y, por supuesto, la LV vino conmigo. Con ella me sentía poderoso, a la moda... respetado. Los atuendos que llevaba entonces eran muy simples, casi todos basados en negro con algunos toques en beige. La bolsa era perfecta, casual, pero con un aire sofisticado. Combinaba con todo. Recuerdo que la tocaba y sentía su textura, apreciaba los detalles de su acabado. Era una relación amorosa, literalmente. Algo cambió en mí.

Me di cuenta de que un atuendo ordinario se volvía extraordinario con una pieza como la bolsa que llevaba, que valía por completo su precio. Entonces volví a ahorrar, pero esa vez no usé el dinero para comprar un montón de ropa, sino para una pieza en específico: mi segunda bolsa de Vuitton. Desde entonces no he parado. Tuve momentos de locura, de endeudarme como un imbécil para comprar lo que se me antojaba, de inscribirme en listas de espera para piezas casi únicas, de remordimiento y arrepentimiento, pero, al final, llegó la mesura y hoy puedo decir que he aprendido a comprar.

Pero, muy al principio, tenía unas ganas locas de mostrar mis compras, de enseñarle al mundo que mis accesorios o ropa me hacían diferente. Sí, tuve mi momento de llenarme de logos, de una misma marca o de varias. Me gustaba que lo que llevaba puesto se notara. La ropa, muchas veces, me llevó a mí, y no yo a ella. Me atrapó el síndrome del nuevo rico. No porque lo fuera, sino porque, como dije antes, en el momento en que pude gastar en moda lo hice, y encontraba un placer perverso en mostrarlo.

De modo que los entiendo. Sobre todo si son muy jóvenes. Una bolsa de moda, unos zapatos de la sección de Moda de *Vogue* o la camisa de Prada que salió en GQ se antojan, y si tenemos la fortuna de poder comprarlos o endeudarnos para darnos el gusto, nos apetece mucho mostrárselos al mundo. A veces, incluso restregárselos en la cara. Yo, que ya pasé por eso, entiendo el impulso. Hay una necesidad de pertenencia, de vestirnos y uniformarnos de acuerdo con el grupo al que queremos pertenecer. Y la elite, que es la que usa la alta moda, nos atrae como el sol a Ícaro. Pero, como el personaje mitológico, nuestras alas pueden derretirse si no tenemos precaución, y podemos caer al vacío. No está mal que queramos tomar elementos de los grupos que consideramos poderosos para también sentirnos así. Pero hay que hacerlo a nuestra manera, sin imitar, sin disfrazarnos. Tenemos que aprender a llevar esos zapatos de Louboutin, de los que estamos tan orgullosos de manera natural, como si los tuviéramos desde siempre. Ése es el verdadero estilo y ésta es la manera ideal de llevar lujo: sin esforzarnos de más.

¿Sabes por qué Coco Chanel decidió poner forros de seda en sus chaquetas? Porque decía que el lujo verdadero es para ti, es el que está en contacto con tu piel. Hoy la entiendo más que nunca. Lo que compres, antes que a nadie, tiene que agradarte a ti. Está muy bien que te encante que te vean y elogien, pero esto debe ser siempre una consecuencia de lo bien que te sientas contigo mismo. Dicen que los hombres nos vestimos para nosotros mismos, pero que las mujeres se visten para otras mujeres. No estoy seguro de que esto sea absolutamente certero, pero si es así, ejercita el placer de vestirte para ti y gustarte. Por mi parte, prefiero texturas naturales, suaves. Piezas de calidad que me puedo poner una y otra vez sin que se estropeen. Claro, puedo comprar mucho menos de lo que solía cuando era más joven, pero lo que adquiero se queda conmigo mucho tiempo. No te voy a engañar, los logos y las marcas me siguen gustando mucho, pero ahora no veo únicamente el símbolo, sino lo que está detrás de él, es decir, la prenda, su diseño. Si además está firmada, pues mejor. Pero trato de combinarla con más discreción. Si llevo una prenda con un logo muy notorio, entonces procuro que las otras sean más anónimas, más discretas.

El dinero empleado en una prenda de lujo, que nos viste y exalta, es una inversión, aunque los economistas digan lo contrario definiéndolo como un simple gasto. No estoy de acuerdo con ello, pues invertimos en imagen, en mostrar una versión mejorada de nosotros mismos y esto, además de ser placentero para nosotros, abre muchas puertas ahí afuera, laboral y personalmente.

Las peores inversiones

Gastar dinero en bolsas falsas o imitaciones de prendas de vestir es un desperdicio total de dinero, de imagen y, a veces, hasta de tus recursos, ya que en algunos países europeos, por ejemplo, ya comienza a ser penado no sólo venderlas, sino usarlas. O sea que incluso te podrías meter en un problema legal usando *fakes*. Pero olvida la ley por un momento y piensa en ti. Una persona que usa una bolsa falsa le está diciendo al mundo: "Quiero y no puedo; miento y me disfrazo de alguien que no soy". Como todas las mentiras tienen las piernas muy cortas, las bolsas falsas terminan luciendo fatales más temprano que tarde. Su calidad es ínfima, se deforman, manchan, rompen y muy probablemente, en un par de meses, tu bolsa tendrá que ir a dar al lugar que le corresponde: la basura. Tú habrás perdido lo que pagaste y, peor aún, serás objeto de críticas y burlas por parte de aquel grupo al que intentabas pertenecer cuando decidiste hacerte de una bolsa o prenda de imitación. Las personas que usan imitaciones lucen como sus bolsas: baratas. Lo siento si hiero susceptibilidades, pero es la verdad. Es mucho más digno comprar una bolsa de una firma local o una tienda de moda masiva, como Zara —con la que te puedes ver perfectamente—, que una imitación. No es pecado no poder comprar marcas de lujo. Adquirir artículos que están dentro de tu presupuesto —aunque los compres a crédito— te hace coherente contigo mismo y con tu estilo real.

Otra mala inversión en moda es la adquisición de piezas que compramos porque nos lo "exigen" la publicidad y las tendencias. En las revistas vemos por doquier que los tacones de 20 centímetros son lo que toda mujer debe tener. El oxígeno, vamos. Pero ni las modelos —que cobran por hacerlo— pueden caminar con ellos. De ti, mejor ya ni hablamos. No obstante, te los compras porque están de superúltima

•••

moda. Y porque los tiene Beyoncé. Entonces pasa lo que tiene que pasar: el primer día que te los pones te sacan ampollas, no puedes caminar con ellos ni tres cuadras, ni puedes —ni quieres— volverlos a usar jamás. El mucho o poco dinero que hayas gastado en ellos se irá, como la bolsa falsa que mencioné antes, a la basura. No compres por impulso ni porque alguien más te fuerce a ello. Si es algo con lo que no estás cómodo o no te queda bien, no lo usarás y será un desperdicio total de recursos.

Invertir en estilo

Insisto, el estilo no se compra, pero sí se invierte en él. Créeme, será el dinero mejor empleado de tu vida. Como dije antes, si las personas que de pronto tienen un nuevo ingreso económico en sus vidas, en lugar de correr al *mall* fueran a cultivarse, el mundo sería muy distinto. La educación es lo que nos distingue de las masas, pero también lo que nos permite entenderlas. Una persona con conocimientos y cultura tiene más posibilidades de entender el mundo exterior y, mejor aún, entenderse a sí mismo como el primer paso para encontrar estilo.

John Galliano dijo un día: "En la moda, realmente no hay nada nuevo. Todo está ahí, en las calles, en los museos, en los libros y la historia. De ahí tomo la inspiración para crear mi ropa y sólo le doy mi punto de vista para incluir esas ideas en la sociedad y darles una vida nueva". Quien no conoce lo que existe fuera de su círculo, ¿cómo va a tener referencias para valorar lo que tiene? Así, en otro contexto, una madre le dice a su hijo: "¿Por qué no te comes las espinacas?". El niño contesta: "Es que no me gustan porque nunca las he comido". La evidencia es clara, si nunca las ha comido, ¿cómo sabe que no le gustan? Hay muchas cosas ahí afuera por conocer, probar, conquistar. Ve por ellas porque te harán apreciar el mundo de otra manera, te alimentarán e inspirarán. Te ayudarán a reconocer y desarrollar tu estilo.

Cultura

No hablo de la educación escolar, que seguramente debes tener. Me refiero a algo más allá. Cuando estudiaba la carrera de Letras, Anamari Gomís, escritora y maestra que nos impartía el curso de Literatura Contemporánea, nos dijo: "No se queden sólo con las lecturas que les pedimos los maestros, averigüen, lean más. Todo lo que puedan. Aunque sea malo. De otra manera, se van a convertir en señoras gordas que saben cositas de literatura". La frase se quedó grabada en mi mente. Más allá de la imagen de la señora que lee un libro y, por ende, se siente intelectual, la idea de asentarnos con lo que ya sabemos y pretender pasar el resto de nuestras vidas sólo con ello nos vuelve mediocres. Creo que para disfrutar verdaderamente de la vida uno tiene que continuar aprendiendo, informándose. Y no nada más hablo de cuestiones relacionadas con tu carrera o profesión, sino de aquellas que te volverán un individuo más informado, culto y refinado.

Es importante ir a museos porque esto nos permite conocer otras sensibilidades, con las que tal vez sintamos alguna identificación. A mí, por ejemplo, cuando era muy joven, me aburría terriblemente el arte abstracto porque no lo comprendía. Hasta que alguien me dijo: "No trates de entenderlo, sino de sentirlo". Eso hice. Algunas obras logré sentirlas, otras no, pero no hay nada de malo en ello. Hasta la fecha, prefiero las expresiones más clásicas de pintura y escultura, quizá por "deformación" profesional, pues me gusta ver cómo están vestidos los personajes que aparecen en ellas. Creo que ver estilos de otras épocas, paletas de color, accesorios, peinados retratados en pinturas, fotografías y esculturas, puede ser una gran fuente de inspiración para encontrar estilo o para complementarlo. En mi caso, me gusta fijarme en la combinación de colores que usan algunos artistas plásticos porque me ayudan mucho a "educar el ojo", como se dice en moda. Esto quiere decir que se nos facilita la mezcla y yuxtaposición de tonos y texturas al momento de vestirnos. Se nos despierta el sentido de la armonía visual, y ésta es la esencia de la elegancia.

La literatura, por otra parte, contribuye a que nuestra imaginación despegue y vuele. Mucho más allá de las imágenes que ayuda a crear en nuestra mente, estimula la creatividad. ¿No te ha pasado que cuando un libro es adaptado para realizar una película siempre dices: "A este personaje no me lo imaginaba así"? Ahí está la creatividad. Ya no hablamos de cuando realmente en una obra literaria se describen a la perfección el vestuario y las actitudes de un personaje —como *Madame Bovary*, de Gustave Flaubert, por ejemplo—, sino de cómo va haciendo que nos formemos ideas de una ciudad, un personaje. Así, los relatos urbanos de Truman Capote son absolutamente plásticos al hablar de Nueva York. Me transporto mentalmente a la ciudad cuando lo leo. Y no sólo hablo de libros: las revistas son un medio fantástico para informarnos. Nos enteramos de lo que pasa en la moda y la cosmética, ¿o no? Pero también de otros aspectos muy importantes para nuestro desarrollo personal.

Creo que no hace falta que hable más del cine, ya que este capítulo lo empecé con ejemplos fílmicos. Como la televisión, me llena siempre de ideas, inspiración y emociones que de una u otra manera han sido decisivas en la formación de mi estilo. Seguro que a ti te puede resultar igualmente útil. ¿Cuántas veces no te has querido vestir como cierta actriz o comportarte como cierto actor? No en balde los diseñadores y las casas de moda encuentran en el cine una fuente de inspiración constante. Nosotros, en un nivel particular y muy personal, no podíamos ser la excepción.

Y de la música, ¿qué decir? Por lo general, apoyo mis artículos periodísticos con alguna referencia musical porque ayuda mucho al lector a entender la circunstancia. Creo que la música cuenta historias, alegra, pero también sensibiliza y abre los sentidos para poder percibir todo lo que está ahí afuera y que, de una u otra manera, nos alimenta.

Ahora bien, no sólo lo que es considerado artístico es cultura. También comer y beber, los deportes o ciertos comportamientos y costumbres sociales son cultura. Comer bien, experimentar las cocinas de otros lugares del mundo, ir más allá culinariamente y probar platos de cocina más sofisticada y creativa nos enseña a apreciar nuevos sabores. Catar vinos, aventurarnos en la elección de un nuevo champán o licor, practicar no sólo los deportes populares, sino también otros más refinados, como la equitación, el golf o el tenis, nos ayudan a refinar y pulir nuestra personalidad. Si estás empezando en este mundo del aprendizaje personal, estas actividades pueden causar un poco de estrés. Por ejemplo, ir a comer a un restaurante elegante o saber por qué un vino es de calidad. ¿Mi consejo? Ve poco a poco e investiga lo que puedas antes de iniciar cualquiera de estas nuevas actividades en tu vida. Hoy, en internet o, mejor aún, en los libros, puedes encontrarlo todo, desde cómo usar los cubiertos en la mesa hasta cursos rápidos de apreciación de vino. ¿Otra opción? Toma clases. Son divertidas e ilustrativas. En Asia, los chinos están desarrollando un gusto apasionado por la cultura occidental y están interesadísimos en saber apreciarla. Por eso, algunos restaurantes importantes ofrecen cursos de cata de vinos y maridaje con cierto tipo de comida. Son todo un éxito. Conocí a algunas personas que después de tomar estos cursos se desenvolvían en una cena formal como si lo hubieran hecho toda la vida. En deportes es igual, estudiar y practicar hace al maestro.

Ahora, te invito a realizar un ejercicio. Toma un papel y lápiz, y anota en él todas las películas, discos, libros, programas de televisión, revistas, restaurantes, museos, pintores, escultores y hasta edificios o monumentos históricos que te gustan y han dejado una huella especial en ti. No importa si anotas tres cosas, con eso es suficiente. Luego analiza por qué te gustan, cómo te han marcado. Si las cosas que anotaste de alguna manera han influido en tu manera de pensar, de ser o vestir y comportarte, ¿qué resultados tienes? Seguramente habrás tenido revelaciones interesantes al darte cuenta de lo mucho que esos aspectos externos pueden afectarte tanto, moldeándote, orientándote hacia cierta dirección. ¿Te das cuenta ahora de lo importante que es la cultura?

Viajes

Quizás en los aspectos culturales no se tenga necesariamente que invertir dinero. En los viajes sí porque moverte fuera de tu ciudad requiere de una inversión; la cual, dicho sea de paso, vale por completo la pena. En viajar, como en muchas otras cosas de la vida, todo es empezar. Después las cosas fluyen con cierta naturaleza. Mi primer viaje a Europa fue un regalo, pues me gané un boleto de avión en una rifa. Hasta ese momento, los viajes que había hecho habían sido cortos y casi todos con motivos familiares. Pero ir a París me convirtió en otra persona. Lo juro. Sentirme embriagado al contemplar los monumentos, las calles, los museos, la moda y la gastronomía franceses fue una experiencia única. Tal como si me hubieran realizado una descarga intravenosa de belleza. Debo decir que entonces, a pesar de que ya trabajaba en este negocio de la moda, ni siquiera soñaba con ir a cubrir los desfiles a la Ciudad Luz. Por supuesto que aproveché la oportunidad para hacerlo, y la experiencia fue doblemente maravillosa. Desde aquel viaje me las ingenio para ir por lo menos una vez al año a París porque lo necesito. Me hace falta para estar bien.

Sí, viajar requiere de una inversión, pero hoy ya no tiene que ser millonaria. Es posible viajar a cualquier lugar del mundo con compañías de bajo costo, llegar a hoteles modestos y tratar de ahorrar lo máximo posible, si es necesario, con tal de hacer turismo. ¿Saben por qué es importante invertir en viajes? Porque nos da mundo. Nos hace ser personas que conocen los usos y costumbres de otros sitios, y esto nos inspira y sensibiliza. También, lo más increíble de todo, un viaje es casi un curso intensivo de cultura. Todo lo que mencioné en el apartado anterior se puede hacer perfectamente al viajar: ir a museos, comer, ver películas que quizá nunca llegarán a tu ciudad de origen, encontrar literatura y música local que puede resultarte fascinante, o simple y llanamente ver cómo la gente se mueve, vive, se comporta... Esto es de lo más enriquecedor del mundo.

Ya lo dice el dicho: "Los viajes ilustran", y de qué forma. Por eso es importante invertir en ellos. Te recomiendo que, por lo menos, hagas un viaje cada año fuera de tu lugar de origen. No importa si es al otro lado del mundo o en tu mismo país. Sal, ve otras caras, nuevos paisajes. De verdad que no es difícil si te lo propones. Ahorra un poco todos los meses y podrás hacerlo, y lo que el viaje te reditúe será incalculable, ya lo verás. Viaja en el plan que quieras, adonde se te antoje. Pero mi consejo es que si viajas poco, trates de ir a un lugar diferente cada vez, porque eso te dará amplitud de miras. Ya estando en ello, observa mucho. Mira cómo se visten las personas, cómo hablan y se desenvuelven; qué actividades les gusta realizar y los hacen especiales, que sean su identidad como pueblo. Esto, con toda seguridad, te abrirá la mente y también refinará tu espíritu y percepción, algo que se verá reflejado en tu personalidad y, claro está, en tu estilo.

Otro país que dejó una huella muy profunda en mí fue la India. A pesar de los claros contrastes sociales y lo ríspido de las imágenes que llega a ofrecer al visitante, este país siempre te regala visiones sublimes. Las vi, principalmente, en su gente. Las mujeres y los hombres tienen un sexto sentido para mezclar colores como no lo he visto en ningún otro lugar del mundo. De modo que en las calles ves mujeres envueltas en saris multicolores que eran un regalo a la mirada. Y los hombres tenían una capacidad de combinar tonos y estampados en sus prendas de vestir que los hacía lucir coloridos, alegres, especiales. Alguien me preguntó: "Pero ¿es más colorido que México?". Mi respuesta: no necesariamente. La paleta de color mexicana y la india, a pesar de ser intensas y vívidas, se combinan de manera diferente, las prendas se ornamentan con detalles distintos en cada país. Claro, esto es lo que da identidad a ambas culturas. Poder apreciarlo, compararlo y sentirlo es algo que sólo se vive *in situ*. Por eso, después de cada viaje vas a sentir que el mundo se hace un poco más pequeño, porque lo sientes

cercano. Viajar se convierte en un verdadero deber para aquellos que están interesados en refinar y revestir su estilo.

Ropa

Nota que no digo "moda", porque son dos cosas diferentes. La ropa es parte importante de la moda —si reúne ciertas características—, pero *no es* la moda. Ésta es un concepto mucho más amplio que se refiere más a un estilo de vida, a un todo que engloba actitudes, costumbres, comportamientos, formas de ver el mundo y, por supuesto, ropa, accesorios y maquillaje. Pero ahora centrémonos en el apartado "Ropa" y en cómo se puede invertir bien en ella, haciendo que el gasto valga la pena. Digo hasta el cansancio que invertir en piezas de calidad (no necesariamente firmadas por una marca grande de moda) es fundamental para armar nuestro guardarropa básico. Y sí, vale mucho la pena poner una cantidad extra de dinero a una prenda o accesorio que vas a usar por muchos años, como los ejemplos mencionados de Louis Vuitton o Chanel. No obstante, estas u otras marcas similares no son para todo el mundo. No lucen bien en toda la gente. Una de mis novelas favoritas de moda, *Gente fabulosa*, de Lee Tulloch, tiene como personaje central a una mujer adicta a la moda. Su *leitmotiv* es poseer una chaqueta de Chanel, pero, como es una pobretona —con mucho estilo, eso sí—, no puede comprarla. Al final de la historia, una amiga suya le regala la añorada chaqueta y, con gran decepción, se da cuenta de que no le queda bien. Se mira al espejo y algo no encaja. En ella la chaqueta luce aburrida, fuera de lugar. "Parezco maestra de escuela", dice el personaje. He aquí una gran lección. Aunque hay prendas que son extraordinarias, icónicas y fabulosas, como una chaqueta de Chanel, no significa que le quede bien a todo tipo de mujeres, pero no por una cuestión física, sino por puro y llano estilo.

Yo he sido victimizado muchas veces por la moda, pero, afortunadamente, siempre trato de encontrar variaciones menos costosas que me permitan hacer pruebas. Ejemplo: viviendo en Singapur, donde el calor es terrible todo el año, me di a la tarea de buscar shorts cómodos, pero vestidores para mi día a día. Me fascinaban los de Dior, Armani, ¡Givenchy! Pero no fui corriendo por ellos, sino por versiones más baratas de los mismos, es decir, de *fast fashion* (H&M, Topman). Primero para ver cómo se me veían y luego para averiguar cómo me habituaba a ellos en mi vida cotidiana. De todo lo que probé, descubrí que había algunos cortes poco favorecedores para mi figura y otros que por edad tampoco me lucían bien; al final, me decidí por unos ideales que podía usar a diario y hasta para ocasiones más casual chic. Entonces fui a comprar la versión que me volvía loquito, ya con la certeza de que podía incluirla con coherencia en mi vida cotidiana y que valdría el dinero que invertiría en ellos.

Siete consejos para invertir

Ya recorrimos la gama que va de las malas y ostentosas inversiones a las que en verdad te proporcionarán un valor duradero. En seguida, te voy a dar siete reglas muy fáciles de cómo invertir inteligentemente en moda y, por ende, en tu estilo.

Regla 1: no compres lo que todos compran

Si eres la clásica mujer que ve a la compañera de la oficina con una blusa nueva y corres a preguntarle dónde se la compró para ir por una, piénsalo dos veces. No está mal que veamos algo que nos gusta y lo queramos para nosotros. Simplemente piensa un poco en si a ti va a lucirte igual de bien que a la persona que se lo viste puesto. Si la chica a la que le viste la blusa es alta y delgada, y tú no posees esas mismas características, reflexiona si esa prenda tendrá el mismo efecto en ti que en ella. ¿Mi consejo? Ve a probártela. Sé objetiva. Si sientes que te luce magnífica y se adapta también a tu personalidad, adelante, cómprala. Pero si te hace lucir más bajita, espaldona, mayor, como una colegiala, te empalidece o…, entonces no deberías comprarla.

Regla 2: no compres porque "estaba regalado"

En muchos países del mundo la época de rebajas o baratas es casi un deporte nacional. En París, incluso hay chicas que regalan agua, chicles o galletas afuera de los grandes almacenes. El frenesí por comprar es tal que a veces la gente no come y, claro, las grandes marcas aprovechan la oportunidad para promover sus productos y, al mismo tiempo, ofrecer un servicio a los compradores compulsivos. Justo en estos momentos, o si vas a un outlet, es cuando puedes caer más fácilmente en la tentación de comprar algo porque estaba muy barato, aunque, al final, no vayas a usarlo jamás. Recuerdo un día que estaba de compras con una amiga en una venta especial de una marca de lujo. Se acercó hasta mí con un hermoso par de zapatos de tacón altísimo. Emocionada, me dijo que se los llevaría. Yo, extrañado ante esa decisión, le pregunté: "Pero ¿no detestas los zapatos de tacón?". Muy ufana, me respondió que los llevaría porque estaban a un precio extraordinario y jamás los hallaría tan baratos. Me dio más justificaciones, tales como que eran un clásico y combinaban con todo: vestidos de coctel, trajes sastre y hasta jeans. Eso era verdad. Lo divertido del asunto es que mi amiga no tenía vestidos ni trajes de dos piezas. Era una chica relajada y más inclinada hacia lo *hippie* que a lo *fashion*. Finalmente, compró los zapatos. Muchos meses más tarde la encontré y no pude evitar preguntarle qué tal le iba con sus zapatos; ella, evadiendo un poco la respuesta, terminó confesándome que no se los había puesto ni una sola vez. Un año más tarde, terminó regalándoselos a su hermana.

Este tipo de actos son la peor compra del mundo. No importa cuán barato esté lo que vas a adquirir por impulso, si no lo vas a usar después, habrá sido el artículo más caro e inútil que hayas comprado en tu vida.

Regla 3: no compres porque está de moda

Es verdad, a veces todo parece confabularse contra ti para que compres una prenda o estilo en específico. Estampados, rayas, pantalones de pata de elefante, minivestidos, zuecos... Para los hombres, sacos más largos o cortos, jeans en corte "zanahoria" (los que tienen el tiro caído) o un montón de artículos más. Pero advierte algo: la moda, que es muy lista, exhibe sus prendas en modelos, aparadores con maniquíes o en celebridades. Noventa por ciento de la población no tiene sus características, por ende, es poco probable que esas prendas te vayan a lucir igual que a ellos. Y no digo —Dios me libre— que no adquieras moda, sino que la compres con un poco más de cautela. El dicho casi chocante, "de la moda lo que te acomoda", es uno que debería estar esculpido en piedra en la entrada de todos los centros comerciales y grabado en todas las tarjetas de crédito. Primero comprueba si las prendas o estilos que están de moda te quedan, te hacen lucir bien. Pruébatelos y míralos con frialdad. No importa cuán divino se le vea a Beyoncé ese minivestido que quieres en ese momento, o que al modelo de la publicidad le queden casi pintados esos jeans ajustados que tú tienes ahora en la mano. Si no tienes la figura, la edad o el estilo para llevarlos, te van a lucir terribles. Analiza y adapta las tendencias a tu propio estilo. Entonces sí que vale la pena la inversión en moda. ¿Un ejemplo muy simple? Los collares grandes y elaborados. Se ven extraordinarios casi en todo el mundo. Si eres una mujer a la que le gusta la moda, sin importar tu edad, y tu estilo los puede integrar fácilmente, adelante, se vale llevarlos. Pero si eres muy clásica, trabajas en un sitio con reglas muy restrictivas para el vestuario o tus características físicas —cuello corto, estatura baja— no son las ideales para este tipo de collar, no te compres uno. No vale la pena. Aunque en las revistas te digan que son como el oxígeno. Créeme, seguirás respirando sin ellos.

Regla 4: impulso versus razón

Yo soy una persona impulsiva para comprar. Lo he sido siempre, pero con la edad he aprendido ciertos trucos que me han ayudado a calmar esa fiera que llevo dentro y que se alimenta de moda. Cuando tengo muy claro que algo me gusta y me queda bien, entonces no lo dudo y lo compro. Pero antes hago cierta investigación. Busco en línea esa prenda que me gusta, analizo características, tamaño, materiales. Comparo precios. Luego, el paso siguiente es ir a la *boutique* y probármela para ver si me queda como me imaginaba. Ésta es la parte dura. Si no te queda bien, tu deseo por esa pieza hará que trates de encontrar mil excusas para llevártela ("Puedo hacer que le saquen de aquí o le metan de acá", "Si bajo de peso me quedará perfecta", "Con una chaqueta encima me puede quedar bien"). ¿Mi consejo? No escuches esas vocecitas internas, quítate la prenda y aléjate de ahí. Ésta es la verdad: si no te queda bien en ese momento, es poco probable que se te vaya a ver bien en el futuro.

Ahora, si la prenda te luce maravillosamente bien, pero es muy cara, la vas a usar poco o pasará de moda en dos días, entonces haz una valoración real. Si es para una fiesta donde todo mundo te verá, si la deseas con toda el alma y ya tienes pensado dónde y cuándo la usarás, o si has ahorrado meses para comprártela, adelante. Caprichos los tenemos todos. En ocasiones hay que dejar que el impulso se salga con la suya.

REGLA 5: CALCULA TU INVERSIÓN

Si eres millonario o una rica heredera, salta a la siguiente regla. Pero si, como yo, eres una persona que cuida su economía y tiene que comprar con más cautela, entonces sigue aquí. Como ya mencioné más arriba, los economistas van a estar en desacuerdo conmigo cuando diga que comprar moda puede ser una inversión. Ellos dicen que es un gasto, pues una inversión genera ganancias cuando lo que compraste incrementa o, por lo menos, conserva su valor. Las ganancias que dan las compras de moda no son en valor intrínseco, es decir, las prendas —salvo la joyería o piezas raras de colección— no suelen incrementar su valor con el tiempo. Las ganancias se miden en otro rubro, en el de imagen. El traje que te ayudó a conseguir el trabajo que deseabas, el vestido sexy que ayudó a que tu entonces novio —ahora marido— se fijara en ti o los zapatos espectaculares que capturaron las miradas de todo el mundo en la fiesta y que hizo que aquel bloguero subiera una foto tuya con ellos puestos... Todo esto es lo que genera una buena inversión de moda. Lucir espléndido. Vestirte adecuadamente para una ocasión. Causar admiración. Afianzar tu autoestima. Sentirte extraordinario. Todo esto se va sumando en la cuenta de inversiones de tu personalidad y estilo.

Ahora bien, al momento de comprar, haz una pequeña reglita para ver qué tan buena inversión estás haciendo, porque habrá algunas otras que no valdrán la pena y entonces tendrás que invertir tu dinero en otra cosa. La regla es ésta: divide el costo de la prenda que estás comprando entre la cantidad de veces que calculas usarla. Si aquel vestido estampado de Pucci que te vuelve loca cuesta, hipotéticamente, 5,000 dólares y lo usarás sólo dos veces (porque es tan llamativo que no podrás usarlo más seguido), entonces piensa que cada puesta te costará 2,500 dólares. Un poco caro, ¿no crees?

Pero si compras una bolsa de Chanel clásica, en color negro, que cuesta aproximadamente 4,000 dólares y la vas a usar cientos de veces por años —supongamos unas 2,000 veces, por mencionar un número—, entonces cada puesta te costará dos dólares. Una inversión más que perfecta. Claro está que hay prendas en las que invertirás porque debes hacerlo, como el traje de novia o de novio, un vestido de gala, un esmoquin o prendas que utilizarás de forma puntual. Pero en las demás, si haces esta regla, sabrás si harás una buena compra o no.

REGLA 6: INVIERTE EN ACCESORIOS, PERO TAMBIÉN EN ROPA

Mi primer consejo para una persona a la que le gusta la moda es iniciar por los accesorios: zapatos, bolsas, joyería. Pero mucha gente que trabaja en la industria afirma que la ropa también se ve. Es cierto que unos jeans y una camiseta lucirán perfectos con una bolsa de Chanel o unos zapatos de Balenciaga, pero un traje de excelente corte de Armani para ellos o un vestido impecablemente cortado de Lanvin para ellas siempre va a ser el toque extraordinario. De modo que una vez que tengas más o menos cubierta tu cuota de accesorios, entonces ve por la ropa. En un principio trata que las piezas que vas a adquirir sean más clásicas y versátiles, para que aguanten con más gracia el paso del tiempo. Así, con la ropa y los accesorios adecuados, vas a lucir como un millón de dólares.

REGLA 7: NO TE ENDEUDES... DEMASIADO

A los compradores compulsivos —en funciones o retirados— nos pasa por la cabeza, como una película recurrente, aquel capítulo de *Sex and the City* donde Carrie está a punto de ser lanzada de su casa por no poder comprarla y se da cuenta de que todo lo que ganó alguna vez, lo gastó en zapatos. Ahora no tiene dónde vivir, pero, eso sí, cuenta con un guardarropa impactante. Yo pasé por ello. Viví durante meses a base de sopas de lata para poder pagar mis deudas de ropa, zapatos y bolsas. ¿Sabes qué puedo decirte de esa experiencia? No vale la pena porque dejas de disfrutar de muchas cosas por la obsesión de tener lo que no puedes pagar. Hay gente que opina que si no está dentro de tus posibilidades comprar algo, no lo compres. Yo no estoy de acuerdo con una afirmación tan tajante, porque la moda es para soñar. Es una meta que a todos nos gustaría alcanzar de una manera o de otra; sólo que hay que hacerlo con cuidado y sin obsesionarnos. Si no puedes pagarlo, ahorra o utiliza tu crédito y ve por ello, pero por una o dos piezas de vez en cuando, no por todo lo que se te antoje, porque entonces te verás, como yo, encerrado en tu casa con zapatos maravillosos y una bolsa de papas para cenar. Hoy, que me he rehabilitado de este problema, compro con más cautela y trato de planear las adquisiciones que requieren de una inversión importante. Así, te sugiero que ahorres durante seis meses para que te puedas hacer de dos artículos de moda interesantes al año: una bolsa, unos zapatos, una pieza de joyería fina, un traje o vestido. No hablo de lo básico, eso que hay que usar cada día, sino de aquello que nos seduce y enamora cada temporada, de esa pieza en tendencia que complementará perfectamente nuestro guardarropa cada cambio de estación. Yo hacía algo: "La alcancía de la temporada". Ahí depositaba el dinero suelto de mis bolsillos, un billete que me encontraba fuera de la cartera o algún dinero extra que me caía de forma inesperada. A los seis meses, contaba lo que tenía y, créeme, me llevaba sorpresas de lo más agradables. Quizá no siempre había en la alcancía la cantidad suficiente para comprar lo que quería, pero yo ponía una pequeña diferencia y ya estaba. De esta manera, el desembolso era mínimo.

¿Otra opción? Cada vez más el mundo se está llenando de las ofertas de tiendas departamentales o tarjetas de crédito que ofrecen compras con mensualidades sin intereses. Ésta es una gran opción si te quieres hacer de una prenda que no puedes pagar al contado. Pero, cuidado, que no pagues en ese momento no significa que no lo tendrás que hacer en el futuro. Mantén esto siempre en tu cabeza. No te vuelvas loco y quieras comprarlo todo porque, al final, la deuda seguirá ahí, y dependerá de tu inteligencia y astucia que la liquides con gracia o que te devore y termines pagando mucho más de lo que costaba la prenda que compraste. Ser un *fashionista* con los acreedores siguiéndote los pasos es lo menos chic del mundo.

8. ¿Lo tienes? Púlelo

Ya estás familiarizada con la historia del chaleco de leopardo de mi abuela. De mi adolescencia curiosa pasé a una juventud atrevida. A pesar de que en mis años de preparatoriano decidí seguir a la moda más que imponerla, siempre quise dar un paso adelante de lo que usaban los demás. ¿Un ejemplo? En mi graduación, cuando todos mis compañeros llevaban traje y corbata, decidí usar esmoquin. ¡Ah!, y hacerme una permanente para darle cuerpo a mi cabello. Por muy extraño que pueda sonar, el resultado fue bastante bueno. Pero la experimentación real vino más tarde.

Simultáneamente al estudio de mi carrera de Lengua y Literaturas Hispánicas, cursé la de actuación. Sí, quería ser actor. La verdad es que los años que pasé en la carrera me dejaron tres cosas: la certeza de que era un pésimo actor, amigos muy queridos y una enorme seguridad. Estudiar teatro me dio un gran aplomo para decir lo que pensaba y para usar lo que me venía en gana, sin ninguna clase de autocensura. Teniendo en la cabeza la misma idea de mis años púberes, "Este atuendo se ve muy sencillo", continué escogiendo lo que quería ponerme en los que siguieron.

Recuerdo atuendos, prendas sueltas... Una casaca rusa-galáctica de Keko Demichelis, unos pantalones *baggy*-elípticos estampados en pata de gallo de una marca de los años ochenta que ya no existe llamada Moderato, una chaquetilla tipo bolero que me llegaba a la cintura y que compré rebajada al máximo en El Palacio de Hierro. Pero, siendo honesto, en esa época no tenía mucho dinero para comprar ropa. Así que si quería estar a la moda, tenía que hacer uso de mi imaginación. Por eso, mi lugar favorito para encontrar ropa era en el mercado de pulgas de La Lagunilla. Pero no me importaban mucho los pantalones y camisas en tendencia que vendían ahí a precios irrisorios. Lo que buscaba era prendas de segunda mano a las que, con un poco de creatividad, les daba una segunda vida. ¿*Vintage*? ¿Qué es eso? Esto era sólo ropa vieja, de segunda mano. Ahí encontré piezas impresionantes: un saco de Christian Dior cuatro tallas más arriba que la mía, que usaba con las mangas enrolladas, y un puñado de broches (y muchos años antes de que los pusiera de moda Margiela, me vanaglorio); una chamarra de nylon amarilla de Courrèges que estaba rota y reparé con parches y enormes puntadas de hilo rojo a contraste; unos pantalones enormes a los que recorté las piernas y usaba con tirantes para que al caminar se movieran al mismo tiempo que yo. Un chaleco de lamé multicolor —aproximadamente de los años sesenta— que usaba debajo de mis sacos formales. Y la prenda que más me enamoraba era una chaquetilla de torero —bordada de lentejuelas y pasamanería— que usaba con regularidad.

Sí, recuerdo prendas, pero más que otra cosa las reacciones que provocaba en las personas cuando las usaba. Eso es prácticamente imborrable. Por ejemplo, subirme al metro con la chaqueta de torero puesta con unos jeans y camiseta para ir a la escuela y el revuelo que causaba a mi alrededor. También otra ocasión en la que llevaba puesto un sombrero estilo Eliot Ness con una gabardina de Burberry (rescatada también del montón de las prendas de segunda mano), en cuyas solapas prendí con alfileres de seguridad un montón de pedazos de joyas rotas que también encontraba en el mercado de pulgas. Con esta pinta llegué a casa de un amigo de la escuela. Toqué a la puerta y al abrirse vi a su padre, que charlaba tranquilamente en la sala con el cura del barrio. Los dos palidecieron al verme, mientras los sobrinos de mi amigo corrían para tocarme y ver qué era todo aquello que brillaba en mis solapas. Su madre se acercó a darme un beso y me dijo: "Ahora sé lo que es la llegada de una estrella".

Tengo buenos y malos recuerdos de esa época inicial de experimentación. Así como tuve muchos elogios, también conseguí burlas e insultos porque la gente, incluso ahora, tiene resistencia ante lo diferente. A pesar de que muchas veces mis sentimientos salieron heridos, conseguí hacerme de una piel gruesa en la que las críticas dejaron de penetrar. Aprendí a tomar en cuenta aquellas que sirven para evolucionar, y las que sólo son dichas por herir ni siquiera las escucho.

La experimentación continuó. Al tener mi primer trabajo como reportero en un periódico —*El Diario de México*— y mi primera columna de moda en otro —*Novedades*—, comencé a encaminar mis esfuerzos hacia la moda propiamente dicha, esa que es tendencia y de la que se ve en las pasarelas y las revistas. Así, entre los resabios de los años ochenta, el minimalismo, monocromatismo y *grunge* de los noventa, la logomanía y los cientos de tendencias de la primera década del siglo XXI, y las que siguen llegando en esta segunda década, logré construir mi estilo. Con más errores que aciertos, con momentos estridentes y otros llenos de gracia, con los aplausos y los abucheos, puedo decir que hoy mi forma de vestir es muy mía. Es una conquista, un logro que festejo cada día cuando abro el clóset para decidir lo que voy a ponerme.

Conozco muchas historias sobre cómo encontrar estilo, pero ninguna tanto como la mía. Por eso he decidido darte algunos pasajes de ella. Además, es más honesto hablar de lo que se conoce de memoria, ¿no crees? Antes de que algún crítico suspicaz quiera acusarme de pretencioso por hablar de mi estilo, aclaro un par de puntos: no digo que soy el *más* elegante ni el *más* fashion, ni el *más* nada. Podría serlo porque he aprendido en el camino cómo se conquistan esos títulos; sin embargo, prefiero ser yo. El *más* yo. Esto, aquí y en China, se llama tener estilo. Bueno o malo, pero estilo.

Ahora bien, ¿tu historia tiene un poco que ver con la mía? No en lo referente a usar chaquetas de torero o pantalones elípticos, sino en la medida en que has experimentado con la ropa, enfrentado críticas y salido airoso de ellas, admitiendo tus errores, ensalzando tus aciertos, y ahora disfrutas y eres reconocido por tu manera de vestir. Si la respuesta es afirmativa, entonces seguramente tú tienes estilo.

Puede ser cualquiera: recuerda que el estilo es algo muy individual. Si ya lo sabes, lo reconoces y está ahí, en ti, entonces hay que perfeccionarlo y, mejor aún, transformarlo conforme vas madurando. Como lo dije antes, que te quedaran muy bien las minifaldas a los veinte años no quiere decir que debas seguir usándolas a los cuarenta. O si los moñitos rosas se te veían lindos a los doce, como que a los dieciséis ya no, ¿verdad? Claro que es importante reconocer elementos, siluetas y prendas que nos favorecen y conservar algunos a lo largo de nuestra vida porque se convierten en parte de nuestro lenguaje de estilo, pero también es fundamental identificar lo que deja de quedarnos bien y necesita suplirse o transformarse en otra cosa.

Tus bases: lo que se queda

Te ha costado mucho trabajo, pero lo has conseguido. Sabes qué colores te quedan bien, qué tipo de prendas son las que más te favorecen y dentro de qué "categoría" pueden clasificarse la ropa y accesorios que portas (clásico, *rocker*, *hippie*, etcétera). ¿Qué es lo que debes conservar en tu guardarropa?

Color. Normalmente, esto te acompañará de por vida. Los colores que te favorecen son más o menos los mismos, a menos que tu tono de tez cambie dramáticamente, es decir, si te fuiste a vivir a la playa y ahora estás perpetuamente bronceado, o si te blanqueaste como Michael Jackson. La primera opción es posible, la segunda no tanto. Por ende, conserva las prendas en tus colores favoritos —aquellas que pasen la prueba del tiempo— y sigue apegándote a ese gusto personal por los colores. ¿Un consejo? Siempre busca opciones nuevas dentro de la paleta de color de tu gusto, esto te hará ver a la moda sin perder tu estilo personal. ¿Ejemplo? Si te fascina el verde y está de moda el verde esmeralda, hazte de una prenda en esta tonalidad para dar variedad a tu clóset y que sigas viéndote bien, como siempre.

Tipos de prendas. Si has descubierto que los vestidos tipo camisero, los sacos formales o los pantalones rectos te sientan de maravilla, quédate con ese tipo de prendas. Por ejemplo, soy un fanático de usar jeans con sacos de vestir. Es como mi uniforme base. A partir de ahí elaboro, como te lo explicaré más adelante.

Cortes de prendas. Esto es fundamental: si el estilo o corte determinado de una prenda es el que más te favorece, apégate a él. Por ejemplo, pantalones rectos o más anchos, sacos más cortos (tipo chaquetilla) o más largos, estructurados o sin estructura, blusas tipo camisero o más holgadas. Esto es algo que ya averiguaste según tu tipo de cuerpo, que probaste y comprobaste que te funciona.

Accesorios. Éstos son los que, en la mayoría de los casos, visten y complementan tu estilo. Cierto tipo de joyería, una marca de ropa determinada o zapatos y bolsas de un color o estilo que se han convertido en tu rúbrica. Esto es normalmente no sólo lo que nos define en el nivel de la imagen, sino también nuestros pequeños tesoros. Por ejemplo, tengo una gran colección de broches que he ido acumulando a lo largo de los años: grandes, pequeños, gigantes, de firma o hasta algunos hechos especialmente para mí, y que son una parte definitoria de mi estilo. O sea que si lo tuyo son las bolsas tipo *clutch* o los zapatos extravagantes, los aretes tipo candil o los anillos coctel, conserva esas piezas y síguelas usando indistintamente, sin importar las modas, porque ya están más allá; se han convertido en parte de tu personalidad.

Lo que puede irse

Sí, aunque tengas un estilo definido y tu clóset esté lleno de cosas que sigues usando y te siguen quedando de maravilla, hay algunas que ya no vale la pena que conserves.

Lo que ya no te favorece. Si tu cuerpo experimenta cambios importantes con el tiempo —como es natural—, es tiempo de evitar ciertos cortes. Por ejemplo, si te gustan las prendas sin estructura, pero has ganado peso, evítalas. Una regla de oro: si nuestro cuerpo pierde forma, debemos buscar que la ropa nos la devuelva, y esto se logra con prendas más estructuradas. Otro buen ejemplo: si te gustaban las prendas muy ajustadas o en tejidos que se adhieren al cuerpo, como la lycra o los algodones *stretch*, y tu piel ha perdido tonicidad, entonces evita estas texturas y cámbialas por otras menos reveladoras. Atención: no digo que cambies la prenda, sino su estilo. Si eras amante de los sacos *loose* de Armani y te quedaban fantásticos, pero ahora notas que no se ven fluidos y no luces armónica, es hora de mudar a otro tipo de sacos con más forma, de hombreras marcadas, forro, buena caída, como los de Valentino o Chanel, por ejemplo. Este consejo se aplica igualmente para los hombres.

Piezas "capricho". Aquellas prendas que compraste por una necesidad momentánea o por un impulso, como un traje para una boda temática en un color que no es nada tu estilo, o esa blusa, zapatos y vestido que te encontraste ultrarrebajados y no pudiste evitar comprarlos, aunque al final los hayas usado una o dos veces porque, en realidad, no eran muy lo tuyo. Estas prendas pueden irse de tu clóset ahora mismo. Seguramente no las echarás de menos.

Piezas o accesorios que ya no sientes tan tuyos. En este caso, puedes eliminar de tus cajones las piezas que en su momento eran parte de tu personalidad, pero al evolucionar o cambiar ya no las sientes tan tuyas. O las de moda que compraste para complementar tu guardarropa y que ahora lucen completamente fuera de tendencia.

Lo que ya esté muy "trabajado". Si hay piezas muy viejas (que no *vintage*), desgastadas, que han perdido su forma, aunque las ames, diles adiós. No vale la pena conservarlas, y menos usarlas, porque no te harán lucir bien.

Borda sobre tu propia base

Ésta quizá sea la parte más bonita de haber encontrado tu estilo o estar avanzando en el camino para encontrarlo, cuando comienzas a delinear perfectamente todas las facetas, los aspectos del estilo que va a definirte.

Una vez más, te cuento un poco de mi propia experiencia. A mi edad, y tras haber pasado por un montón de cambios y experimentaciones, me doy cuenta de que, más o menos, hay una serie de prendas y de *looks* que forman mi estilo. Combinaciones y atuendos de ciertas características sobre los que elaboro para verme más o menos provocador, más o menos elegante, más o menos formal de acuerdo con la circunstancia para la que me esté vistiendo. Puedo decirte que el espíritu experimentador y osado lo he tenido siempre, pero la elección de las prendas ha ido variando de acuerdo con mi edad, mis subidas o bajadas de peso y, por supuesto, las tendencias de la moda de las que no me despego, pero a las que no les permito que rijan por completo mi forma de vestir.

Puedo definirme como un individuo de *tops*, es decir, siempre me preocupa más lo que uso en la parte superior que en la inferior, con excepción de los zapatos, claro. Mis pantalones, por lo general, son bastante anónimos: un par de jeans rectos o entubados, o pantalones de vestir del mismo corte. Arriba, me fascina llevar sacos y chaquetas, que varío según la ocasión. Puedo usar desde prendas muy sencillas —pero de buen corte— hasta piezas de gran extravagancia, como sacos estampados, en lamé, de lentejuelas, con aplicaciones... Tú nómbralo. Debajo llevo camisetas lisas blancas o negras, y últimamente camisas de vestir, porque creo que me dan más estructura y me hacen lucir más pulcro. Teniendo esta base más o menos definida, con lo que más me gusta jugar es con los accesorios. Mis piezas de joyería favoritas son los broches. Desde 1980 los colecciono y ya tengo una buena cantidad. Me gustan porque le dan un toque especial a cada atuendo que me pongo. Así, por más simple que sea el saco que lleve, con un broche se vuelve más especial, más *couture*. Me gustan también los brazaletes y anillos, pero debo confesar que éstos van y vienen de acuerdo con las tendencias.

Los zapatos y las bolsas son mi obsesión, y a lo largo de todos estos años he descubierto su gran poder. Unos buenos zapatos en un hombre dan fuerza y firmeza a cualquier prenda que lleve puesta, incluso unos jeans y una camiseta. Lo mismo vale para una buena bolsa de mano. Yo me siento seguro, confiado y poderoso portando una buena bolsa y unos zapatos de calidad. Lo demás puede ser de Zara si quieres, pero en los accesorios la calidad es fundamental. Por eso, si en algo me gusta invertir es justo en estas piezas, por lo que te reditúan en comodidad, duración, imagen y, por supuesto, estilo. Justo ésta ha sido la forma de bordar con base en mi estilo, de irlo transformando y acomodando a lo largo de todos estos años, con piezas específicas y accesorios. Nunca me he considerado una persona que vaya a la última moda, más bien soy alguien que adora incluir detalles de moda en su guardarropa cotidiano. Si consideras que tienes un estilo definido, probablemente tu caso sea muy parecido al mío.

Ahora me gustaría guiarte paso a paso en el camino para elaborar y reafirmar tu propio estilo.

1. LAS PRENDAS BÁSICAS QUE TE FAVORECEN

Ya las tienes ubicadas, probadas y celebradas por los que te rodean. Entonces, cuando veas prendas nuevas que encajan bien en el tipo de las que usas, hazte de ellas de inmediato. En estos casos, la maravilla es que comprar se vuelve mucho más fácil, porque ya llevas en la mente una idea de lo que te gusta y lo que quieres.

2. VARIACIONES SOBRE EL MISMO TEMA

Según la temporada y las tendencias de la moda, puedes variar en temas y texturas cada vez que compres ropa. Por ejemplo, si te gustan los vestidos tipo camisero, escoge los de texturas ligeras, como el lino y algodón, para las temporadas cálidas, y los de lana o tejido de punto para las más frías. Si eres más de prendas en colores lisos, entonces varía la paleta de color. Si te gusta el azul y sabes que te queda bien, hazte poco a poco de prendas en diferentes gamas de ese color. Si te gustan los estampados, entonces tus posibilidades son infinitas y puedes jugar con ellos cada temporada.

Otra variación interesante puede ser en los cortes. Una prenda estructurada no tiene que ser siempre la misma. Por ejemplo, un saco puede ser corto, largo, acinturado, de corte más *boxy* (cuadrado), con mangas largas, cortas o de tres cuartos. Las posibilidades son muchas. Los pantalones o faldas de un estilo pueden tener variaciones y seguramente te quedarán igual de bien. Recuerda, estos ligeros matices de variación harán la diferencia en tus atuendos cada día.

3. EL MISMO, PERO NO SIEMPRE IGUAL

Que tengas un estilo definido no significa que debas vestirte igual todos los días. Lo que debe subyacer en ti cada día es el gusto para elegir una prenda o aquello que la complementa, pero la ropa, los gestos y manera de usarlos son los que van variando. Tener estilo no significa parecer retrato y verte igual todos los días. Digamos que te gusta el color negro (a mí me parece elegantísimo) y es básicamente el tono con el que te vistes todos los días.

Entonces lleva un día un vestido, otro un traje con pantalón, uno más una falda con un suéter. Si eres hombre, la fórmula es parecida: si tus trajes de vestir son sólo azules y grises, combínalos con prendas que den variedad a esos tonos con camisas en otros colores, corbatas, pañuelos para el bolsillo o incluso zapatos con alguna textura o estilo diferentes. Se nota tu gusto por un color, pero en esto hay variaciones que te harán lucir diferente dentro de tu propio estilo.

4. EL ELEMENTO SORPRESA

Es importante tener de vez en cuando un elemento sorpresivo en tu indumentaria para que la gente te voltee a ver y te haga sentir diferente. Esto puede lograrse de dos maneras: con una prenda inesperada en ti, pero que siga encajando en tu estilo, o con un buen accesorio. Si eres una mujer que no acostumbra usar estampados, sorprende llevando en algún momento una prenda de este estilo. Una mascada, una falda o incluso una prenda que no sea demasiado evidente, como un *top* debajo de una chaqueta.

5. QUE LOS COMPLEMENTOS SIEMPRE SEAN NOVEDOSOS

Un pequeño gesto puede ofrecer cambios dramáticos, sin que dejes de ser tú mismo. La manera más fácil de estar a la moda es a través de los accesorios, por eso son tan socorridos en esta industria. Además, porque una bolsa cuesta menos que un vestido o un traje, y podrás usarla mucho más tiempo, de diferentes formas. Digamos que tu estilo consiste en llevar prendas simples —faldas lisas, camisetas y chaquetas de corte clásico, por ejemplo—, pero tu punto fuerte son los collares. Entonces es justo aquí donde tienes material de sobra para innovar. Revisa cuáles son las últimas tendencias en joyería y cuáles de ellas coinciden con tu personalidad y estilo. Una vez realizado este pequeño filtro, las opciones que te quedarán serán muchas. Básate en ellas para ir aderezando tus atuendos día tras día. Las opciones de precio son tan variadas como las posibilidades de tu bolsillo: desde las marcas de *fast-fashion*, como Zara y H&M, hasta las de gran lujo, que también tienen opciones para ti. Incluso diviértete mezclando estilos, materiales y marcas. Si Coco Chanel mezclaba sus joyas finas con bisutería, ¿por qué tú no? Marcas como Swarovski, por ejemplo, ofrecen una variedad enorme de opciones de joyería versátil que pueden mezclarse entre sí y usarse en "capas", es decir, poniendo unas sobre otras, para dar *looks* innovadores cada día.

En cuestión de bolsos o zapatos haz lo mismo: innova, diviértete. Sin importar cuál sea tu estilo, siempre habrá opciones para sorprender. Los zapatos, en su gran variedad de materiales, colores, texturas, aplicaciones y hasta locuras en diseño, ofrecen una opción a todo el mundo para poder lucir espectacular. Ni se diga las bolsas: son la golosina de toda mujer y de muchos hombres que cada vez encuentran más gusto por este accesorio tan práctico y extremadamente *fashion*.

Elabora sobre el estilo clásico

Los estilos clásicos son aquellos que, al estar alejados de los altibajos de la moda, suelen ser más atemporales, pero también pueden convertirse en anónimos y fácilmente lucir aburridos si no les damos un poco de "chispa". Como lo he dicho ya repetidas ocasiones, que tengas un estilo definido no significa que te vistas siempre igual. De la misma manera, que tu estilo sea clásico no significa que tus atuendos sean una aburrición. Los estilos clásicos y conservadores no tienen que ser monacales. Para muestra, mujeres como Gwyneth Paltrow, Cate Blanchett, Tilda Swinton o la misma Anna Wintour. Todas ellas tienen personalidades muy definidas y adoran la moda, pero casi siempre usan el mismo estilo de prendas y siempre incluyen piezas en tendencia en su guardarropa. Y todas lucen impecables. ¿Se acuerdan de Charlotte, el personaje de *Sex and the City*? Ella es un claro ejemplo de un estilo clásico que jamás luce aburrido.

El estilo clásico consiste en prendas discretas y de cortes más austeros. Si a estos elementos les agregas colores serios y texturas opacas, lo más probable es que tengas un atuendo demasiado serio, monacal, aburrido. Y si le agregas accesorios igualmente discretos, ya está: directo al convento. Lo interesante es hacer que estas prendas tan formales tengan un giro más *fashion*. Por ejemplo, si una chaqueta de corte formal se confecciona en un tweed con toques metálicos, entonces estamos dando un giro interesante a una prenda clásica. Un traje sastre negro con textura brillante, una falda línea A típica confeccionada en tela estampada (muy a lo Prada) o unas medias con pequeños dibujos o aplicaciones son piezas que siguen siendo clásicas, pero con un giro moderno que hacen que las mujeres que las portan luzcan juveniles y *fashion*, a pesar de llevar una prenda clásica.

Por otra parte, una vez más los accesorios se vuelven fundamentales. Como dije antes, un traje sastre azul marino con una blusita blanca parecerá de monja, pero si lo complementas con unos aretes grandes de perlas, un collar importante o un anillo de coctel le darás ese giro necesario para sacarlo del terreno de lo excesivamente discreto. Cierra los ojos e imagínate con un traje sastre azul de chaqueta y pantalón, una blusa camisera blanca y unos zapatitos negros. Aburrición pura. Pero cambia los zapatos negros por unos rojos de tacón alto de charol. ¿Ves el cambio? Si encima le agregas unos aretes largos… Divino, sin dejar de ser clásico.

Ponte algo en la cabeza: que tu estilo sea discreto no significa que no deba tener un toque de osadía. Siempre. No necesitas disfrazarte ni vestirte de alguien que no eres, simplemente da un paso más delante de tu zona de confort para poder lucir mejor que los otros, los que están en el montón.

Por lo tanto, el secreto fundamental para elaborar sobre tu estilo clásico es dar giros inesperados a prendas tradicionales. Como ya dije, sacos en diferentes texturas, colores, acabados. Trajes sastre en variedades de lanas y casimires, blusas clásicas con acabados inusitados. Ensaya texturas novedosas, colores, telas. Lo mismo con los accesorios. Si te gustan las perlas, prueba con joyería que las tenga en diferentes tamaños y usa las más grandes o excesivas cuando tus prendas sean más discretas para mantener el balance ideal.

Recuerda: ve siempre un paso más allá. Aunque tu estilo sea conservador y clásico, agrega un extra. Un poco más de tacón, un poco más de color, un extra en la joyería, un toque de audacia en el maquillaje. Ésta es una forma ideal de bordar, elaborar y reafirmar, pero, sobre todo, imprimir tu sello personal a tu estilo.

Estilos creativos

Para mí, los estilos creativos son aquellos que se salen de lo común, los que "colorean por fuera de los bordes". Normalmente se trata de estilos inconfundibles que pueden ser grandilocuentes o discretos, pero siempre son notorios. Estos estilos están relacionados directa o indirectamente con la moda, ya sea siguiéndola al pie de la letra (lo que denominaría como un *fashionista*, o un *fashion victim* cuando alguien lleva la moda a terrenos de lo absurdo) o tomando elementos de ella y adaptándolos a su personalidad.

Karl Lagerfeld dice: "Lo que expresa la moda no dura. Es el estilo el que permanece. Pero el estilo tiene que seguir a la moda para sobrevivirla". Gran verdad. Una persona con estilo generalmente está enterada de las tendencias de *la* moda o de las de *su* moda. Me explico: si un individuo tiene un estilo más socialmente reconocido, es decir, que de una manera u otra sigue los dictámenes de la moda, entonces tiene que estar enterado de lo que se lleva en ese momento. Por otro lado, si una persona tiene un estilo más de gueto o de grupo social específico (emo, *hippie*, *dark*, *leather*, motociclista) entonces sigue, muchas veces a su propia manera, las tendencias de la moda del grupo al que pertenece.

Seguir la moda es algo positivo porque, de alguna manera, es lo que nos da un sentido de pertenencia en el mundo en el que vivimos. Nos hace ciudadanos de nuestro tiempo. Si la moda no fuera importante, entonces seguiríamos vistiéndonos como en la época de las cavernas o con túnicas. Al estar enterados de los movimientos de la moda, nos percatamos de cómo evoluciona el lenguaje de la estética y lo vamos aplicando a nuestra propia persona. La moda no sólo nos viste, también nos convierte en entes sociales, se vuelve un lenguaje que dice quiénes somos y qué queremos, pero, sobre todo, nos causa un enorme placer y nos divierte.

Pero, claro, hay sutilezas dentro del tema de "seguir los dictámenes de la moda". No está mal tomarlos literalmente cuando estás en tu búsqueda de estilo porque esto es parte de la experimentación que te llevará, en un tiempo determinado, a encontrar tu estilo propio. No obstante, si sigues al pie de la letra las tendencias de la moda cada temporada —sin importar nada más—, enciende las señales de alerta. Si cada temporada cambias de *look* o de estilo para estar a la moda, más allá de que seguramente eres una *fashion victim*, pregúntate: ¿dónde quedo yo, dónde está mi personalidad? Si

la respuesta a esta pregunta te inquieta, es hora de que lo analices. Si, por el contrario, te fascina el cambio, y tu estilo consciente y asumido es cambiar cada temporada de imagen como Lady Gaga, adelante. Bien por ti.

Estar enterados de lo que sucede en la moda, tener abiertos nuestros sentidos a lo que sucede históricamente a nuestro alrededor, viajar y buscar donde los demás no lo hacen, son cosas que nos ayudarán a bordar nuestro estilo, a redefinirlo. Piensa en personajes como la camaleónica Madonna, la difunta editora Diana Vreeland, la actriz y *fashionista* Sarah Jessica Parker, la *socialite* Victoria Beckham, la cantante mexicana Eiza González, el futbolista-celebridad David Beckham, el editor Hamish Bowles, el rapero Pharrell o el mismo Karl Lagerfeld. Todos ellos son personajes que reconocerías en una multitud porque tienen un estilo propio, grandilocuente, notorio. ¿Sabes qué tienen todos estos personajes en común? Un punto de provocación en todo lo que llevan puesto. Siempre. A pesar de que cambien de ropa o hagan variaciones en sus atuendos, debajo subyacen sus personalidades.

Aunque los atuendos que usa Karl Lagerfeld sean como un uniforme, las variantes con las que lo ornamenta lo hacen lucir diferente cada vez. Cambia los colores de las chaquetas, las texturas, las corbatas, la joyería... Lo mismo se llena los dedos de anillos que el cuello de collares posados sobre su eterno cuello de camisa alto. Sarah Jessica Parker es un ejemplo ideal de un estilo que ha ido evolucionando graciosamente de acuerdo con su edad. Ella misma (o mejor dicho, Carrie Bradshaw, su personaje en *Sex and the City*) lo dice: "Una mujer de mi edad necesita comenzar a cubrirse". Y así lo ha ido haciendo. Ya no se pone faldas cortas o escotes profundos, como hace quince años, y los ha ido cambiando por faldas línea A o rectas que le quedan de maravilla, chaquetillas cortas y vestidos de corte innovador que son su rúbrica, acompañados siempre de zapatos y bolsas que quitan el sueño a cualquier *fashionista* que la admire. Ambos personajes han desarrollado aspectos de su indumentaria con los que se sienten más cómodos, que saben son sus puntos fuertes y, de alguna manera, los hacen reconocibles en el exterior.

Para terminar este capítulo, te voy a dar algunos tips finales que te orientarán para elaborar y reafirmar lo que ya tienes ganado: tu estilo.

1. IDENTIFICA TUS PUNTOS FUERTES

Si tienes unas piernas de impacto, brazos divinos, un pecho perfecto, enséñalos. Con elegancia, pero adelante, muéstralos al mundo. Si, por el contrario, hay partes de tu cuerpo que no te gustan, cúbrelas o disimúlalas. Es la regla general. Con base en esto, seguramente escogerás las prendas que mejor te quedan y que más te gustan.

2. ¿CUÁLES SON LAS PRENDAS O DETALLES QUE TE DEFINEN, QUE TE HACEN ESPECIAL?

Si eres una chica, vestidos, pantalones-camisolas, trajes sastre; si eres un chico, trajes relajados, jeans, camisas y sacos, caquis y camisas sport. Si eres un hombre de trajes sin corbata y con pañuelos en el bolsillo, entonces tienes identificadas las prendas que te definen. Con esta base, varía en texturas, colores y hasta formas, siempre y cuando sientas que te siguen quedando bien según tus características físicas. Por otro lado, piensa en los accesorios que usas con regularidad, esos que siempre te elogian y hacen que la gente te pregunte: "¿Dónde lo compraste?", pues son parte importantísima de tu personalidad y estilo.

3. EXPERIMENTA Y SUPLE

Usa tus prendas de manera distinta o dales un uso diferente para el que fueron creadas. Por ejemplo, usa faldas como vestidos (y si te quedan muy cortas siempre podrás llevar debajo unos *skinny jeans* o unos *leggins*), vestidos como faldas (sobreponiendo un *top*), blusas como chaquetas (si llevas un *body* o un *top* ligero debajo) o sacos como blusas. Dales otros usos a tus joyas y accesorios, por ejemplo, ponte collares como cinturones o viceversa. Usa broches en lugares diferentes de tus atuendos. Imagina uno en tu cintura, como pasador en la cabeza, en una bufanda, sobre el cuello, puesto en una boina o sombrero... Las posibilidades son muchas. Ensaya con tus mascadas y conviértelas en blusas, faldas, vestidos, bolsas. De hecho, Hermès tiene un librito que te orienta para poder hacerlo. Hasta puedes hacer "botas" con tus sandalias o zapatos abiertos si los llevas con medias gruesas en invierno. La verdad es que a mí nunca me han gustado, pero reconozco que en ocasiones pueden verse bien, así que si te animas y sientes que te favorecen, adelante.

4. Usa tu imaginación, aventúrate y sé único

En uno de los episodios de *Mexico's Next Top Model*, aparecí con un saco estampado con influencia de tela de tapicería (creación de los diseñadores tapatíos Olmos y Flores). La vestuarista del programa tuvo una idea: ponerme una bufanda-collar de cordones alrededor del cuello. Por supuesto que los dos pensamos que la gente iba a decir: "Éste no sólo se puso un saco hecho con tela que parece de cortinas, sino que además se puso los cordones para atarlas". La verdad, me divierten mucho este tipo de provocaciones y, claro, el *look* fue muy controvertido. Hubo quien lo amó y quien lo odió. Pero el comentario que más me llenó de entusiasmo fue el de un chico: "Me encanta. Jamás había visto algo como eso". Éste es el tipo de cosas que resultan más divertidas de vestirte todos los días. La originalidad y la aventura. ¿Más ideas? Lleva un vestido de verano en invierno, sólo agrégale una blusa debajo o arriba; anuda dos mascadas y enrédalas en tu cuello para mezclar las texturas y colores; ve a mercados y compra joyas rústicas y mézclalas con atuendos más formales, por ejemplo, unos aretes de filigrana o de oro de Colombia con un vestido negro de Armani. Incluye también accesorios inusuales en tu guardarropa como bolsas de mano o zapatos artesanales, o incluye piezas de diseñadores experimentales en tus atuendos. ¿Para ellos? Ponte un esmoquin con camiseta o zapatos de fiesta con jeans y una camisa blanca. Éstos son detalles que te harán diferente. Especial.

5. Juega con la moda y úsala cuando no esté de moda

Nina García, la editora de moda, escribió en uno de sus libros que tiene una extraña costumbre: comprar prendas que están de moda, guardarlas y usarlas un par de años más tarde. Yo suelo hacer lo mismo, sólo que admito que muchas veces compro dichas prendas en rebaja, así que además de aprovechar la oportunidad de hacerme de algo de calidad a buen precio, tengo piezas que voy estrenando de cuando en cuando... incluso cuando la gente ya olvidó cuándo estuvieron de moda. Por ejemplo, las famosas camisetas de Givenchy. Cuando Riccardo Tisci saca un modelo nuevo, todo el mundo se vuelca a usar el de esa temporada. El *Rotweiller*, las *Pinups*, las *Madonnas*, *Bambi*... A mí, la verdad, me da un poquito de pereza usar algo cuando todo el mundo lo lleva. Por eso, a pesar de que adoro las camisetas de Givenchy, las guardo para usarlas en otro momento. Y lo que vale para éstas, vale para muchas prendas más.

6. Hazte de cosas especiales

Desde que vivo en Asia, he tenido la oportunidad de probar las mieles de la ropa hecha a la medida. Los sastres suelen ser baratos y, con un poco de dirección, te pueden hacer prendas espectaculares. Lo mejor de todo, únicas. En el mundo entero esto se ha vuelto a poner de moda, quizá por la necesidad de la gente de encontrar prendas de su agrado y, más importante, que le queden a la perfección. En México y Latinoamérica las costureras y sastres están marcando un regreso y pueden ser de gran ayuda si necesitas piezas especiales en tu guardarropa. Otra opción interesante es acercarte a un diseñador joven, que esté empezando su carrera, y pedirle que te haga piezas especiales. Sin duda, el precio será moderado (nunca mayor de lo que pagarías por una prenda en una *boutique*) y tendrás una pieza hecha especialmente para ti. Por eso, cuando vayas a otros países, busca telas espectaculares para que cuando te hagas una prenda a la medida hasta el material sea único.

También puedes reformar, renovar o *customizar* prendas que ya tienes y a las que puedes darles una segunda vida. Por ejemplo, recorta sacos, pantalones o vestidos, reforma los cortes, hazles agregados... La prenda parecerá nueva, especialmente si se trata de una pieza de calidad. Yo he adaptado varios sacos de los años ochenta y, con unos ajustes ligeros, lucen de maravilla, *trendy*, ¡y nadie tiene otro igual! O cuando te compras una prenda de vestir nueva, adáptala a tu gusto. Incluso en Zara o H&M pueden hacer esto por ti. Yo suelo comprar pantalones rectos y pido que me los recorten para hacerlos capris, porque el corte queda impecable.

Customizar o personalizar una prenda es una actividad de la que soy fanático. Consiste en recortar, bordar, pintar o poner aplicaciones en una prenda para, una vez más, hacerla única. Adoro bordar cristales o cuentas sobre sacos, suéteres o sudaderas, a veces con un patrón determinado, como frases o figuras, y en otras ocasiones sólo dejo fluir mi imaginación para que actúe por sí misma. Debo decir que los resultados, modestia aparte, me han dejado gratamente sorprendido.

También puedes mandarte hacer joyería. Es más barato de lo que imaginas. Acércate con diseñadores jóvenes o artesanos y la mayoría de ellos estarán encantados de trabajar bajo pedido. Otra opción: repara o transforma piezas que ya tenías o incluso que hayan sido de tu madre o abuela. Hablando de las cosas de tus antepasados, también puedes hacer lo mismo con abrigos o vestidos viejos que tengas en tu casa. Mándalos modernizar para seguirlos usando. En Canadá, por ejemplo, hay algunos diseñadores que transforman los viejos abrigos de pieles en piezas novedosas a base de recortarlos, cambiarles el corte, ponerles aplicaciones o incluso teñirlos.

7. Busca donde nadie más lo hace

Ya te conté de mi juventud explorando y conquistando los terrenos de los mercados de pulgas. Ahora, a mi edad adulta, sigo haciéndolo porque mis hallazgos son una delicia. Una ocasión encontré un lote de botones originales de Chanel que compré por casi nada y con los que hice un cuello para llevar sobre camisetas y arriba de mis sacos. Como este hallazgo puedo enumerarte decenas. Lo importante es tener buen ojo para reconocer las cosas que sabes que van a lucir perfectas en tus atuendos.

No sólo hablo de prendas *vintage*, sino de piezas poco comerciales, por llamarlas de una manera. Una de las cosas que siempre he creído es que vale más comprar una camiseta en un mercado o de una pequeña marca local que una de Zara. Te costará lo mismo y siempre llevarás una pieza que menos gente posea. Averigua quiénes son los diseñadores de tu ciudad y de tu país. Conoce sus propuestas y, si encajan en tu estilo y personalidad, hazte de varias prendas. Además de apoyar a la industria de tu país, llevarás prendas menos masivas. Te recomiendo que hagas lo mismo en cada ciudad a la que viajes. Averigua dónde venden los diseñadores locales o las marcas que sólo existen en ese lugar. Ve a mercados y tiendas de ropa donde vendan productos de la región. Por ejemplo, a un amante del estilo *hippie*, las piezas que venden en ciudades como Ibiza o en la India lo volverán loco. Para alguien de estilo urbano, lo suyo es Nueva York. A un amante de la moda exclusiva, las tiendas de París y Milán le van a fascinar. A quien adora el diseño contemporáneo, sitios como Barcelona y Berlín le ofrecerán gran variedad de opciones. Para los amantes de la originalidad, de lo gráfico y purista, lo que buscan está en Asia. Claro, para colorido, trabajo artesanal impecable y cada vez más originalidad en diseños y excelentes acabados en las prendas, México, Colombia, Brasil y Argentina, en Latinoamérica, son la mejor opción.

Al final, es importante confiar en nuestra intuición. Cuando tienes un estilo definido, puedes confiar en ella sin problema. No hay una garantía de que no te falle de vez en cuando, pero las ocasiones serán contadas. De modo que si alguna vez estás a punto de comprarte una prenda y tu corazón te dice: "No es mi estilo", hazle caso y no te la lleves. Probablemente no te la pondrás nunca. Juega, déjate llevar. Bordar tu estilo es un acto de amor, de seducción contigo mismo. Por eso ofrece tanto placer. Mira una prenda, como esa falda, el traje, aquellos pantalones, esta camisa... ¡Huy, los zapatos! Pruébatelos y míralos con el corazón y la mente. Si están de acuerdo en que debes llevártelos, no lo dudes, porque esa prenda estaba destinada a estar contigo. Así es como tiene que sentirse. Insisto, si sabes que algo te queda bien, no importa que tengas cien piezas de la misma prenda en diferentes colores y estampados o que poseas cien pares de zapatos o un mueble lleno de joyería. Si lo usas todo, qué bueno que lo tengas. Justamente esto es elaborar y reafirmar tu estilo. Esto es lo que te hace individual, reconocible y único. Podrás parecerte a alguien, pero jamás serás igual a nadie. Eres un ser inédito. Ésta es una conquista de vida de la que debes sentirte absolutamente orgullosa u orgulloso.

9. La inspiración: de cómo se obtiene estilo

Si miras un poco hacia atrás en tu propia historia, descubrirás que siempre, a lo largo de tu vida, algo influyó en tu manera de vestir o de apreciar la moda. En mi caso, entre algunas imágenes que guardo de mi infancia, recuerdo a mi abuela Concha enfundada en un traje de Valentino color añil con puños de visón que, supongo, es de los primeros que hizo en los años setenta. Antes de salir a la calle se ponía sus guantes blancos, primero el izquierdo, y con la mano derecha, aun sin guante, "ensuciaba" un poquito el guante de la otra mano, y luego hacía lo mismo con el otro lado. Un día le pregunté: "¿Qué haces, abuela?". Me respondió: "Los guantes se calzan: se ensucian un poquito porque es cursi que se vean inmaculados". Acto seguido, se colocó el sombrero y con ese atuendo tan bien armado nos fuimos a cobrar su pensión de viuda de la Revolución, que gastamos casi en su totalidad ese mismo día en ropa y zapatos para mí.

A su vez, mi padre sentía fascinación por el color verde "botella", que le parecía distinguidísimo. Mi tía Nena cambiaba su bolsa de mano todos los días por la mañana antes de ir al trabajo para hacerla combinar con los zapatos que llevaría ese día a la oficina.

Las películas viejas siempre me han fascinado. Soy un fanático empedernido de las de Doris Day. El vestuario, los sets, la paleta de color... Todo me parece tan conjuntado, tan perfecto. Y sí, resulta que los diseñadores de vestuario de las películas de Doris Day se involucraban en la creación de la escenografía. De esta forma, la ropa hacía juego con todo: los muebles, las paredes, los autos. Por eso eran tan redondas y armónicas visualmente hablando. Recuerdo también lo mucho que me fascinaban los musicales o los grandes clásicos. Todo esto fue dejando una huella indeleble en mí que más temprano que tarde empezaría a trasminarse a mi forma de vestir.

Podría seguir enumerando hechos que me han inspirado porque siempre me he considerado como una esponja que absorbe todo lo que me ofrece el exterior, para bien y para mal. Cine, televisión, música. ¡Revistas de moda! Cuando era niño me fascinaban las mexicanas *Claudia* o *Activa*; adoraba las *Vogue* y *Harper's* estadunidenses e inglesas que, por razones misteriosas, aparecían en mi casa —nunca supe quién las compraba— y poco a poco, ya de adolescente, busqué revistas como *GQ* o *Interview* para enterarme de manera más consciente de lo que pasaba en el mundo de la moda.

Claro que lo importante de todas estas experiencias es que fueron dejando semillas dentro de mí, que de una u otra manera germinaron y formaron un gran jardín. Ese jardín es mi estilo. Con toda seguridad, tú tienes el tuyo, nacido de todo lo que te ha inspirado e influido a lo largo de tu vida. O no. Quizá a tu alrededor sucedieron experiencias por las que pasaste de lado y de las que no sacaste partido. Es posible porque hay personas más pragmáticas que simplemente no se fijan en estas cosas, por lo menos de manera consciente. También hay otras que pueden estar interesadas en el tema, pero no han sabido cómo sacarle partido a toda esa información que las rodea y podría alimentarlas creativamente. La inspiración para enriquecer tu estilo está por doquier. Sólo es cuestión de que tengas la sensibilidad de hallarla y adaptarla a tu estilo personal. Abre tus ojos y tu mente.

Algunos modelos a seguir

Antes de hablarte de los grandes mundos que pueden aportarte inspiración creativa, quiero contarte un poco de un grupo de personas que sin duda conoces. Ellas, como todas las que tienen un estilo definido, han labrado y bordado el suyo. Han sido atrevidas, creativas. No siempre acertaron, pero, tras intentarlo, descubrieron claves o trucos que las llevaron a nuevos y más altos niveles estéticos.

Coco Chanel

Coco inició su revolución en la moda por cosas sencillas, como usar la ropa de su amante para poder sentirse más cómoda y libre. Fue visionaria al emplear el jersey —que se usaba para la ropa interior masculina— en la confección de prendas de vestir femeninas o al usar una camiseta marinera a rayas de hombre con collares de perlas. Coco encontró estilo al cambiar el curso de lo que hasta entonces se consideraba elegante, sin proponérselo, simplemente siendo honrada con su forma de ver la vida.

Audrey Hepburn

El secreto de su elegancia fue, básicamente, hacer acopio de sencillez. Mientras las otras estrellas apostaban por estilos excesivos, opulentos, ella se fue por el lado opuesto. Encontró su estilo haciendo lo que las demás no hacían.

Boy George

Más infame que famoso, el cantante inspiró a hombres y mujeres, con sus extravagantísimos *looks*, a dar un paso adelante, a ser atrevidos. Creó escuela en maquillaje para las mujeres —que adoraban ese delineado de cejas y la forma de sombrear los ojos— y los hombres no decidieron vestirse como él, pero sí tomaron elementos de su osadía e incluyeron más color, textura y prendas diferentes en su guardarropa. Boy George encontró su estilo usando lo que su género no usaba, y esta regla hasta ahora, sigue funcionando muy bien a muchos hombres.

María Félix

No fue una mujer elegante, más bien tuvo momentos elegantes. Lo que siempre mostró fue un estilo inigualable con el que fue reconocida en todo el mundo. María Félix tuvo el espíritu de las grandes revolucionarias: hacía lo que le daba la gana. Su ropa no era necesariamente extravagante, pero sí sus accesorios. Lo suyo era usar piezas de joyería enorme, desmesurada. María Félix encontró su estilo no siguiendo tendencias, sino creándolas.

Tom Ford

Es uno de los diseñadores más renombrados en el mundo de la moda, famoso por crear prendas de vestir cargadas de sexualidad, pero de innegable elegancia. A él se le atribuye el nacimiento del estilo sexy chic. Ford apuesta por un estilo absolutamente pulcro, de extraordinaria sastrería, pero con prendas que tengan un punto revelador. Ford encontró su estilo yendo a los básicos del vestir, pero dándoles su toque personal, su giro inesperado: el lado sexy.

DIANA VREELAND

Es la primera editora de moda —como las conocemos ahora— en la historia del periodismo. Su ojo maestro la hizo encontrar el lado estético incluso donde parecía que no lo había. Ése era su don: encontrar belleza, incluso en lo vulgar. "Un toque de mal gusto es saludable", decía. Incluyó en su vestuario habitual piezas folclóricas, dando a sus atuendos esa pizca de exceso que la convertía en un ser exquisitamente extravagante. Diana Vreeland encontró su estilo hallando en lo común y corriente una fuente inagotable de inspiración. Gracias a su exaltación de lo "vulgar" logró abrir nuevos caminos hacia la elegancia.

KARL LAGERFELD

Es un icono, un símbolo. Karl es la muestra más contundente de que se puede hallar estilo en cualquier estadio de tu vida. No tiene edad ni tiempo. Es un valor incuestionable, un caballero con una "armadura" que oculta su fisonomía casi al ciento por ciento: traje ajustado, camisas de cuello altísimo, guantes y sus eternos lentes de sol que sólo dejan a la vista su nariz y labios. Es un artista del renacimiento. Karl encontró su estilo al convertir su imagen personal en un símbolo reconocible en el mundo entero.

MADONNA

La han descrito como "La santa madre de la reinvención". Ha sido la cantante más vanguardista y ligada a la moda de todos los tiempos. Sus *looks* han ido de la mano de su propuesta musical o artística del momento. Madonna se ha inspirado en todo y en todos para crear sus múltiples *looks*. Encontró su estilo no ciñéndose a los límites y buscando eternamente la novedad. Esto la ha vuelto inspiración para las masas.

CARRIE BRADSHAW

Personaje de ficción que se ha convertido en un referente mundial de estilo al punto de llegar a opacar a su intérprete, Sarah Jessica Parker. La estilista de moda Patricia Field, autora de los *looks* de Carrie, logró hacer que prendas que podrían ser de diferentes planetas parecieran haber nacido para estar juntas. El encanto de su estilo es la yuxtaposición de prendas y géneros, de ropa costosísima con piezas de mercado callejero. De lo vulgar y lo sublime. La Bradshaw encontró su estilo en el atrevimiento, la osadía y la búsqueda de nuevas estéticas.

FRIDA KAHLO

La pintora mexicana más universal cuyo estilo ha inspirado a diseñadores como Jean Paul Gaultier, Riccardo Tisci, de Givenchy o la casa Kenzo. La Kahlo fue fiel a la frase del escritor Antón Chéjov, quien dijo: "Si quieres ser universal, habla de tu propia aldea". Los trajes típicos mexicanos fueron su rúbrica, así Kahlo encontró estilo abrazando sus raíces y su propia cultura y llevando prendas folclóricas como si se trataran de una prenda común de vestir.

Fuentes de inspiración

La historia

La moda se nutre de ella todo el tiempo. A veces de forma literal y otras de maneras más oníricas y elaboradas. John Galliano decía que antes de crear una colección salía a recorrer las calles, entraba a los museos y a las bibliotecas. Siempre tuvo una inclinación por recrear épocas específicas de la historia, como los años treinta o cuarenta, que lo fascinaron. En los años ochenta, Karl Lagerfeld se inspiró en la época isabelina y agregó a sus creaciones cuellos tipo gorguera. De manera más reciente, se inspiró en la coquetería de la época rococó de María Antonieta para una de sus colecciones. Como ellos puedo citar cientos. En mi caso, soy un fanático absoluto de los cortes de cabello masculinos de los años cincuenta porque me parecen simples, pero superchic. Hacen que cualquier hombre siempre se vea bien arreglado. Los creadores rescatan estilos, prendas y hasta maquillajes o peinados de otros tiempos y los vuelven contemporáneos. No es gratuito que en las colecciones de moda de cada temporada haya constantes alusiones a otras épocas.

¿Cómo sacarle jugo a esto? Es más sencillo de lo que parece. Haz como Galliano, ve a museos o revisa libros. Digamos que estás buscando cortes de cabello o cómo peinarte para una ocasión especial: una boda o una gala. Acude a las pinturas de la época de la Colonia en México o a las de la era napoleónica. Ve los peinados de las mujeres de entonces y, con toda seguridad, algo se te ocurrirá. O imagina que quieres una chaqueta espectacular, bordada o de inspiración militar: los libros de historia te ayudarán a darte una idea de cómo será. No sólo esto, sino también para recuperar estilos de otra época que quieras adaptar a ésta. El espíritu de los años veinte, la locura de los ochenta o incluso ir más atrás, a la época de Enrique VIII, por caso.

Ahora, ¿de qué te sirve saber datos como que la escasez de materias primas durante los años de la Segunda Guerra Mundial en Europa fue la causa de que la moda echara mano de la imaginación e inventiva para florecer? Te servirá por los detalles. En ese tiempo, los peinados se hicieron más elaborados e importantes para suplir a los sombreros, ya que no había material para confeccionarlos. También, ante la escasez de cuero para las suelas de zapatos, se echó mano del corcho para hacer plataformas.

La historia nos ayuda a entender cómo surgieron las tendencias de moda y a verlas desde un punto de vista más social, intelectual. Esto, créeme, te hará apreciar las prendas de vestir con otros ojos. Saber cómo pasaron los hechos en otro tiempo te ayudará a entender cómo están sucediendo ahora. Si entiendes la moda, puedes adaptarla a tu voluntad y hacer que encaje a la perfección en tu personalidad. Mejor aún, la pondrás al servicio de tu estilo.

El arte

El arte, como muchas otras disciplinas en el mundo, puede influir en nuestra visión estética. Una vez más, hablemos de cómo una gran cantidad de diseñadores se han inspirado en él para dar una vida nueva a sus creaciones en moda. Su pasión por la pintura llevó a Yves Saint Laurent a crear trajes inspirados en el grafismo y paleta de color de Mondrian, en la suavidad conceptual de Picasso o en Braque. El diseñador mexicano Armando Mafud ha encontrado inspiración más allá del folclor mexicano: lo ha hecho en el arte. Rivera, Kahlo, Coronel e incluso formas más populares de expresión plástica han contribuido a enriquecer su trabajo como diseñador de moda.

Pero, más allá de esto, el arte no sólo te puede servir para tomar ideas y aplicarlas a tu indumentaria, que es muy válido y a lo cual te invito vehementemente, sino también a ayudarte a abrir tu mente y volverte más sensible a la percepción de lo estético. Es decir, quizás admirar un cuadro de Frida Kahlo, Goya o Monet no necesariamente te dé una idea sobre cómo ponerte un vestido, maquillarte o cortarte el pelo; lo que sí es que te mostrará la vida y el dinamismo que cobran ciertos colores al estar combinados, cómo lucen ciertas texturas de telas y cómo todo esto se puede traslucir a tu estado de ánimo. Hablemos de Frida. Su trágica vida personal se reflejaba en su obra, sin duda. Pero su manera de ver esa tragedia es lo más atractivo de sus cuadros. Su sentido del humor, su punto de vista naïf y su enfoque de las circunstancias la hicieron una mujer única, que sublimó su dolor a través de la sátira y, por supuesto, de un riquísimo sentido del color. ¿No te parece fascinante esta forma de ver la vida, este sentido estético contradictorio?

Lo que pensamos, decimos y cómo nos comportamos son los "síntomas" de nuestro estilo. Pero cómo vestimos y *accesorizamos* estas características es lo que redondea nuestro mensaje, en una palabra, nuestro estilo. El arte, al final, te ayudará a despertar la sensibilidad, el ojo, ese que tenían tan bien educado Diana Vreeland e Yves Saint Laurent para crear las obras maestras que hoy son su legado. El arte te ayudará a entender los tiempos, el tuyo propio. Te dará sensibilidad y, créeme, te será de ayuda vital a la hora de forjar tu estilo porque una persona sensible a la belleza, a diferentes formas de estética, sabrá aplicarlas a sí misma.

El cine

¡Ay, el cine! Quien no haya ido algún día a ver una película y salir con ganas de copiar el *look* de los protagonistas, que tire la primera piedra. Esto no es nuevo: ha habido imitadoras de Monroe, Crawford, Davis, Hepburn, Minelli, Paltrow, Kidman, SJP o Hathaway; o imitadores de Gable, Dean, Presley, Connery, Gere, Pitt o Efron. Sucede incluso más con la televisión. Las estrellas de la pantalla grande y chica nos fascinan de toda la vida y estamos pendientes de lo que hacen y se ponen para ir a hacerlo nosotros en ese preciso momento.

Pero cuidado. Imitar todo lo que se ve en la pantalla puede ser peligroso, como caminar en hielo delgado. En el caso del cine y la televisión hay una serie de factores detrás que determinan la imagen de los que ahí trabajan. Como lo he dicho antes, hay estilistas, coordinadores y hasta marcas de moda que invierten para promover sus artículos. Además, las estrellas del espectáculo tienen, la mayoría, físicos privilegiados, a los cuales les quedará divina cualquier cosa que se pongan.

Te ofrezco tres consejos que te ayudarán a no dejarte deslumbrar por lo que ves en la gran pantalla y, mejor aún, para que los uses a tu favor y les saques provecho.

1. *No copies, inspírate.* Observa que se trata de dos conceptos diferentes, aunque parezcan lo mismo. Un diseñador que le "copia" a Chanel no es lo mismo que uno que se "inspira" en ella. Esto último incluso se permite y acepta porque llega a tomarse como homenaje. Hoy, los diseñadores se inspiran en sus respectivos trabajos y comparten tendencias y guiños creativos, pero rara vez alguno copiará descaradamente a su vecino. ¿Por qué? Las copias jamás serán iguales al original. Grábatelo en la cabeza.

2. *Adapta.* Por eso, si te gusta mucho el corte de pelo de Rihanna o el traje de Hugh Hackman en su última película y crees que se te vería increíble, inspírate en eso, busca algo semejante, pero que se adapte más a tus características físicas. Esto forma parte de construir tu estilo.

3. *Sorprende.* ¿Quieres sorprender al mundo? Inspírate en estrellas de otro tiempo. Es más original. Si quieres cortarte el cabello como alguien que viste en una película del momento, busca un equivalente en una cinta clásica del pasado. ¿Se te antoja un corte *funky* y divertido? Corre a ver *Xanadu*, con Olivia Newton John. Quizá como película no valga mucho, pero como archivo de moda de los años ochenta es invaluable: los peinados, la ropa, ¡el maquillaje! Es una joya. Con un elemento que tomes de ella, uno solo, ya tendrás un giro inesperado en tu *look*. De modo que ¡a buscar películas para inspirarte!

La calle

Lo que la gente usa en las calles inspira a muchos diseñadores. Éste es un caso claro de: "¿Qué fue primero, el huevo o la gallina?". Los surfistas, los patinetos, los punks, los *hippies*, los emos… Todas estas tribus, que nacieron con la idea de poner de manifiesto alguna creencia política o existencial, terminaron influyendo la moda. La calle está llena de gente que, como tú, está buscando autoexpresarse. Obsérvala. Hay muchos que quizá van muy lejos, otros que se quedan en el intento, pero algunos han acertado y se pueden convertir en ejemplo a seguir. La calle es fuente de inspiración constante y para algunos diseñadores quizá la más importante. ¿Por qué? Porque justamente ahí está el consumidor final, el rey y soberano que decide si compra o no una prenda. Por eso, los creadores siempre están muy pendientes de los gustos, usos y abusos y comportamiento del consumidor en las calles. Pero tú no eres diseñador, eres una de estas personas que están buscando, probando y manifestándose a través de su indumentaria, que compra un determinado corte de jeans porque le queda mejor, que elige joyería o accesorios de acuerdo con lo que le atrae, que compra un vestido o un traje pensando en lo que quiere decir o no con él.

Por eso, abre bien los ojos porque los demás están determinando tendencias, las abrazan o desechan, como tú. Pon atención a la gente que a tu alrededor ha tomado decisiones acertadas en su atuendo. Analiza por qué le funciona bien lo que lleva, si la falda le hace ver más largas las piernas y le disimula las caderas, si la blusa le alarga el talle, si los zapatos están bien combinados... Los hombres deben mirar las combinaciones de traje-camisa-corbata, los zapatos, la bolsa, el corte de pelo. Luego piensen: "¿Cómo lo estoy haciendo yo?, ¿de todo esto qué me funcionaría a mí?". Este tipo de análisis son los que, poco a poco, forjan con más firmeza nuestro propio estilo.

Los países y su cultura

Con toda seguridad habrás escuchado de una persona a la que se le tiene por culta y educada que también es muy "viajada". Es verdad: como ya dije, los viajes ilustran y te abren la mente como no te imaginas. También es verdad que por cuestiones económicas no todo el mundo tiene acceso a viajar. Pero no te descorazones, que he conocido cientos de sitios en la tranquilidad de mi habitación. Ayuda leer artículos de viaje, ver especiales televisivos dedicados a ciudades o países. Tengo una anécdota que te va a resultar muy ilustradora. María, una de mis tías ancianas, siempre me decía que la primera ciudad que tenía que visitar cuando saliera de México era Nueva York. La recuerdo en esas tardes cuando, acompañada de una taza de café soluble y un cigarro, me miraba a través de sus gruesos lentes y me contaba cosas de Manhattan: de la Quinta Avenida, de los muelles, los museos, los hoteles,

Central Park. Casi me armaba itinerarios. Cuando tuve la fortuna de ir por primera vez, todo era como ella me lo había descrito. Así de vívida fue mi experiencia. Cuando volví y le conté cómo me había ido, ella estaba feliz. Entonces le pregunté: "¿Hace cuánto fuiste a Nueva York, tía?". "No he ido jamás. Lo conocí a través de los relatos de Truman Capote", me respondió.

Cuando viajes, está bien que sigas rutas turísticas y veas lo que hay que ver. Pero lo verdaderamente rico es adentrarse en la vida y las costumbres del lugar en el que estás porque eso te permitirá conocer la verdadera esencia de la gente y del país. Al momento de las compras piensa bien en lo que quieres. Está muy bien llevar un *souvenir* y regalitos para los amigos, pero no limites tus compras a sólo eso.

Cuando viajo a un lugar al que no sé si volveré pronto, prefiero poner mi dinero en una prenda de calidad que me lo haga evocar. Cuando fui a Vietnam, vendían bufandas y chales por todas partes porque la seda local es famosa por su calidad. Pero en lugar de comprarme tres o cuatro de baratija, decidí buscar un lugar más tradicional y menos comercial para encontrar una bufanda más especial. Y lo logré. Claro que me costó un poco más, pero, en lugar de tener tres piezas baratas que tiraré a las dos puestas, me ha quedado una que usaré por años y que es mucho más original.

Empápate de los colores, de los modos de la gente, de lo que se come y hace, de lo que la gente usa y de cómo lo usa. Inspírate e imagina formas de incluir prendas o accesorios de los lugares que visitas en tu atuendo cotidiano. Si eres una mujer que adora la joyería, compra montones de cadenas de plata típicas mexicanas y úsalas todas juntas. Imagina un sari indio usado como capa o chal o un pantalón típico de pescador de Tailandia puesto con una camiseta blanca y unos tacones altos. Los hombres pongan atención a las combinaciones de color de los italianos, a los cortes de cabello de los franceses o a las exquisitamente extravagantes prendas de diseñador que usan los hongkoneses. El exterior es un libro abierto, léelo. Así, muy pronto serás capaz de escribir el tuyo.

La música

La moda no sería la misma sin la música. Si te preguntara los nombres de diez cantantes que han influido a la moda, me los dirías de corrido. No en balde, especialmente en los últimos años, ambas industrias incluso se han aliado para crear productos especiales. Diseñadores o modelos que cantan o músicos que diseñan. No obstante, más allá del negocio puramente dicho, vamos a la génesis de este tema. Los Beatles, Elvis Presley, Brigitte Bardot, los Rolling Stones, Madonna, Cyndi Lauper, Duran Duran, Kurt Cobain, Bon Jovi, Rihanna, Lady Gaga y muchos otros han influido la moda con sus decisiones estilísticas. Hay de todo: los que han decidido usar prendas de forma espontánea y porque, literalmente, les daba la gana y están también aquellos cuya imagen es producto de sesudos y largos planes de marketing. Pero lo mismo uno que el otro han funcionado porque si no, no estaríamos hablando de ellos ahora.

Inspirarnos en una estrella del rock o pop es una manera de homenajearlos, de hacerles ver que los queremos y seguimos, que formamos parte de su tribu. Esto puede convertirse en un signo de identidad generacional y de una edad determinada. ¿Qué quiero decir? Que imitar a una estrella de la música de manera obvia se ve bien sólo en personas que no sobrepasan los 25 años de edad. En alguien mayor ya comienza a ser un disfraz. Los que han visto a los fanáticos de Elvis Presley peregrinar a su casa en Memphis vestidos como él sabrán a lo que me refiero.

Está muy bien tomar elementos de la imagen de una estrella de la música, pero no toda la actitud. El corte de pelo de Rihanna, la camiseta de los Rolling Stones, el traje *skinny* a lo británico de los Beatles son ideales siempre y cuando les pongas un poco de tu personalidad. Mézclalos, fusiónalos y hazlos tuyos, que no se vean prestados. ¿Un ejemplo? Los múltiples collares de cristales y perlas de la Madonna de los años ochenta. Poniéndotelos con unos jeans, una camiseta blanca y un saco negro se verán perfectos. Más allá de cualquier tendencia, éste es un *look* que hoy ya puede ser considerado hasta clásico. ¡Ejercita tu imaginación! ¿Qué elemento de una superestrella de la música te gustaría incluir en tu guardarropa?

Las celebridades

La seducción que nos produce ver lo que las familias reales y su corte se ponen para una boda de reyes o reinas, seguir paso a paso la alfombra roja de la gala del Met en Nueva York o comprar revistas como *¡Hola!* o *Quién* para echar un vistazo en las fiestas o eventos donde pululan celebridades y *socialites* es un placer culpable que muchos compartimos.

Muchas veces, lo que las celebridades usan se vuelve una guía para ver cuál es nuestro siguiente *look*. No hablo ahora sólo de cantantes o artistas, sino también de personalidades que han logrado sobresalir en el mundo y cuya imagen nos puede resultar interesante, digna de ser imitada. Pensemos en los blogueros. Esta nueva generación de comunicadores sociales ha buscado no permanecer en el anonimato —como solía hacerse en el periodismo tradicional—; por el contrario, se vuelve la protagonista de sus noticias y reflexiones escritas. Esta fórmula de "Yo vistiendo de Armani" o "Yo en la fiesta de Vuitton" los ha convertido en celebridades, y los jóvenes los siguen e imitan. Así como 90 por ciento de ellos son unos mamarrachos, el 10 por ciento restante son personas valiosas que han desarrollado un punto de vista y tienen un *look* interesante; por eso se vuelven personalidades factibles de ser imitadas.

Hoy podemos llamar celebridades a las modelos, las editoras de moda, las *socialites* millonarias, los miembros de familias importantes, los esposos o parejas de alguien famoso o gente que sobresale mundialmente en su profesión. En efecto, hay muchos que vale la pena tomar como inspiración, pero siempre hay que considerar si se parecen en algo a nosotros, si hay algún punto de identidad que compartimos. No tomemos como modelo por seguir a aquellos que se han vuelto famosos por sus escándalos, sino a los que sobresalen por su gusto, como Anna Wintour, odiada y amada casi en proporciones iguales, y que se ha convertido en la obsesión de todos los jóvenes que quieren hacer carrera en la moda. La editora de *Vogue US*, según mi punto de vista, es una fuente de inspiración por su estilo en el vestir, pero también por cómo ha sabido llevar a dimensiones insospechadas la moda de su país y del mundo.

¿El secreto? Absorbamos más la personalidad que la imagen de las celebridades. Hay muchas que valen la pena y, encontrando el punto de similitud con nuestro carácter, nos pueden servir como una inspiración valiosísima.

La moda

Oh, là, là! ¿Cómo no inspirarnos en ella, que nos da tanto? Es muy curioso porque cada vez que iba a la semana de los desfiles a París, al volver siempre tenía la sensación de que algo había cambiado dentro de mí. En un principio pensaba que se trataba sólo de mi percepción de la moda, pero cuando pasaron los años me di cuenta de que era algo más profundo. Cada temporada, mi sensibilidad para apreciar muchas cosas de la vida se iba afinando, se iba haciendo más profunda. Se vuelve más claro el color, más sensuales las texturas, más vívido el movimiento. Y no sólo me refiero a una prenda, sino también a lo que se mueve a tu alrededor. La moda, vista más allá de su aspecto utilitario, tiene una belleza rotunda, avasalladora. ¿Cómo no volverse fuente de inspiración para encontrar tu estilo?

Hay dos maneras de tomar la moda como influencia. La primera, en su acepción más inmediata: las tendencias de temporada. Consideremos a la moda de cada primavera u otoño como una historia que los diseñadores nos quieren contar y en la que les gustaría que tomáramos parte. Visualicemos esa historia a través de sus siluetas, las prendas y los accesorios, y en lo que la inspiró. Luego, decidamos qué papel queremos tener en esa historia. Quizás el protagónico, y entonces nos lanzamos a usar todo lo que la moda nos sugiere esa temporada. O tal vez decidamos tener un papel secundario y sólo tomar algunos elementos de la moda de esa temporada para adaptarlos a nosotros y contar esa historia a nuestra manera, o narrar algo absolutamente distinto. Es perfectamente válido.

Inspirarte en la moda te puede incitar a comprar prendas cada temporada, pero si tu imaginación está más evolucionada podrás ir más lejos: a la génesis de ideas, lo cual es mucho más divertido y útil para la forja de tu propio estilo. Imagina que la colección de Prada de esta temporada te da una idea para rescatar una prenda tuya, comprar otra que es parecida, pero que es más adecuada a tu figura; o que compres la prenda de Prada, pero para combinarla con algo muy inesperado y original. Al final, esto es lo que hará evidente tu estilo personal.

La segunda forma de tomar la moda como inspiración es mediante su propia historia. Conozcamos la vida y la obra de creadores como Yves Saint Laurent, Coco Chanel, Christian Dior o incluso de otros más contemporáneos, como Claude Montana, Thierry Mugler o Carolina Herrera. Si nos gusta su ropa ya es ganancia, pero si vamos más allá y conocemos cuál ha sido su motor creativo y lo que los convirtió en iconos, esas vidas pueden resultar profundamente inspiradoras. La sensibilidad y la visión de esos personajes, que lograron cambiar el curso de esta industria, nos pueden sensibilizar para realizar también un cambio en nosotros. Cada vez que leo la vida de Thierry Mugler y evoco su niñez entre figuras religiosas y héroes de cómic, aspectos que estuvieron siempre manifiestos en sus creaciones, me hace pensar en lo que puedo parecerme a él y cómo ciertas cosas que he vivido, al final, terminaron influyendo notablemente mi manera de vestir.

¿Mi consejo? Si te gusta la moda, no sólo compres ropa por comprarla. Enamórate de ella. Escúchala, siéntela. Ésta será la mejor manera de que se convierta en parte de ti, en tu lenguaje, y que juntos expresen la historia que quieres contar. Ésta será la mejor forma en que la moda puede inspirarte.

10. Estilo y circunstancia

Como mostré en el capítulo anterior, la inspiración nos viene muchas veces de fuera. Ahí, en el exterior, solemos ver cosas que nos gustan y dan ideas para vestirnos o arreglarnos. Pero tampoco es raro que hallemos imágenes que nos chocan y nos resultan desagradables. Cuando dichos horrores son encontrados en el atuendo de alguien más, se vuelven un ejemplo de lo que no debemos hacer. Es verdad, ni hablar; criticar a los demás nos fascina. El que diga que no es así, que tire la primera piedra. Pero dejemos de lado este placer perverso por un momento y ejercitemos nuestro espíritu honestamente crítico para poder mirar con frialdad el exterior y encontrar las cosas que están fuera de lugar, para aprender de ellas y saber lo que no se debe hacer. Al respecto, quiero citar un par de situaciones verdaderamente espeluznantes que he presenciado a lo largo de mi vida.

Situación terrible 1. Semana Santa en la playa. Sol espectacular. Gente en la piscina nadando y disfrutando de un día cálido de primavera. De pronto, aparece una pareja. Guapos, cuerpos atractivos. Ella con un traje de baño minúsculo para mostrar la estupenda figura; él, con un short pequeño, elástico, ajustado. Mientras hacían pasarela para encontrar un sitio e instalarse —y lucirse, claro está—, la gente comenzó a murmurar a su alrededor, pero no cosas buenas. Algo estaba mal. ¿Qué era? Él llevaba cuello y manos llenas de cadenas y joyería estilo rapera, y —horror de horrores— una gorra de lana en la cabeza. Ella ostentaba un peinado como para fiesta, maquillaje perfecto y unas sandalias metálicas de tacón alto. No sucedió lo que muchos

esperábamos: que ella cayera a la alberca al dar un traspié con sus taconazos o que a él se le metiera un cangrejo a la gorra para obligarlo a quitársela. Lo que sí ocurrió es que fueron identificados como los nacos del hotel durante toda la semana. No importaba lo atractivos que fueran o que lo que llevaban puesto les quedara bien. Simplemente estaban fuera de lugar.

Situación terrible 2. Boda bohemia de unos amigos del trabajo. *Hippies*, relajados, nada afectados. La invitación a su enlace nupcial, redactada a mano, solicitaba a los presentes vestir sencillamente, en fibras naturales y color blanco, llevar zapatos cómodos porque la ceremonia se haría en un valle, al lado de un lago. Los asistentes íbamos vestidos de lino, algodón y manta, zapatos de piso, sandalias y hasta tenis. Pero una invitada decidió ir vestida de blanco, sí, pero con un vestido largo de gasa, joyas de pedrería y zapatos de tacón alto. Claro, era el centro de la atención general, y hubo quien creyó que era ella la que se casaba. Ahí sí pasó lo que mucha gente esperaba: la chica tropezó al pisarse el vestido, fue a dar directamente al suelo y quedó manchada irremediablemente de pasto y lodo. Una víctima, literalmente, de estar fuera de lugar.

Dicho así, suena muy obvio. Quizá porque lo vemos desde el exterior. Pero si la nota discordante es nuestra, ¿cómo darnos cuenta? ¿Cómo saber si somos la chica de vestido de gala en el campo o el chico con la gorra de invierno en la piscina? Es muy sencillo: hay que analizar por qué y para qué nos vestimos. Vamos a dividir esta reflexión en tres partes: la situación para la que vamos a vestirnos, lo que debemos usar y lo que queremos usar. Si estas tres partes se resuelven con inteligencia, seguro conseguirás lucir de maravilla. Vamos, pues, a explicarlas.

La situación para la que nos vestimos

Para saber *estar*, hay que saber primero *dónde vamos a estar*. Así de simple. La sociedad nos pone reglas constantemente para lograr que la convivencia con nuestros semejantes sea más amable, fácil y civilizada. Son las que nos ubican *donde estamos*, en nuestro lugar actual. Hay reglas que se imponen por moral (como no ir *topless* por la calle), otras como requerimientos laborales (llevar traje y corbata); están las que se imponen por situaciones específicas (ir a una boda, a una cena) y algunas más que son impuestas por factores menos decisivos, pero igualmente importantes, como el clima (usar ciertas fibras de acuerdo con la temperatura), la moda (elegir un corte determinado de jeans) o el grupo sociocultural de pertenencia (los punks, los emos, los fresas y sus códigos específicos de vestuario).

Es probable que muchos de estos aspectos ya estén considerados en tu elección de guardarropa, pero tal vez algunos se te escapen de las manos —por no ponerles atención—, y esto es lo que puede hacer que te veas fuera de lugar. Por ejemplo, entiendes claramente todas las reglas, menos las de las situaciones específicas, es decir, vas a una cena formal, una fiesta o incluso una boda usando la misma ropa que utilizas para ir a trabajar. Lo he visto cientos de veces. ¿Cuántos hombres hay en las bodas que parecen salidos de la sala de juntas de su oficina? No me alcanzan los dedos de las manos para contarlos. Otro caso: ¿cuántas chicas en la oficina se arreglan como si fueran a irse de copas y a bailar con sus amigas? Muchas, sin duda. Por eso, es importante poner atención en las reglas de vestir que se nos han impuesto. Sé que la palabra *imposición* no es agradable, pero hay que entenderla más bien como un aprendizaje y una guía para poder *estar* en nuestro lugar. Una vez conocidas, puedes jugar con las reglas, modificarlas o aun ignorarlas. Pero primero hay que aprenderlas. Ya lo dijo John Galliano: "Un buen diseñador no puede comenzar creando ropa extravagante. Primero tiene que aprender a hacer un traje sastreado perfecto, entonces ya puede hacer una prenda desestructurada, rota o inacabada".

Por tanto, es importante que sepas transportar tu estilo a las diferentes situaciones por las que pasas en tu vida. Seas una princesa o un punk, eres tú, y eso no es cuestionable, sólo que tienes que saber hacer concesiones y adaptar ese estilo a la situación para la que te vas a vestir. Algo fundamental que debes entender desde el principio: no puedes ir vestido igual a todas partes. No. Definitivamente. Hay momentos que van a requerir variaciones sobre un mismo tema: quizás el mismo tipo de vestido, pero en diferente color o material. Cuando te has convertido en una persona segura de ti misma, con un estilo definido, a veces puede costar trabajo dejar de lado ciertas rutinas de vestir adquiridas con la experiencia. Entonces solemos llevar a todas partes una prenda, saco, zapatos o bolsa sólo porque nos han dicho —y sabemos— que nos luce de maravilla. ¿Recuerdas la película *Le Divorce*, con Kate Hudson? A Isabel, su personaje en la cinta, su amante le obsequia una bolsa *Kelly* de Hermès en color rojo. Ella, fascinada, la lleva a todas partes. El hombre, mundano y exquisito, la critica en un momento dado por usarla en una ocasión de gala. "No deberías usar siempre esta bolsa; hay situaciones en que no es adecuada". Es verdad, a veces pensamos que una bolsa clásica de Hermès o Chanel, o una chaqueta perfecta de Valentino van a lucir perfectas en cualquier ocasión, y no es así. Hay que tener en mente las circunstancias y, claro está, sus excepciones.

Lo que debes ponerte

Sé que esto puede sonarte a lo solían decirte tu madre o una maestra en la escuela o el jefe al que detestas. Normalmente, la palabra y el concepto mismo de *deber* nos hacen arrugar la nariz y ofrecer resistencia porque los sentimos como una imposición. Y lo son de alguna manera. Pero piensa que este tipo de reglas o requerimientos sociales tienen una razón: mantener el orden y evitar el caos —para impedir que todo mundo vista exactamente como se le ocurra—, pues se busca uniformar —dentro de lo posible— a un grupo de personas con la finalidad de poner de manifiesto un mensaje determinado. Así, ciertos códigos de vestimenta —vestido y chaqueta, traje y corbata— dicen que perteneces a un grupo determinado: oficinistas o personas que trabajan en una corporación. Otros, como jeans rotos, chamarra de piel con estoperoles y botas, dicen que eres motociclista y quizá punk o *rocker*. Son estas reglas impuestas por la sociedad, corporaciones o grupos sociales y culturales las que nos marcan la guía general de cómo debemos vestirnos. ¿Se pueden romper, manipular o ignorar? Por supuesto, pero de ello hablaré más adelante. Por ahora, me enfocaré en las reglas.

Antes que nada, mira toda esta cuestión del deber con una actitud más relajada. Piensa en ello como un trámite, un camino para llegar a un lugar. Piensa que si vistes bien —correctamente— para ir a trabajar, o a una gala o reunión familiar, vas a ganar mucho en imagen. No es una frivolidad de ninguna manera, porque al final ésta es la que te representa en el exterior. Una buena imagen hace que tu trabajo luzca más, que tu vida social sea más exitosa y que la gente a tu alrededor te note, te tome en cuenta. Una persona popular (así, como las de la escuela) no es necesariamente la más guapa, sino la que luce mejor, que son dos cosas distintas. A continuación te hablaré de los diferentes estilos que marcan los lineamientos generales del vestir en el mundo laboral y social.

Corporativo

Se le conoce también como "ejecutivo", pero el término en inglés, *corporate*, se reconoce mundialmente. Se trata del estilo de vestir recomendado para trabajar en una gran corporación. No obstante, y según mi punto de vista, es más adecuado para las personas de posiciones altas dentro de la empresa, ya que es una actitud de vestir con códigos más estrictos, que al final se traducen en una imagen de poder.

Prendas recomendadas

En las mujeres: trajes sastre de pantalón o falda, *tops* sencillos o blusas camiseras, vestidos de corte clásico. Zapatos de tacón de medio a alto (evita los muy altos) cerrados o semicerrados (se pueden valer con la punta o el talón descubiertos), joyería sobria, maquillaje ligero. Cabello de acuerdo con tu estilo, pero siempre bien peinado. La paleta de color de tus prendas debe ser sobria. Evita tonos demasiado estridentes o estampados muy llamativos.

En los hombres: trajes completos (combinaciones de saco sport con pantalón sólo para viernes casual), camisas lisas o con detalles o estampados muy finos, corbatas de seda (evitar los estampados pintorescos tipo Mickey Mouse). Zapatos en corte clásico, bostonianos, mocasines, botines... Siempre de suela natural. Evita los de goma (salvo en viernes casual). Procura que, aunque no tengan exactamente el mismo tono, tus zapatos y cinturón sean de la misma gama tonal. Tu paleta de color debe ser sobria.

Oficina

Me pareció prudente marcar una ligera diferenciación aquí porque las reglas de vestir laborales han cambiado un poco. Quise dejar la parte corporativa para los rangos altos y las empresas muy estrictas con sus códigos de vestimenta; no obstante, muchas otras compañías han relajado un poco sus reglas y permiten a los hombres no usar corbata y a las mujeres ir con una vestimenta más informal. Pero, incluso con la opción de vestir menos formal, hay que seguir ciertos parámetros.

Prendas recomendadas

En las mujeres: trajes de dos piezas, con falda o pantalón, *blazers*, camisetas lisas, blusas de corte camisero, faldas que pueden llegar un poco más arriba de la rodilla (nunca mini), vestidos de corte moderno, pero nunca muy cortos o escotados. Zapatos de tacón medio a alto y hasta sandalias, sólo que no muy brillantes o adornadas. La joyería puede ser lo mismo discreta que con un punto más osado, pero sin volverla demasiado llamativa. Maquillaje discreto. La paleta de color puede ir de lo clásico a los tonos más *fashion*, pero sin llevarlos al extremo. Puedes usar estampados no excesivamente llamativos, pero siempre combinados con tonos lisos.

En los hombres: trajes o combinaciones de pantalón y saco. Corbatas de seda (si debes usarla) y camisas lisas, en colores o con estampados finos. Zapatos de vestir con suela natural (de vestir casual con suela de goma si el ambiente laboral lo permite) y cinturón a tono con los zapatos. La paleta de color clásica o, en este caso, que incluya tonos más de moda. Aquí es posible darle un toque más contemporáneo al vestir laboral.

Oficina casual

Es una posibilidad cada vez más frecuente en el ambiente laboral. Se trata de un estilo más casual, que a veces ni siquiera requiere de saco o chaqueta en los hombres. El estilo casual laboral no tiene nada que ver con el de estar en casa o de fin de semana (del que hablaré más adelante), y hay quien suele confundirlos. Esta forma de vestir tiene reglas sutiles.

Prendas recomendadas

En las mujeres: vestidos de línea formal o semiformal, no demasiado cortos o escotados. Pantalones de vestir o jeans (no rotos, deslavados o con muchas aplicaciones), camisetas, blusas, chamarras o sacos sport. Zapatos de tacón o de piso, incluso sandalias, pero procura que sean vestidores. Joyería a tu gusto, pero sin recargarte demasiado ni usar brillos en exceso. La paleta de color es mucho más libre y puedes elegir los tonos que más te gusten o queden mejor. Sólo evita usar varios colores chillantes o brillos (un toque sí, no todo el atuendo) y prendas que luzcan muy relajadas, desestructuradas. ¿Tenis? Si la empresa lo permite y no puedes vivir sin ellos, adelante, pero, personalmente, no los recomiendo para un ambiente laboral, a menos que se trate de una empresa extremadamente relajada.

En los hombres: pantalones de vestir, caquis o incluso jeans (no rotos, deslavados o con aplicaciones), camisas de vestir o sport, camisetas sólo si se llevan bajo otra prenda. Sacos, chamarras o suéteres sport; estos dos últimos sin muchas aplicaciones o estampados. Zapatos casuales, como mocasines o incluso bostonianos; aquí se vale la suela de goma si te gusta. La paleta de color es más libre, pero, al igual que en el caso de ellas, debes evitar los tonos estridentes y los estampados muy intricados. Tampoco uses prendas relajadas, camisetas estampadas o con leyendas y tenis. Una vez más, si tu empresa es muy relajada en sus reglas de vestimenta, entonces puedes darte ciertas concesiones.

Formal

Se exige este tipo de vestimenta para una serie de acontecimientos sociales donde la imagen es fundamental, como entrevistas de trabajo, comidas de negocios, cenas formales, eventos de gala, festejos sociales como bodas, bautizos, puestas de largo o quince años, funerales y acontecimientos familiares importantes, tales como peticiones de mano, cumpleaños o aniversarios.

Prendas recomendadas

En las mujeres: en estos casos, la vestimenta tiene que ser adecuada al caso. Es decir, hay que llevar vestido de corte más clásico o coctel de acuerdo con la ocasión, y zapatos de tacón de la altura que te acomode, pero de estilo elegante (en charol, piel, metálicos o incluso ornamentados si la ocasión lo amerita). En cuanto a joyas, hay que llevar piezas más importantes —en tamaño o estilo—, finas o de fantasía, de acuerdo con tu personalidad y estilo y, muy importante, la hora del día para la que te estés vistiendo. Si es de día, opta por opciones más discretas, y para la noche, las más llamativas. El maquillaje debe ser un poco más cuidado y, en este caso, es válido intensificarlo un poco más, lo mismo que el peinado.

En los hombres: se debe llevar traje, de preferencia oscuro, camisa lisa o con detalles minúsculos, corbata (a menos que la ocasión o el entorno permitan lo contrario) y zapatos de vestir.

Si se trata de un evento de gala, entonces ellas deben vestir con vestido largo y ellos, con esmoquin.

Casual chic

Es un término que se ha acuñado hace bastante poco y se refiere a un estilo de vestir más libre para ir de fiesta, a un evento, un concierto, un restaurante, una cita romántica o de copas y clubes. En inglés se le llama también *smart chic* porque es un estilo vestidor, elegante, pero relajado. Es una actitud que se ve cada vez más porque está abriendo paso a nuevos códigos de elegancia, de verse bien sin caer en fórmulas muy esquemáticas. Así, es una opción muy válida para vestir en el trabajo si hay un espíritu relajado y joven en él.

El estilo casual chic puede ir con mucha gracia de ciertos acontecimientos a otros: de la oficina a una comida con amigas, del teatro a una cena o incluso a un club, de copas. Las claves de este estilo son simples: usar prendas básicas, sencillas, acompañándolas de otras más vestidoras y elegantes.

¿Ejemplo? La famosa combinación de jeans, camiseta y una chaqueta clásica de Chanel.

Claro está que hay que adaptarlo un poco para ciertas ocasiones, especialmente cuando son más festivas o de celebración. Si vas a bailar a un club, entonces agrega a tu base de prendas básicas un elemento más potente, como unos zapatos de pedrería, un *clutch* metálico, un collar enorme o una chaqueta de lentejuelas. Veamos cuáles son las generalidades de este estilo.

Prendas recomendadas

En las mujeres: pantalones simples de vestir, shorts, faldas de cualquier largo, jeans o hasta pantalones de piel, blusas con buen diseño o camisetas lisas o estampadas. Chaquetas sastreadas de cortes inusuales, chamarras de piel, chalecos. Aquí los accesorios tienen un papel muy importante, así que deben ser vistosos, estar en tendencia. Desde una bolsa clásica de YSL, Chanel o Vuitton, hasta una de marca menos reconocida, pero de diseño atrevido y moderno, como Alexander Wang. La joyería, como los zapatos, tiene que ser vistosa y moderna. En este caso, busca piezas especiales, en las que se base todo tu atuendo. Unos zapatos de tacón altísimo de Balenciaga pueden funcionar como la pieza clave de tu *look*, y el resto de tus prendas sirven de complemento para darles la fuerza e importancia que merecen. O una chaqueta bordada y con pedrería debe emparejarse con piezas un poco menos protagónicas. El secreto en el estilo casual chic es el balance. Si lo recargas demasiado, lucirás cursi. ¿Paleta de color? Es completamente libre.

En los hombres: el secreto mejor guardado del casual chic masculino son dos elementos: un buen saco y unos zapatos de infarto. Punto. Lo demás puede ser cualquier cosa. Un saco de Armani o Valentino de buen corte luce perfecto con unos jeans, una camiseta o camisa lisa y unos mocasines en un color inusual de Gucci. La idea general, como en el caso de las mujeres, es tener prendas básicas normales, incluso neutrales, como jeans, caquis, pantalones de vestir que se combinen con otras prendas que les darán el giro chic, por ejemplo, una camisa de algodón de corte impecable o una camiseta lisa puesta debajo de un saco, un suéter abierto o cerrado, o incluso una gabardina o chaquetón. Pon atención a los detalles: lleva buenos zapatos, en tendencia y en colores menos comunes que el negro y el marrón. También hazte acompañar de una buena bolsa tipo mensajera o un maletín tipo bolichera en piel. ¿Sugerencias? Prada, Vuitton... Casi todas las marcas importantes los tienen. Si tu presupuesto es limitado, Purificación García o Adolfo Domínguez tienen una gran variedad a precios más accesibles. Para salir de noche, la idea es la misma, sólo que cambia los zapatos por unos de charol, terciopelo o hasta un par de tenis *trendy* —estilo Louboutin—; puedes usar una camisa de seda o un saco más ornamentado, incluso uno de esmoquin. La paleta de color es libre, sólo que guarda los colores fuertes o estridentes para la noche.

Casual

Ésta es la actitud con la que nos vestimos cuando no estamos regulados por compromisos sociales estrictos o con reglas muy marcadas. Es decir, cuando salimos a desayunar un sábado, vamos al cine por la tarde, salimos de compras o tenemos una comida informal con familiares o amigos. En estos momentos usamos la ropa con la que nos sentimos a gusto, libres. Para muchos, son las prendas y el estilo que más les gustan. Para otros es simplemente un momento distinto del resto de los que viven en su cotidianidad y que puede tener códigos diferentes de vestir. Yo me inclino más por este tipo de pensamiento porque nunca he creído en la idea de que vestir casual signifique andar en fachas. Así como me puede resultar chocante la imagen de una mujer haciendo la limpieza o yendo al mercado con vestido, tacones y maquillaje, así de molesto es ver a alguien que viste pants para ir a comer el sábado o que lleva una camiseta sin mangas, un short y *flipflops* al cine por la tarde. Una vez más, nuestro mantra: coherencia. Si cuando vamos a trabajar nos vestimos de traje Armani, ¿por qué en fin de semana nos ponemos una camiseta promocional de cerveza y unos tenis sucios que se caen a pedazos de viejos?

Vamos por partes. Los pants y camisetas viejos son deliciosos. Son el tipo de prendas que mientras más se lavan, más suaves y ricas al tacto se vuelven. Soy fan de ellas, pero no por eso las uso cuando voy a comer un sábado con amigos. Ni aunque sea para ir a la comida rápida. Hay que saber reconocer las diferentes ocasiones en las que podemos utilizar ropa de tipo casual:

- En casa o al realizar actividades domésticas en el vecindario; en fin de semana, una tarde de viernes... Aquí puedes usar tus prendas viejas, holgadas, aquéllas con las que te sientes cómodo y relajado: jeans viejos, shorts, pants viejos, sudaderas, suéteres de algodón, pantuflas, sandalias o *flipflops*. Si sales al mercado de tu barrio, vas por el periódico, sacas a pasear al perro o vas a comprar algo en la tienda de la esquina, es perfecto. Se vale.

- Para salir a la calle en compromisos personales. Si vas a desayunar tú solo, a buscar un disco, hacer alguna compra, dar un paseo solo o con amigos, vas a comer informalmente con un familiar o vas al cine... En todas estas situaciones, el vestir casual tiene que ir un escalón más arriba, lo que significa dejar los pants y camisetas agujereadas en casa. De hecho, métete esto en la cabeza: estas prendas se usan sólo para hacer deporte o como pijama o ropa de casa. Punto. Viste cómodamente, con ropa que te agrade y con la que te sientas bien, pero que no sean harapos.

Prendas recomendadas

Para las mujeres: un vestido de algodón suave con unos zapatos planos o unas sandalias lucirá espléndido y será cómodo. Una falda de algodón —mini o regular—, jeans, shorts, pantalones tipo capri o pescadores emparejados con una blusa de algodón o lino, o con un suéter de algodón o lana (de acuerdo con la temporada) pueden ser opciones de lo más viables. ¿Un buen accesorio? Una bolsa enorme tipo *tote*.

Para los hombres: un buen par de jeans (del estilo que te gusten, deslavados e incluso se valen con roturas) con una camiseta, un polo y unos tenis, mocasines o aun sandalias son perfectos para una actitud casual de tiempo libre. Con ellos, como con las mujeres, la paleta de color es libre, lo mismo que las texturas y materiales. Por eso el estilo casual nos gusta tanto.

Antes de dejar el tema del vestir casual, haré una aclaración. El estilo sport es lo que ahora conocemos como estilo casual. Si bien hay algunas personas que dicen que son diferentes, creo que resultan prácticamente lo mismo. El origen de la ropa sport, como su nombre lo indica, proviene de la que se usaba para practicar deporte, especialmente el tenis y el golf. De ahí que prendas como los suéteres de algodón, pantalones tipo caqui y los legendarios polos sean las más significativas del vestir sport. De hecho, el término comenzó a usarse en los años sesenta para definir la actitud de vestir que no era formal. Pero, al final del día, es, como dije antes, lo mismo que el estilo casual.

Lo que quieres ponerte

Ya te hablé de lo que debes considerar para elegir un atuendo. Toma en cuenta la situación para la que vas a vestirte y los códigos impuestos por la sociedad y todos los que formamos parte de ella. Ahora que ya los conoces, viene lo bueno porque, después de la obligación, sigue la diversión.

Una vez que sabemos lo que el mundo quiere que usemos, nos sentamos a negociar con él acerca de lo que queremos. Es cierto, el hecho del "deber ser" no va bien con muchos de nosotros, por eso es importante que si nos vemos enfrentados a una imposición —usar un uniforme para trabajar, por ejemplo—, busquemos entonces una válvula de escape. Hace algunos años, trabajé haciendo relaciones públicas para la firma de maquillaje M·A·C·. La marca me enamoró desde el principio porque su alma es básicamente la creatividad. Toda la gente que trabajaba ahí era especial, brillante, artística. Podíamos expresarnos y trabajar con libertad. La única regla que la marca nos imponía era vestir enteramente de negro. De entrada, no suena tan mal, pero claro está que después de un tiempo de usarlo te comienza a fastidiar. Lo maravilloso es que teníamos la posibilidad de vestir lo que nos viniera en gana, siempre y cuando fuera de color negro. De modo que en los mostradores y las oficinas se podían ver desde vestidos de lentejuelas, tutús, esmóquines, faldas largas, sombreros gigantes, prendas extrañas e imposibles.... Todas en color negro. Esto me parece un ejemplo perfecto y clarísimo de cómo, ante una imposición, aquel que tiene personalidad y estilo termina imprimiéndolo a cualquier cosa que deba usar, así se trate de un uniforme.

Ésta es justo la actitud que debemos tener ante las reglas: aceptarlas y acatarlas, pero dándoles nuestro toque personal, porque, al final, esto es el estilo. Así que si aún no se te ocurre cómo hacerlo, voy a darte algunas ideas para transformar y hasta manipular a tu conveniencia los diversos códigos de vestir.

Corporativo

Como habrás visto, quizá sea el estilo más restrictivo; no obstante, hay espacio para que pongas tu sello y te distingas de los otros.

Prendas recomendadas

En las mujeres: siempre puedes añadir un elemento poderoso a un *look* ejecutivo para hacerlo más tuyo, como una pieza de joyería especial, un collar más grande de lo normal, un broche. También están los accesorios, los zapatos y las bolsas. Esto no falla porque, de alguna manera, las mujeres en puestos de poder —como cualquier otra— tienen más oportunidades de hacer guiños con la moda. Los hombres tienen más restricciones. Por eso, si te nace y lo sientes compatible con tu estilo y trabajo, ¿por qué no acompañar tu traje sastre con unos preciosos zapatos cerrados de Saint Laurent? En los detalles es donde puedes manifestar tu personalidad y estilo.

En los hombres: el juego es más restrictivo, pero, como en el caso de las mujeres, son los detalles los que te harán lucir especial. Por ejemplo, las corbatas. Opta por piezas más en tendencia, como las de Givenchy, o las de colores o texturas más únicas. Por otra parte, no te olvides de los zapatos, porque ellos dirán la clase de hombre que eres. Si llevas unos elegantes bostonianos de Ferragamo en un color especial, como azul marino, el mensaje que estás mandando al exterior será excepcional: dirás que conoces las reglas del juego, pero que lo juegas a tu manera. Piénsalo bien.

Oficina

Aquí podrás tener un poco más de libertad y opciones para emparejar tu estilo con las reglas de vestir de tu empresa o institución.

Prendas recomendadas

En las mujeres: conserva el estilo, juega con el color y las texturas. Así, en lugar de llevar un *blazer* azul marino sobre tu vestido beige, intenta con un color que te guste más, que sea más tuyo, como turquesa o coral. Verás el cambio tan sólo con una variación tonal. También juega con los accesorios y los zapatos, aunque recuerda las restricciones que hay que tomar en cuenta para el día y la noche, así que no exageres. Con el maquillaje tienes un poco más libertad, pero no en la cantidad que apliques, sino en los colores que uses. Por ejemplo, un color de labios intenso puede hacerte ver estupenda, y un barniz de uñas en un tono inusitado te hará lucir moderna.

En los hombres: las posibilidades de escape son menos, pero existen, y están en los detalles. Intenta variar en los colores, texturas y estilos de las corbatas. Incluso puedes usar corbatas de moño o pajaritas (pero no de esmoquin, sino de colores y texturizadas) y pañuelos en la solapa. También puedes darle a tu *look* ejecutivo un giro llevando zapatos clásicos, pero con un toque de moda, como unos zapatos negros con hebilla metálica o en estilo clásico, pero de un color diferente, como azul marino o gris.

Oficina casual

La libertad aumenta, pero también los riesgos de elegir prendas inadecuadas para ir a trabajar. Por lo tanto, imprime tu sello, pero sé cauto.

Prendas recomendadas

En las mujeres: concéntrate en los accesorios y haz de ellos tu pieza distintiva, especialmente la joyería o una mascada. En cuestión de ropa, te recomiendo hacer variaciones de acuerdo con tu personalidad. Usa prendas clásicas, pero en colores inusuales, como *blazers* estampados, en colores llamativos, faldas en cortes diferentes. Da a tu maquillaje un ligero giro, usa máscara de pestañas de color o una sombra con efecto tornasol. Sólo recuerda: una cosa a la vez. Si pones demasiados efectos novedosos en tu maquillaje de oficina, te verás fuera de lugar.

En los hombres: piensa en prendas básicas, pero con un toque novedoso. Por ejemplo, un saco de vestir en un color diferente o con detalles especiales, como pespuntes contrastados, botones de metal o en colores. También puedes dar un giro diferente llevando un saco de vestir con una camiseta, polo o suéter fino debajo, preferentemente en color liso. O puedes echar mano de un buen par de zapatos divertidos: *loafers*, mocasines o hasta bostonianos, pero de aire más contemporáneo, quizás en colores diferentes. Salvatore Ferragamo es el mejor ejemplo de este tipo de calzado formal, pero con un giro diferente.

Formal

Se exige esta vestimenta para una serie de acontecimientos sociales donde la buena imagen es fundamental.

Prendas recomendadas

En las mujeres: las posibilidades de mostrar tu estilo en esta circunstancia son mayores, ya que para vestir de gala las opciones son infinitas, y un vestido de coctel o de noche siempre es ideal para que las mujeres muestren su gusto, sin ningún reparo. Claro está que primero debes averiguar si la ocasión amerita vestido largo o corto; lo demás es tu decisión. Aun así, a veces hay que acatar ciertas restricciones al escoger una prenda —como la edad y talla—, pero donde puedes mostrar creatividad de manera deliciosa es en la joyería y los accesorios. Que tus zapatos y bolsa de noche griten quién eres. No temas.

Hombres: en este caso las posibilidades son menores, porque para una ocasión formal el hombre tiene que vestir traje oscuro o esmoquin, de acuerdo con la ocasión. Si tu profesión y estilo lo permiten, lleva un traje con un toque más creativo, por ejemplo, con alguna textura brillante, algún casimir encerado o satinado, o si se trata de un esmoquin, uno que tenga solapas con detalles brillantes o que todo sea de alguna tela con tejido en lúrex, que le dará una apariencia brillante. Echa mano de accesorios especiales, como una corbata estampada, con textura o detalles brillantes o unos zapatos de etiqueta diferentes, ya sean metálicos, en terciopelo o incluso con lentejuelas, que se han puesto muy de moda en los últimos años.

Casual chic

Justo aquí la libertad es casi absoluta, pero, como siempre, donde hay mucha libertad, la posibilidad de riesgos es mayor. Si eres una persona con estilo determinado, no tendrás problema. Si aún estás en la búsqueda quizá necesites una red de seguridad, es decir, echar mano de algo que te brinde menos posibilidad de error. Unos jeans rotos con unos zapatos de tacón alto de charol y un saco son casual chic. Unos pants con tacones, no. He aquí algunas ideas.

Prendas recomendadas

En las mujeres: dale un toque extravagante a tu imagen. Por ejemplo, usa un traje de dos piezas en color sobrio, pero combínalo con una camiseta o un suéter con *strass* o lentejuelas. O usa una chaqueta que te encante, sencilla, acompañada de una camiseta, y ponte un collar enorme. Piensa que el casual chic es el mejor escenario para mostrar tu lado sofisticado, pero de una forma fácil y hasta cierto punto cotidiana. Recuerda no abusar de los detalles, a menos que sepas muy bien lo que estás haciendo. Si llevas mucha joyería, no uses un saco de lentejuelas y zapatos de pedrería. Un consejo: dos puntos focales son suficientes, por ejemplo, un brazo lleno de pulseras enormes y unos tacones altísimos metálicos. El resto debe ser más suave, discreto.

En los hombres: hay que poner el foco en dos prendas fundamentales, el saco y los zapatos. Si son de buen estilo y de calidad, tienes ochenta por ciento ganado. Un casual chic para alguien joven: pantalones casuales —jeans—, un saco, una camisa, pulóver o camiseta, y resaltar los detalles. Puedes complementar el *look* con una mascada o una bufanda de algodón en el cuello, un broche si eres atrevido (cada vez están más de moda entre los hombres), una corbata larga o de moño y un buen par de zapatos, por ejemplo, unos mocasines en color, con detalles como tachuelas, terciopelo o charol. Piensa que en el casual chic puedes llevar sin problema los zapatos que utilizarías para una ocasión formal o incluso de gala, sólo que sin el esmoquin. Una silueta ideal en el casual chic para noche es llevar una pieza separada de tu esmoquin con otra prenda más relajada. ¿Ejemplo? El saco con jeans o los pantalones con un suéter liso o una chamarra de cuero.

Casual

Ésta es la actitud de vestir que nos hace sentir más cómodos y en la cual podemos ponernos lo que queramos, dentro de las reglitas que ya mencioné sobre el vestir para diferentes ocasiones casuales. Recordemos, una vez más, que la ropa cómoda no son harapos. Estar en fachas es muy válido y permitido, pero en los límites de tu casa. Tu estilo casual ideal es aquél donde conjugas prendas cómodas, que te visten bien y, lo más importante de todo, que te gustan. Aquí va mi recomendación: siempre procura que, incluso vistiendo casual, tu estilo se trasluzca en esta circunstancia. Es como el ejemplo que te puse antes del hombre en traje de Armani en la oficina y en camiseta el sábado. Da una imagen discordante tuya hacia el exterior y puede confundirte y poner obstáculos en la búsqueda de tu propio estilo; si justamente estás buscando reafianzarlo, debes tener seguridad en tus decisiones, porque al final son las que te ayudarán a forjarlo. Aquí me disculpo por ponerme como ejemplo, pero creo que les puedo ayudar con mi experiencia a entender esta idea. Por lo general, para mi vida laboral suelo vestirme correctamente: jeans, sacos estructurados, camisetas, una buena bolsa y zapatos de calidad (dos rubros en los que me gusta invertir). Pero en fines de semana o cuando mis actividades son "anónimas", es decir, cuando no espero ver a nadie, trato de relajar un poco mi actitud al vestir. Sigo usando los jeans porque para mí son como una segunda piel, sólo que los emparejo con camisetas más holgadas y me pongo un saco desestructurado o una chaqueta de cuero.

En estas ocasiones me permito usar tenis, sandalias o mocasines de piel suave de acuerdo con el clima. Siempre trato de que mi calzado siga teniendo mi sello distintivo, es decir, busco tenis en colores brillantes, metálicos y hasta con brillo si me apetece. Los mocasines me fascinan y los tengo en varios colores. Cuando quiero que mi atuendo sea más potente, escojo unos en color rojo, azul turquesa o marino. Sé que es un gesto mínimo, una sola pieza, pero hace que resalte el resto de mi simple atuendo. Alguna vez que encontré a un compañero de la oficina un sábado en el *mall*, me dijo algo que se me quedó gratamente grabado: "Es que hasta en fin de semana eres… muy tú". No sé realmente si lo dijo como un elogio, pero así lo tomé, porque lo que hizo fue reafirmarme que, malo o bueno, acertado o no, tengo un estilo. Esto es justo lo que debes mostrar en cualquier circunstancia de tu vida: tu estilo.

Prendas recomendadas

> En las mujeres: busca una base y elabora sobre ella. Si no puedes vivir sin jeans —yo no puedo—, emparéjalos con diferentes prendas para las variadas opciones de vestir casual. Ejemplo: con una camiseta para desayunar el sábado; con un saco o suéter si la ocasión es un poco menos informal —si vas a visitar a tu familia o vas a una comida con amigos—, y para la noche, acompaña tus jeans de una blusa de lentejuelas y unos tacones. ¿Adviertes la diferencia? Puedes llevar vestidos cómodos de algodón, shorts o faldas cortas incluso complementados de prendas sencillas. Los accesorios idealmente tienen que ser relajados. No lleves una bolsa de satén y terciopelo si vas de *brunch* dominical a un restaurante. Si tu sello distintivo son las bolsas de marca, lleva un *backpack* de Prada o una bolsa tipo *tote* de Vuitton con unos jeans y una blusa blanca. *Très chic*. O si tu fuerte son los zapatos, también deben tener este espíritu: tenis, zapatos de piso, sandalias de esparto tipo alpargata, pero con el toque *fashion* que te representa. ¿Ejemplo? Tenis metálicos, *ballerinas* de lentejuelas…

En los hombres: la fórmula es muy parecida a la de las mujeres. Decide cuál es tu prenda favorita —caquis, jeans, shorts— y acompáñala de otra igualmente cómoda de acuerdo con la circunstancia. Algunas reglas para que tu estilo casual sea exitoso: las sandalias y los mocasines (*loafers* o *drivers*, como se les conoce en inglés) se usan sin calcetines. Los tenis se usan con calcetines blancos si son muy deportivos o de colores vivos; si son de piel (café o marrón) se llevan con calcetines del color del calzado. Si vas a usar una camiseta debajo de un saco o un suéter, procura que sea más justa al cuerpo para evitar pliegues desagradables. ¿Tenis y saco de vestir? Depende de los tenis. Si son muy *fashion* o de piel, sí. Si son los de correr o ir al gimnasio, no. Pero esto, como siempre, dependerá de tu estilo y edad.

El balance ideal

Ya te dije lo que el mundo requiere de nosotros y la imagen que debemos proyectar en ciertas circunstancias. Además, hice una reflexión de cada circunstancia posible y analicé contigo lo que a ti te gustaría ponerte para cada ocasión. Es verdad, a todos se nos antoja más la segunda opción: llevar la ropa que nos place y vestir como se nos ocurra. Pero también te dije lo caótico que esto sería; por eso la sociedad ha tenido que reglamentar los códigos de vestir para los diferentes escenarios de la vida cotidiana. En pocas palabras, no podemos usar todo lo que se nos antoja, pero tampoco queremos vestir exactamente como nos ordena un código. ¿Qué es lo ideal? Como todo en la vida, el justo medio aristotélico, es decir, ni tú ni ellos.

Como en todo matrimonio, amistad o contrato laboral, las dos partes tienen que sentar reglas para el buen funcionamiento de la relación. Hay que negociar. A veces, la negociación no es necesariamente con la otra parte, sino con uno mismo. Hay que ceder en ciertas cosas y apretar en otras. Si eres una mujer que no soportaría ir de traje sastre y tacones todos los días a la oficina y el trabajo te fascina, entonces reflexiona y negocia contigo misma, piensa que quizá puedas usar un traje sastre más desestructurado y unos tacones más bajos. Estás dándole gusto a tu compañía y, al mismo tiempo, estás a gusto con lo que tendrías que usar. Si tienes que llevar uniforme, entonces exprésate lo más posible con tus accesorios y lleva un maquillaje de ensueño. Para los señores es igual: si hay que llevar corbata y la odias, usa las más modernas, de diseñador, las que nadie tiene. Todo es cuestión de buscar dónde podemos modificar o recalibrar las reglas que nos imponen para filtrar los propios gustos y así dejar que aflore nuestro estilo personal.

11. Y nos llega una edad...

¡Huy! El tema de la edad. A todos nos atemoriza. Aunque tengamos veinte años. No nos engañemos. Recuerdo que la primera vez que este tema me golpeó fue cuando salí de la universidad. Ya podía trabajar, había dejado de ser un adolescente y no podía seguir siendo un hijo de familia. Por lo tanto, me había convertido en adulto. En alguien "mayor". A pesar de que este sentimiento de madurez se repetía con mayor o menor intensidad cada lustro —a los veinticinco, treinta...—, cuando realmente me provocó una crisis de "vejez" fue a los cuarenta años. Ésta es una edad en la que, estadísticamente, estás más o menos a la mitad de tu vida y, más allá de la carga filosófica y de introspección que esta etapa pueda suscitar (¿dónde estoy, qué he hecho y adónde voy?), de lo que realmente te das cuenta es de los cambios físicos que comienzas a experimentar. Es verdad, a los cuarenta o alrededor de ellos, la mayoría de nosotros advierte que nuestro cuerpo se ha modificado y, a menos que seas Jane Fonda, no necesariamente para bien. La piel pierde lozanía, las arrugas indiscretas comienzan a asomarse, las canas hacen acto de presencia y algunas partes de nuestro cuerpo, otrora firmes, han cedido ante el influjo de la ley de la gravedad. Claro está que hay quien ha hecho ejercicio, comido sano y tratado de mantenerse en forma, pero incluso con todo eso y aunque luzcamos estupendos, nunca será igual que cuando teníamos veinte años. Pero ¿sabes qué? Esto es una maravilla.

Es verdad que no todo lo que trae consigo la edad es agradable. No obstante, con los años vamos adquiriendo una serie de cosas tales como experiencia,

madurez o seguridad que, al final, nos pueden convertir en individuos atractivos y fabulosos. Después de los cuarenta ya nos hemos ganado, por decirlo de una manera, el derecho de piso. Ya sabemos quiénes somos, no tenemos que quedar bien con nadie, y la mayoría de las negociaciones que hacemos respecto de nuestras ideas o personalidad son con nosotros mismos. Así de simple. Esto te da una presencia y aplomo que envidiaría cualquier veinteañero.

Hemos conquistado muchas cosas en el ámbito profesional, en nuestra personalidad y estilo. Pero justo estas conquistas, como si fueran una presa atrapada por un felino, son difíciles de soltar porque, a veces, creemos que en el futuro ya no habrá más presas que cazar. Por conquistas me refiero a un estilo determinado en el vestir o una forma específica de maquillarnos con la que nos hemos quedado por años porque nos acomodaba, nos sentaba bien. Pero es importante saber que, de la misma manera en que dejó de gustarte un tipo de música ("¿Madonna de porrista? ¿A los cincuenta? Por favor..."), ir a cierto tipo de clubes ("¿Qué dices? Es que con la música tan alta no puedo escucharte...") o ver películas sólo por el actor de tus sueños ("Brad... ya te perdimos"), también lo es que dejes ir ciertos hábitos al vestir que, como una mala película o un cantante que no supo envejecer con dignidad, *ya no te sientan bien*.

La evolución de un estilo

El objetivo primordial de este libro es ayudarte a encontrar tu estilo. Y aplaudo porque, una vez que lo hayas encontrado, te quedes con él y hagas que te acompañe por siempre. Pero, a pesar de que tu guardarropa es un reflejo de tu estilo, la ropa *no* es tu estilo, es simplemente un vehículo que te permite expresarlo. Y sí, quizás aquellas faldas globo o camisetas ajustadas que usaste en los años ochenta te hayan representado y hecho identificable, pero esto no quiere decir que debas seguir usándolas treinta años más tarde.

Tu estilo tiene que evolucionar, madurar, como lo has hecho en otros aspectos de tu vida. No puedes seguir vistiendo las mismas prendas que usabas hace veinte, diez o cinco años, porque tú no eres tampoco la misma persona. O sea que si has cumplido cuarenta —más, menos—, lo que tienes que hacer es un análisis, nuevamente, de quién y cómo eres, tus metas conquistadas y hacia dónde estás dirigiéndote ahora. Es fundamental que tomes en cuenta los diez factores siguientes en esta revaloración de vida.

1. LO QUE HAS LOGRADO
Es muy probable que la persona que eres ahora esté bien forjada por sus fallas y aciertos en todos los aspectos de su vida. A lo mejor estás casada o casado, quizá ya no lo estés. Probablemente tengas hijos o tal vez seas una persona que ha decidido tener una carrera brillante y meteórica donde la familia no era exactamente parte del plan. Todas éstas son decisiones tomadas con conciencia o fueron parte de un camino que te tocó vivir sin que lo buscaras y te ha llevado a un lugar determinado. Si estás donde quieres estar, felicidades. Si no, nunca es tarde, y es hora de ver lo que realmente quieres hacer con tu vida. No hay imposibles.

2. LA PERSONALIDAD QUE TE HAS FORJADO
Ya has pasado por mucho. Pantalones de tubo, a la cadera, acampanados, *baggies*, de tubo una vez más. Sacos con hombreras, toreras, desestructurados y... hombreras de nuevo. Maximalismo, minimalismo... y colores neón otra vez. Has experimentado y has usado prendas que, al volverlas a ver, hoy te hacen exclamar: "¿En qué diablos estaba yo pensando?", pero, por otro lado, también has aprendido lo que te queda bien y te favorece. Lo que te hace lucir mejor. Bravo por ello.

3. ¿TE HAS QUEDADO EN LA ZONA DE CONFORT?
Cuando uno encuentra lo que le gusta, lo que le queda, se vuelve *comodino*. Un amigo muy querido me dijo una vez que nos encontramos en Europa:

"Sospecho que cada vez que vienes a París vas a los mismos lugares". Tuve que admitir que eso era verdad. Cuando descubres un restaurante, una *boutique* o simplemente una costumbre como caminar por una calle o un parque que te encanta te quedas con ella y dejas de aventurarte en cosas nuevas. "¿Para qué? Si lo que ya conozco es suficientemente bueno", podrías objetar. Pero por culpa de esta comodidad nos estamos perdiendo de nuevos sitios donde comer bien, de un jardín recién restaurado o una nueva *boutique* espectacular. Con la moda suele pasar lo mismo. Cuando un tipo de saco, un corte determinado de pantalones o un color nos queda bien —o nos quedaba bien y ha dejado de quedarnos sin que nos demos cuenta—, entonces comenzamos a perdernos de cosas importantes, de esa experimentación que nos lleva al placer de disfrutar las cosas nuevas. De vivir, en una palabra.

Nos hemos quedado en la zona de confort del vestir y ese trajecito rosa de dos piezas que te quedaba tan bien hace diez años o esos pantalones acampanados que te hacían lucir tan *hip* en el bar en 1999, hoy simplemente te hacen lucir absurdo y, peor aún, demuestran la edad que tienes. No se trata de que ocultes cuántos años tienes, sólo que usar ropa tan pasada de moda te hace ver viejo, en el mal sentido de la palabra. Lo malo del tema es que no lo eres. Métete esto en la cabeza: mantener tu estilo no significa que debas hacerlo con la misma ropa con la que lo hallaste.

4. Enfréntate al clóset

Ya había dicho alguna vez que muchos solemos guardar nuestra historia personal colgada en ganchos y doblada en los cajones. Así, lo que hay en nuestro clóset se vuelve piezas de museo, más que una serie de elementos prácticos —que es lo que la ropa tiene que ser al final del día— que nos hagan la vida más fácil y, por supuesto, estética. Es momento de asumir que los recuerdos se guardan en el corazón y la memoria, y no en los armarios. Es momento de hacer limpieza emocional y de despedirse de todo lo que ya no te funciona. Abajo te diré, paso a paso, cómo hay que hacerlo.

5. *Vintage* versus viejo

Quizá, si eres un amante de la moda o sólo un seguidor consciente de ella, hayas invertido a lo largo de tu vida en piezas importantes en tu guardarropa, prendas de diseñador. Quizá posees una hermosa *Birkin* de Hermès o una bolsa clásica de Chanel, un encantador *baguette* de Fendi, unos buenos tacones altos de Louboutin, un traje de YSL, una gabardina de Burberry o un vestido de Gucci. Si eres hombre, tal vez tengas un buen cinturón de Hermès, un traje de Armani o de Valentino, más o menos prendas, no importa: son hermosas y valen mucho, tanto económica como sentimentalmente, y tienen ya algunos años contigo. Seguramente ahora estás más familiarizado con el término *vintage*, y si no, te lo explico.

Hay un par de versiones acerca de lo que es una prenda *vintage*. Los puristas dicen que se trata de cualquier pieza que data de antes de 1960, pero, con esta apreciación, un esmoquin espectacular de Yves Saint Laurent de los años setenta no lo sería entonces. Hay quien dice que son aquellas prendas que tienen entre 15 y 20 años de edad. Pero desde esta perspectiva, las bolsas de Murakami de Louis Vuitton, de 2002, tampoco serían consideradas *vintage*, y lo son. Hay quien opina que una prenda *vintage* es aquella que tiene más de diez años. Yo suscribo esta definición porque me parece que es la que tiene más sentido. La moda, en sus ciclos revolventes, tiende a cambiar cada década. Por eso es tan fácil identificar los estilos en ciclos de diez años. Así, a las prendas con más de diez años en tu clóset puedes considerarlas *vintage*.

Pero cabe hacer una aclaración pertinente: no *todo* lo que hay en tu clóset con más de diez años es *vintage*. Una prenda *vintage* es aquella que tiene un valor histórico, creativo e intrínseco. La ropa y accesorios de diseñador entrarían en esta categoría. Una chaqueta clásica de Chanel, una bolsa *Birkin* de Hermès, un vestido de Ungaro, un abrigo de Gianfranco Ferré, una blusa de seda estampada de Versace. Puede haber algunas excepciones con prendas no firmadas: chaquetas de uniformes militares, trajes sastreados o vestidos de noche hechos a la medida. Pero todas aquellas prendas que no son de firma, que compraste para su uso regular en tu día a día —como la ropa de Zara o H&M— no son *vintage*, simplemente son viejas, aunque estén en buen estado y te las hayas puesto una sola vez.

6. *Vintage*: lo que hay que conservar

Éste será un trago amargo porque, si nos es difícil deshacernos de ropa que nos costó casi nada, decir adiós a piezas en las que invertimos una buena suma de dinero es aún más duro. Pero déjame decirte algo muy importante: hay ciertas prendas que, aunque sean de diseñador, te sigan quedando bien y te hacían lucir espectacular en 1987, ya no lucen como debieran en una persona de más de cuarenta años por varias razones: te acentúan la edad y pueden hacerte lucir cursi o pasado de moda. Pon en tu cabeza esta imagen: un hombre cuarentón que se sienta en un bar a ligar llevando una camisa de seda estampada de medusas Versace de finales de los años ochenta o una mujer del mismo rango de edad que vaya a una cena con un traje monocromático de Escada de los años noventa. Se ven mayores, pura y llanamente, aunque sean personas jóvenes. No importa que la moda haya puesto alguna de estas prendas en boga de nuevo, en un cuarentón dan la impresión de que nunca dejó de usarlas desde que estuvieron de moda en la época en que las compró. "A éste le agarró de nuevo la moda", dirían los malintencionados.

Salvo contadas excepciones, de las que hablaré a continuación, la ropa *vintage* o incluso la vieja sólo le queda bien a la gente joven. Imagina la misma camisa estampada de Versace del ejemplo anterior en un chico joven que está de fiesta en la playa o el traje de Escada en una chica espigada de veinte años con unos taconazos y un *clutch*. ¿Verdad que la imagen es diferente, apetecible? Entonces piensa también en las prendas *vintage* que debes conservar y en las que puedes regalar a tus hijos o vender por una buena cantidad.

Lo que se puede quedar

En el caso de las mujeres, hay piezas que vas a poder usar toda la vida porque son atemporales, como la joyería, porque con ella siempre encontrarás una manera de darle un *twist* a tus atuendos. En cuanto a ropa, se pueden quedar las piezas de corte clásico, como una chaqueta o traje de Chanel, un traje de dos piezas de Saint Laurent o Armani, bolsas de creadores como Prada, YSL, Dior, Hermès, Vuitton, Chanel, Balenciaga, pero en estilos clásicos. Todas las prendas que tengan un estilo más atemporal y en colores más sobrios. Los zapatos más serios, sin demasiados guiños de "tendencia": unos Ferragamo negros de tacón alto fino pueden quedarse sin problema. También guarda las piezas consideradas icónicas o de colección, como una blusa con el estampado Flora de Gucci o la falda de boquitas de Prada.

Respecto de los hombres, la selección es más pequeña. Las piezas *vintage* que aguantan el paso del tiempo son los esmóquines (si la chaqueta y el pantalón son de corte clásico, y aun así, más de cinco años ya se notan en ellos), abrigos, gabardinas, suéteres de *cashmere* lisos y alguna corbata de ancho estándar. No más.

Lo que debe irse

Primero que nada, debes sacar todo lo que ya no te queda bien, lo que te aprieta o queda corto o largo. Pruébate las prendas y, con honestidad, acepta si ya no son para ti. Hay una regla infalible: si dudas, es que no hay duda.

Luego debes eliminar todo lo que es demasiado extremo o de tendencia: pantalones de cadera muy baja o muy alta, chaquetas con detalles obvios, como hombreras muy grandes, detalles muy especiales como bordados o aplicaciones, prendas demasiado escotadas o cortas (recordemos, otra vez, lo que dijo Carrie Bradshaw en *Sex and the City*: "Una mujer de mi edad necesita comenzar a cubrirse"), vestidos con estampados muy dramáticos, piezas en colores demasiado escandalosos.

En cuanto a bolsas, dile adiós o hereda las *totes* de playa estampadas, las que están hechas en materiales especiales, como vinil, con demasiadas aplicaciones o en colores que ya se ven fuera de moda. En el terreno del calzado, deshazte del que está muy gastado o de aquél cuyo estilo ya se ve muy pasado de moda, aunque esté como nuevo. La joyería que debe irse es la que fue muy de temporada: los brazaletes de mezclilla o los aretes enormes de los años ochenta. Seguro se le verán muy bien a tu hija o a una chica de 17 años.

Ahora, los hombres. Es terrible, cierto, pero se tiene que ir casi todo porque, salvo un traje muy clásico, todo lo que tiene más de diez años en tu clóset ya es considerado viejo. Te quitarás un peso de encima, ya verás, y harás muy felices a jóvenes amantes de la moda y de tu gusto, el cual ahora tiene que evolucionar y buscar nuevos horizontes.

7. Cómo debes elegir a partir de ahora tus prendas

El proceso es complicado, pero, al final, en tu armario quedará sólo lo que debe estar. Tal vez sea suficiente o no. Entonces, hay que hacer lo que tanto nos gusta: ir de compras. Pero no hay que adquirir todo un nuevo guardarropa ahora mismo; el cambio no debe ser tan dramático. Simplemente, ahora tienes que comenzar a comprar prendas con una nueva mentalidad. Quizás este consejo sea obvio para ti, pero habrá a quien no le resulte tan evidente.

La elección de prendas a partir de este momento debe ser hecha más con la cabeza que con las entrañas. Aquí me pongo de ejemplo: dado que he vivido en varios países en los últimos años, vestirme en sitios donde las estaciones son marcadas representó un reto para mí. Los veranos de 40 grados a la sombra en Asia invitaban a estar ligero de ropa, y me hice fan de los shorts... demasiado cortos. Claro, los veía en los desfiles de moda puestos en modelos italianos con 18 años, 1.90 metros de estatura y piernas perfectas... No sé en qué estaba pensando cuando decidí empezar a usarlos. Eran frescos, cómodos. ¡Me encantaban! Pero no se me veían bien. Así de simple. Necesité ver una foto mía usándolos para darme cuenta. Mi cuerpo, piernas y figura se veían desproporcionados con una prenda tan minúscula. Por fortuna lo supe esa misma temporada y el año siguiente me deshice de todos ellos y los cambié por algunos shorts rectos y más largos, arriba de la rodilla o capris, que resultaron más favorecedores. También me di cuenta de que las camisas me sientan mejor que las camisetas, que ahora sólo uso cuando llevo encima un saco u otra prenda.

Tal vez ya encontraste un color que te va de maravilla, una prenda que es perfecta para tu tipo de cuerpo. Bravo por ello. Pero no te estanques, porque el cuerpo va cambiando, lo mismo que la moda. Si te solían quedar bien los vestidos rectos simples, ajustados medianamente al cuerpo, analiza si siguen siendo halagadores para tu figura, porque quizás haya que hacer alguna variación en la forma. Probablemente ahora te queden mejor los vestidos camiseros o los que tienen marcada la cintura, y la falda en línea A.

Si eres hombre, quizás antes te quedaban bien los pantalones con pinzas, pero ahora hacen más notorias protuberancias que quieres ocultar y te vendrán mejor unos de frente liso, es decir, sin pinzas.

En una palabra, ahora la elección de prendas de vestir tiene que ser primero: "Porque me queda" y después: "Porque me gusta". Cuando tienes quince años importa menos que no te quede si te gusta mucho. Pero no te asustes ni pienses que a partir de ahora tendrás que usar sólo prendas clásicas; nada de eso. El hecho de que la ropa sea favorable a la silueta no significa que sea fea o aburrida, ni que debas vestirte de una forma que detestas. No. Pero desde hoy tienes que hacer tus elecciones de guardarropa de manera más cauta y consciente. Sin embargo, créeme, puedes seguir luciendo espectacular.

8. LA PRUEBA DE LA FOTO

Como yo, te invito a que hagas la prueba de la fotografía, porque ésta no miente. Es mejor que el espejo, porque nos vemos en proporción y en un ambiente real. De modo que si tienes duda con un cierto vestido o un estilo de prendas en general (elípticas, desestructuradas, entalladas...), tómate la foto y analízala un par de días más tarde. Nunca el mismo día en que te la tomes. ¿La razón? Aún estarás cargado de sentimientos acerca de lo que

llevas puesto, especialmente si es algo que te gusta mucho o crees que te queda perfecto. De modo que, con los ánimos más fríos y de forma objetiva, analiza la foto. Si ves que el vestidito estampado que te encanta —o que quieres comprarte— hace que el busto no se vea en su lugar, o que esa camiseta ajustada te aumenta volumen en áreas donde más bien quisieras ocultarlo, entonces no los uses y busca otras opciones.

9. Dos reglas de oro: cubrir lo que queremos ocultar y dar forma a lo que ya no la tiene

Es verdad, las camisetas son cómodas, frescas y acompañan bien cualquier atuendo solas o debajo de otra prenda. Pero es importante recordar que hay tallas y cortes para cada cuerpo, y a veces parece que se nos olvida y usamos esas camisetitas de lycra pegadas que nos hacen lucir como embutido. Con otras prendas nos pasa igual: vestidos, jeans, minifaldas, shorts... Tenemos la peregrina idea de que usando la ropa como faja vamos a ocultar que hemos ganado peso o perdido forma. El resultado es exactamente el opuesto: los defectos que queremos ocultar se hacen evidentes. Es como si saliéramos desnudos a la calle. Éstas son dos reglitas sencillas que hay que aplicar después de los cuarenta, y antes, si tus características físicas lo requieren.

Cubrir: justo con la entrada de la madurez, nuestro cuerpo va perdiendo tonicidad y firmeza. Repito, hay excepciones, pero la mayoría de los cuerpos maduros son víctimas de la fuerza de la gravedad, y lo que solía estar arriba poco a poco va bajando. Entonces, es tiempo de ir cubriéndonos paulatinamente. En el caso de las mujeres es tiempo de ir dejando los tirantes de espagueti y buscar opciones más "tapadas", como vestidos sin manga o de manga corta. O si usas un vestido *strapless*, debes llevarlo con una chaqueta, suéter abierto o una *pashmina*. Quizá también sea tiempo de dejar la mini y optar por faldas más largas. Las camisetas, en hombres y mujeres, hay que usarlas en corte más relax y no tan justo al cuerpo. Señores: aunque tengan una figura de campeonato, eviten las camisetas de tirantes fuera de la playa, el gimnasio o su recámara. No hay nada peor que un madurito queriendo hacerse el forzudo.

Dar forma: ésta es una regla que me parece aún más importante. Ahora, primero me dirijo a los señores. Estos trajes desestructurados —sin hombreras o forro—, que nos hacían sentir como modelos de Giorgio Armani, dejan de ser viables en el momento en que cambia nuestro cuerpo. Cuando vamos perdiendo la forma, tenemos que buscar que la ropa nos la devuelva. ¿Cómo? Con prendas estructuradas. Hay que buscar trajes de hombros marcados y preferentemente con forro, aunque sean de verano. Es importante que las prendas tengan ajuste correcto, es decir, que no sean demasiado chicas o grandes; esto va para ambos géneros. En el caso de las chicas, la recomendación es parecida: buscar prendas estructuradas, pero que no sean muy justas o demasiado holgadas, porque tanto unas como las otras deforman el cuerpo. Ergo, olvida los vestidos demasiado ligeros, sueltos, tipo túnica o las faldas amplias con resorte o pantalones tipo indio (a menos que estés en la playa) y opta por prendas que definan con suavidad la cintura y den buena forma al pecho y las caderas.

10. NO ES EL FIN DEL MUNDO, SÓLO UNA NUEVA FASE

No es sencillo, créeme. He pasado por ahí. No obstante, hay una serie de cosas muy gratificantes que tienes ahora frente a ti. Ya puedes comprarte la ropa que quieras, incluso la de diseñador, si te esfuerzas un poco. Sin duda, cuando tenías dieciocho años, acceder a una prenda de marca era sólo un sueño. Ahora ya no. Es verdad, quizá ya no puedas usar algunas prendas, pero sí muchas otras igual de extraordinarias o más. La moda es generosa y siempre tendrá algo para todos los gustos y necesidades. Christian Lacroix, el diseñador francés, me dijo hace algunos años: "La vida está llena de cambios. Si luchas contra ellos, la vas a pasar mal. Pero si los abrazas y recibes con buena cara verás cómo, al final, los cambios te harán mejor persona". Creo que es una verdad grande como una casa. Así que manos a la obra y arregla tu clóset de una vez por todas.

La limpieza del clóset

Si la haces cada primavera, te felicito de todo corazón. Pero, la verdad, no te creo una palabra. ¿Sabes por qué? Porque a medida que cumplimos más años, nos volvemos más aferrados a los objetos personales, y tirar cosas se empieza a volver doloroso. La ropa y los accesorios que tenemos colgados en los ganchos están cargados de sentimientos y emociones. A veces, tirar un suéter se siente casi como arrojar un hijo a la basura, o por lo menos a tu perro. Pero es importante que superes el sentimiento, porque a lo único que va a llevarte es a llenar tus cajones y percheros de cosas que ya no usas o, peor aún, que sigues usando, aunque ya no se te vean bien. Como ejercicio, ponte de pie frente a tu armario y visualízalo como un amigo que va ayudarte, no como un acertijo al que no le encuentras pies ni cabeza. Primero, separa las piezas *vintage* de las que te hablé antes —las verdaderas— y trabaja en el resto de lo que hay ahí.

Jeans: son la prenda que se ve pasada de moda, y vieja, más fácilmente. Los cortes de pierna varían casi de un año a otro, y ya no hablar de los diferentes colores y estilos. Es cierto que hay cortes clásicos que pueden llevarse más tiempo, pero hay algo que debes considerar: con las lavadas, los jeans se van desgastando, y si bien ese aspecto (hasta roto) tanto gusta a los adolescentes, a las personas maduras ya no les queda tan bien. De modo que si tus jeans tienen más de un año y los has usado mucho, es hora de jubilarlos. En el caso de que tengas algunos que uses muy poco, o de diseñador con aplicaciones o que te hayan costado una fortuna, entonces revisa el corte y cómo te siguen quedando. Si te van chicos o se ven anticuados, adiós, que hay personas que pueden darles un buen uso. Tú, ya no.

Camisas: los señores tenemos una extraña manía de guardar camisas por años, y, al igual que toda prenda que se usa con frecuencia, suelen mancharse, dañarse y perder su forma, más aún si las lavamos en casa. Una camisa normal tiene un periodo de vida de uno a dos años, más o menos, de acuerdo con el uso. Una de buena firma y textil de calidad puede durar un poco más (en el caso de las finas, debes mandarlas a la tintorería para que duren en buen estado más tiempo). Regla general: si son blancas durarán menos, porque se vuelven amarillentas y los puños y cuellos revelan su edad. Si es el caso de algunas tuyas, tíralas en cuanto veas que han dejado de ser blancas. Aquí la fecha de caducidad es su estado, no el tiempo que tienes con ellas.

Vestidos: uno clásico y sencillo puede tener un periodo de vida más largo, especialmente si es de tonos neutrales. En ese caso, consérvalo si te sigue quedando bien y, lo más importante, si está en buen estado. Si tiene manchitas, zurcidos o desgastes visibles, mejor dile adiós. ¿Y los estampados? A menos que sean de Pucci, Prada o Marni —u otra firma de este calibre—, jubílalos si tienen más de cinco años.

Trajes: los de firma normalmente son de buena calidad y su periodo de vida tiende a ser más largo. Es cierto que los cambios en los cortes de los trajes clásicos masculinos ocurren poco, pero se dan. Así, un traje bien cuidado comienza a verse viejo después de tres años, fuera de moda después de los cinco y fuera de lugar después de diez. ¿Cómo saber si tus trajes no funcionan? Sencillo, ve a una *boutique* y pruébate uno nuevo. Comprueba el largo del saco, la anchura y el alto de las solapas, el corte del pantalón, la forma de la pierna y si la pretina está más cerca de la cintura o la cadera. Luego compáralo con los trajes que tienes en casa. Si las diferencias son abismales, entonces significa que tus trajes están pasados de moda y hay que jubilarlos ipso facto.

Si los trajes tienen manchas de tinta o grasa, o los hombros y solapas han perdido su forma, deshazte de ellos, aunque los hayas comprado hace dos meses. Pero si no son clásicos y están demasiado inclinados hacia la moda, entonces su periodo de vida es aún más corto. Si son de una marca importante, tal vez sean piezas de colección que puedes seguir usando unos años más en ocasiones especiales, pero, en el caso de los hombres, el *vintage* no funciona tan bien como con las mujeres, y un saco estampado de Versace ya no le queda bien a un cuarentón, a menos que seas Elton John o trabajes en la industria de la moda o el espectáculo. Si tus trajes *funkies* son de una marca de difusión, entonces despídete de ellos al cumplir un año en tu clóset. Ya dieron lo que tenían que dar.

Trajes sastre: podríamos aplicar la misma regla que con los hombres, aunque los trajes femeninos sí están más inscritos en las tendencias de moda, o sea que su periodo de vida suele ser más corto. Así, toma en cuenta detalles como que los de colores claros se desgastan más rápidamente; si tienes trajes con chaquetas y detalles muy de moda (hombreras muy marcadas, aplicaciones) y faldas con un corte no clásico (muy largo, corto o tipo globo), entonces también deshazte de ellos dos años después de su fecha de compra.

Zapatos: tienen una gran bendición, y es que por sí mismos te dicen cuándo deben irse caminando al bote de basura. El proceso natural de desgaste de un zapato habla por sí solo. No obstante, si se trata de un par de tacones de Louboutin o Chanel, si eres mujer, y si están poco usados y bien cuidados, pueden durar bastante. Si es el caso de algunas piezas en tu armario, entonces tienes que mirarlas con ojos objetivos. Así, unos stilettos negros cerrados en piel o charol pueden servirte hasta que se acaben porque son clásicos y atemporales, lo mismo que unos mocasines de Gucci. Los zapatos joya (como los tacones pistola de Chanel de la colección *Miami* o los Cadillac de Prada) son historia, o sea que puedes conservarlos y usarlos de vez en cuando, pues seguirán valiendo por su diseño, no porque estén en tendencia. De los muy *trendy*, como los estampados en *animal print*, en colores dramáticos, como neones, o los que fueron "flor de un día", como las sandalias de *mink* de Cèline, sí tienes que deshacerte (o heredárselos a tu hija, quien los lucirá de maravilla).

Para los hombres, la decisión es más simple: si los zapatos ya tienen muy marcado el doblez natural del pie, la piel y las suelas ya están opacas y gastadas, entonces hay que ir a buscar unos nuevos. Por favor, vale la pena reparar unos zapatos de Ferragamo; con unos de Zara ni te molestes. Jubila los zapatos de batalla con más de un año de antigüedad en tu clóset. Los zapatos de firma (Gucci, Prada) aguantarán más si el estilo no es excesivo, es decir, muy puntiagudo o chato, con tacón muy alto o en un color extremo. Pero unos mocasines, bostonianos o botines clásicos de calidad, como en el caso de las mujeres, úsalos hasta que se acaben.

Bolsas: aquí hay más flexibilidad porque, a menos que tengas bolsas de tu abuela (que no sean la *Kelly* de Hermès o la *2.55* de Chanel), entonces todo lo que tienes en tu clóset puede quedarse. Claro que hay excepciones. Si las bolsas no son de marca y ya están muy usadas, entonces hay que ir por otras nuevas. Claro, si el estilo está muy fuera de moda. Para las mujeres, lo admito, esto es una franca esclavitud, porque con la industria diciéndoles qué bolsa hay que llevar cada temporada, los ojos del mundo —especialmente de las otras mujeres— estarán en tu bolsa y tus zapatos. ¿Cómo saber si tu bolsa está completamente *out* si no eres una experta en moda? Sencillo, mira a tu alrededor y ve las que llevan las jóvenes. Abre una revista. Ve a las tiendas. Si lo que observas no tiene nada que ver con lo que tienes en el clóset, entonces es momento de decir adiós a las bolsas viejas y hola a las nuevas.

Joyería: los joyeros de las mujeres de todas las edades son como la cueva de Alí Babá. Si la mujer tiene más de cuarenta años, las cantidades suelen ser abrumadoras. Pero ¿cuántas de estas joyas te sigues poniendo, descontando, claro está, las finas? Sin duda, muy pocas. Pero si no es tu caso y continúas usando aquellos aretes gigantes tipo botón o los de bolas de lentejuelas con los que ibas a bailar en 1988, entonces estamos mal. Sí, podrás argumentar que la moda ha vuelto, pero las modas nunca regresan iguales que cuando nacieron originalmente. Siempre hay variaciones de estilos, tamaños y materiales. Ergo, evita usar esas piezas originales de la época porque, lejos de verte a la moda, darás justo el efecto contrario. ¿Cuál es la regla para los accesorios? La misma que en la moda. Normalmente, los cambios dramáticos se dan cada diez años, y en una década se sigue usando más o menos lo mismo, con algunas variaciones de tamaño o estilo. Con la joyería esto es mucho más notorio. De modo que si tienes joyería de fantasía con más de diez años de vida y no entra en la categoría *vintage*, dile adiós ahora mismo.

¿Señora o aseñorada?

Coco Chanel contaba que un día recibió la visita de una clienta. "Me he vuelto vieja, así que quiero que me haga unos trajes que usaré a partir de hoy como si fueran un uniforme", le dijo. Chanel, directa como fue siempre, replicó: "Oh, no. Sólo las mujeres jóvenes pueden ir a *su* moda. Las mujeres mayores tenemos que ir a *la* moda". Esta iluminadora frase de *mademoiselle* puede sonar confusa, pero tiene mucho sentido. Lo que quiso decir es que una joven puede usar lo que le plazca, ir contra las reglas, porque, al final, para eso es la juventud, para experimentar, acertar y equivocarse. Una mujer madura tiene que incluir con cautela ciertos elementos de moda para lucir más joven, contemporánea. Usar siempre las opciones más seguras en el vestir o las propuestas extremadamente sobrias la harán lucir mayor.

No nos confundamos; no es que las madres o abuelas deban vestirse como adolescentes, pero tampoco deben optar por prendas que son, por llamarlas de alguna manera, el cliché de la mujer mayor: vestidos demasiado austeros, zapatos bajos ortopédicos, chales o trajes de corte severo como de institutriz victoriana. Estas prendas, indudablemente, las harán lucir mayores de lo que son.

Mi madre fue una mujer más bien práctica. Con cinco hijos, veía la ropa desde un punto de vista más pragmático que estético. No obstante, cuando se vestía para salir, solía tener un gusto correcto. El único detalle que cuidó siempre fue el largo de sus faldas: jamás le gustó llevarlas por debajo de la rodilla. A mí, desde entonces seguidor de la moda, a veces me chocaba ver sus vestidos un tanto "rabones", como decía mi abuela, que, aunque nunca fueron mini, siempre eran relativamente cortos. No era una cuestión de moralina, simplemente que, al ver a las otras madres en la escuela, mi referencia del largo correcto de una falda era otra. Un día le pregunté: "¿Por qué no te vistes como otras mamás del colegio?". Me respondió fresca como la mañana: "Porque no me gusta vestirme como señora". En mi lógica infantil no entendía por qué una señora no quería vestirse como tal. Años más tarde comprendí lo que mi madre quería decir, y no se refería a vestirse como "señora", sino "aseñorada". Era debido a que ella tenía una edad y una figura muy distintas de la de las otras mamás, o sea que podía enseñar delicadamente sus piernas sin por ello lucir fuera de lugar.

Aquí es donde entran en juego nuestra autocrítica y la información de este capítulo. Respecto de nuestra figura, si aún tenemos unas piernas agradables, una figura hermosa, unos brazos y pectorales fuertes, en el caso de los hombres, se pueden sugerir, pero ya no evidenciar. Para las mujeres, se vale llevar un vestido más corto —no mini— o un saco con una camiseta ajustada debajo si no hay redondeces que ocultar. Pero la ropa muy ajustada, corta o escotada, ya no.

Es más gratificante ir añadiendo elementos de moda a nuestro atuendo, pero en toques estratégicos, para demostrar nuestro gusto y personalidad: no hay que vestir como los jóvenes, sino con un aire juvenil. La diferencia radica en tomar algunos elementos de la moda y aplicarlos a nuestro guardarropa básico. Así, una mujer puede llevar un vestido clásico negro, sencillo, pero con unos tacones altos de Manolo Blahnik y una bolsa en supertendencia Lanvin. O unos jeans rectos con un suéter de *cashmere* y un collar o brazalete enorme. Los señores pueden jugar con el color de las camisas si visten normalmente de traje. Elijan colores diferentes, estampados divertidos que darán un toque de moda a un atuendo clásico. O jueguen con los zapatos: vistan un pantalón gris y una camisa azul claro con unos zapatos rojo quemado de Ferragamo o Gucci. *Très chic.*

Eres una persona adulta que inicia el camino a la madurez. Así como has hecho esta reflexión en este momento de tu vida, hay que seguir haciendo otras similares en el futuro para arribar a la vejez con dignidad, a pesar de que para ello aún te falte mucho camino por recorrer. Encuentra el balance. Viste de acuerdo con tu edad. No seas un joven que viste como señor ni un señor que viste como joven. Así de simple. Una vez más, sé coherente contigo mismo.

12. Estilo nupcial

HACE ALGUNOS AÑOS, MIENTRAS PRESENCIABA UNA BODA QUE ME PONÍA LOS nervios de punta, pensé: "Si alguien me regalara algo caro, unos zapatos, una bolsa o alguna joyita cada vez que asisto a una boda horrible, tendría seguramente un guardarropa digno de aparecer en *Vogue*". Patrick Süskind dijo alguna vez que durante el acto sexual los individuos estamos más propensos a caer en el ridículo. Pero yo creo que el buen Süskind no había ido nunca a una boda como las que he presenciado porque seguramente habría cambiado su afirmación por: "En las bodas, los individuos estamos más propensos a caer en el ridículo". Como no lo dijo él, yo me adjudicaré la frase.

Las bodas son un acontecimiento muy importante en la vida de cualquier persona. Cuando se vuelven un festejo, hay que poner mucha atención en ellas. Si quieres casarte en una capilla en Las Vegas, en un ritual místico en Cancún o Bali, o ir al registro civil y luego salir a comer una hamburguesa, entonces puedes saltar con toda tranquilidad este capítulo. Tu estilo no concuerda con hacer una gran boda-fiesta, y eso me parece perfectamente respetable. Al final es tu estilo, y eso es justo por lo que apostamos en este libro.

El terreno nupcial, su moda, pompa y circunstancia, puede ser una superficie resbaladiza en la que puedes caer; si es así, será algo que recordarás con horror por siempre. No obstante, si patinas y transitas con gracia por ella, será un hecho que te acompañará y regocijará toda la vida. En Estados Unidos y algunos países europeos se pusieron de moda desde hace algunos años los *wedding planners*, es decir, profesionales que resuelven hasta el último detalle de tu boda sin que muevas un dedo. Tu único trabajo será decir "Sí" o "No". Para personas muy ocupadas o que piensan que esto sólo es un trámite "administrativo", estos "coordinadores nupciales" pueden resultar de lo más útiles. Pero si quieres que tu boda sea un reflejo de tu personalidad y que se convierta en una extensión de ti mismo, tienes que involucrarte un poco más en el proceso, porque de otra manera tus nupcias se convertirán en una fiesta corporativa, como la de fin de año de tu compañía.

Antes que nada, es muy importante que analices una serie de factores decisivos para que tu boda no se convierta en un suceso extraño, fuera de control y, lo peor, que no tenga nada que ver contigo. Incluso si quieres emplear a un *wedding planner*, tendrás que ser muy claro en lo que quieres y vas a pedirle.

Las cinco reglas de oro para planear una boda

1. ASUNTO DE DOS

Es inevitable: la planeación de una boda atrae a todos los familiares y amigos como un foco a las polillas. Una vez que tú y tu pareja han anunciado que se casan, las madres, tías, hermanas, hermanos, mejores amigos y hasta colegas del trabajo quieren dar opiniones y aun participar en las decisiones para ese gran día. Pero de quien debes tener más cuidado es de tu madre. No me lo tomes a mal, pero las madres tienden a pensar, en la mayoría de los casos, que son ellas quienes se están casando y no sus hijos. Es verdad que necesitamos su consejo —lo mismo que el de la gente que está cerca de nosotros y nos quiere—, pero hay que tomarlo siempre con un poco de distancia y frialdad para verlo de manera objetiva. Las madres y familiares en general siempre obran desde el amor, y como éste suele ser ciego, a veces se suele perder la proporción de las cosas. Acepta toda la ayuda, tips y sugerencias de la familia y allegados, pero, al final, debes comprender que la decisión es solamente tuya y de tu pareja.

2. PLANEA

Es fundamental que hagas una agenda de actividades y pendientes para que puedas organizarte. Es verdad que tener tiempo ayuda mucho para hacer una boda bien planeada, pero, si somos honestos, muchas cosas importantes las hacemos en los días más cercanos al acontecimiento. De modo que si planean con mucha antelación o deciden casarse con muy poco tiempo de margen, está bien. Sólo organicen bien las actividades para dejar lo menos posible al azar.

3. ¿GRANDE O CHIQUITA?

Sea íntima o multitudinaria, tu boda debe reflejar hasta el último detalle quiénes son los novios. La comida, las flores, el lugar y hasta los invitados hablan mucho del festejo y los festejados.

4. FACTORES EXTERNOS Y CIRCUNSTANCIALES

Una boda es mucho más armónica y se acercará más a la perfección si en el momento de su planeación se toma en cuenta una serie de factores. Los externos pueden ser la fecha y el clima que privará en esa temporada. De esto dependerá si harás una boda en exterior o no. Si decides realizar la ceremonia en una ciudad que no es la tuya, piensa en la gente que podrá asistir y la que no. Luego, los aspectos circunstanciales, como tu edad. Si eres una mujer o un hombre maduro, quizá querrás efectuar una boda menos extravagante y optarás por una ceremonia más discreta. O si no es tu primer matrimonio... Al final, esto siempre dependerá de ti, y si estos factores no te importan y quieres hacer una fiesta para dos mil personas en un castillo, adelante, si es lo que se te antoja y es una decisión de corazón. Cuando es así, las reglas salen sobrando.

5. ESCAPA DE CUALQUIER COSA QUE PAREZCA UN DISFRAZ O UNA ESCENOGRAFÍA

Esto nos remite al punto 1. Tu boda y lo que suceda en ella tiene que hablar de ustedes, de ti y tu pareja. Desde la elección del lugar, lo que van a ponerse, el menú del banquete y la fiesta —¡importantísima!—, todo tiene que ser consecuente con sus personalidades. Es verdad, dicen que todo el mundo va a las bodas a criticar. Pero si haces las cosas bien, la gente tendrá menos material para hacerlo. Busca que el lugar vaya con sus personalidades: no se casen en un rancho si son empleados de la casa de bolsa ni en la catedral si son integrantes de una banda de rock pesado. Coherencia, ¿recuerdas? Si son muy clásicos y quieren una boda elegante, no se casen en una playa; escojan una bonita iglesia histórica y un salón de un hotel elegante. Si, por el contrario, son más bohemios y relajados, opten por una boda a la orilla del mar o en un paraje en el campo. Ideas hay miles, y se puede escribir otro libro con las muchas posibilidades de tener una boda original. Lo importante es que cualquier cosa que hagan sea honesta y los refleje. Si su boda se siente como una escenografía y ustedes como actores en una obra, algo está mal, porque significa que no se trata de una pareja que se casa, sino de dos personas que representan un papel. ¿Quién querría esto el día más importante de su vida?

El vestido de novia

Si bien ambos atuendos de la pareja tendrían que ser igualmente importantes, el traje de novia recibe mucha más atención por su simbolismo y lo complicado de su elección, y ya no hablemos de su elaboración. Son las niñas quienes desde pequeñas se disfrazan con sábanas y juegan a ser novias. Dicen algunos psicólogos que todos los happenings en los que participan las adolescentes, como las fiestas de quince años —o dulces dieciséis en Estados Unidos—, los bailes de graduación o coronaciones de reinas de popularidad, no son otra cosa que preámbulos para el día de la boda. Simulacros. Ensayos puros. Ergo, no podemos restarle importancia a lo que el traje de novia significa en la vida de una mujer y, más allá, en la boda misma. Caballero: no te preocupes, porque más adelante hay un espacio dedicado a ti, una vez que concluya con las damas en este capítulo.

Chicas: es importante que la elección de su traje sea planeada, concienzuda y, sobre todo, que escojan con el corazón, pero dejando que la cabeza intervenga un poco. La relación entre una novia y su vestido es emocional, es amor puro y —normalmente— a primera vista. Por lo general, las mujeres suelen reconocer su vestido cuando lo ven, ahí, en medio de cientos de ellos. Así es como debe ser. No obstante, también es importante que el vestido que escojas te quede estupendo. Aquí interviene la cabeza, a la que hay que dejar dar su humilde opinión. Elegir el vestido de novia correcto requiere del mismo criterio que escoger cualquier otra pieza de tu guardarropa: de acuerdo con tu figura y edad y con las circunstancias del acontecimiento.

Figura

Es cierto el dicho que reza: "No hay novia fea", pero, aun así, no confíes demasiado en la magia nupcial, que es poderosa, mas no infalible. Hay que dejar lo menos posible a la suerte, así que antes de elegir tu vestido haz una serie de reflexiones. La primera tendría que ser sobre tu figura. Ésta es la más importante porque si eliges el estilo de vestido que más te favorece ya tienes la mitad de la batalla ganada.

Silueta rectangular. Como en tu caso la cintura es muy poco notoria, hay que hacerla más evidente. Los vestidos de novia que más te convienen son los que marcan la cintura y tienen la falda en línea A. Si el bustier tiene manga sencilla —corta o larga— es ideal, sólo evita las mangas afaroladas o con mucho volumen.

Silueta ovalada. Es la silueta sin cintura con propensión al volumen en el área abdominal. Si eres así, hay que disimular estas características. El vestido ideal para ti es un talle imperio, es decir, con un ajuste bajo el busto y suelto desde ahí hasta los pies. Si el volumen abdominal no es muy grande, un vestido recto tipo columna con un ligero ajuste en la cintura o bajo el busto puede lucir muy bien en ti. Evita las faldas con demasiado volumen o bustiers muy ajustados.

Triángulo. Eres estrecha de hombros y ancha de caderas. Entonces opta por un vestido con cintura marcada y falda en línea A. De hecho, podrás hallar un traje francamente lindo en este estilo, porque la mayoría de los diseñadores adoran hacer faldas con volumen. Además, te ayudará que el vestido en la parte superior tenga mangas y hombreras marcadas. Así, te puedes permitir las mangas farol o ajamonadas, sólo que no exageres con el volumen. Evita los trajes tipo sirena que son demasiado ajustados en la cadera.

Triángulo invertido. Tus hombros son prominentes; tu cadera, breve. En este caso, puedes llevar un vestido que marque la cintura y tenga una falda línea A o con volumen. Evita que el bustier tenga corte halter o mangas afaroladas o ajamonadas. De hecho, te conviene un vestido cuya parte superior sea en extremo sencilla, de manga corta o incluso sin mangas, pero no con tirantes.

Reloj de arena. Es una silueta ideal y casi le luce bien cualquier tipo de vestido. Si no tienes demasiadas curvas, un traje tipo sirena o uno con doble falda y cauda es ideal para ti. Si eres curvilínea, evita las cosas demasiado ajustadas simplemente por buen gusto.

Estilo

El tipo de traje que elijas, así como el "tema" de tu boda —por llamarlo de alguna manera—, tienen que coincidir con tu estilo de vida, personalidad... en una palabra, con quien eres tú. Si eres ejecutiva de una gran compañía, lo más probable es que no querrás dar el "sí" en el claro de un bosque con un ritual indígena.

Una vez más, vuelvo a recordarte la palabra que se tiene que volver tu mantra de estilo: *coherencia*. Si eres una mujer romántica y dulce no querrás casarte montada en una Harley Davidson. Eso es seguro. Por eso es muy importante que el vestido que portes refleje tu personalidad, que la elección del traje nupcial hable de tu estilo. Así de sencillo. Revisa estos diversos estilos de trajes nupciales y ve con cuál te identificas más.

El vestido clásico-tradicional. Usualmente, se trata de trajes de novia más atemporales. Tienen una parte muy positiva: pasan la prueba del paso del tiempo con mucha gracia, y si los ves en una foto en diez años los seguirás percibiendo estéticos. Básicamente, se trata de trajes en color blanco, *off white* (blanco sucio) o marfil. Suelen tener aplicaciones en cristales o perlas, son bordados y a veces tienen trabajos bellamente intrincados. Se complementan con tules, encajes y gasas, y en ocasiones, las mangas y los detalles ornamentales, como colas, caudas y sobrefaldas son notorios. Este tipo de traje es muy socorrido porque es el que permanece con más firmeza en la memoria colectiva de las sociedades como el traje de novia por antonomasia. Cuando alguien imagina a una novia, con toda seguridad la vislumbra llevando un traje de este estilo. Normalmente los cortes cambian poco de un año a otro, y nunca han tenido variaciones dramáticas a lo largo de su historia.

Claro está que dentro de este tipo de vestidos hay muchas variantes, y todas se orientan básicamente hacia dos vertientes: trajes sencillos o recargados. Aquí entramos a un terreno un poco riesgoso. Personalmente, me inclino por los trajes sencillos, por una razón básica: son los que permiten a la novia lucir más, la complementan y exaltan. No obstante, la tesis fundamental de este libro es la búsqueda y afianzamiento del estilo personal, y si tu estilo, querida lectora, es extravagante y ostentoso, sin duda lucirás espectacular con un traje de novia recargado. Pero no es el caso de todas las mujeres que eligen vestidos de este tipo.

Piensa que el exceso de adornos en un vestido puede resultar abrumador para la novia, pues la oculta, la disfraza. Y no querrás verte opacada en tu gran día. ¿Quiénes optan por este tipo de vestidos? La mayoría de las mujeres, cabe decir: ejecutivas, oficinistas, maestras, vendedoras, en fin, casi toda mujer que tiene una vida más encuadrada en lo regular, en lo establecido. En este rubro, hay una gran variedad de opciones, cortes, precios y estilos que se pueden adaptar a diferentes personalidades. Pero recuerda mi consejo: balance y equilibrio. Carolina Herrera me dijo un día: "Los pasteles en una boda son para comerse en el banquete, no para que los lleve puestos la novia". Tiene razón. El exceso de tela, tules, encajes y adornos apabulla la verdadera belleza de la novia. No pierdas esto de vista. Otro consejo: escucha primero a tu corazón y cabeza, luego lo que te dicen tu madre, suegra, hermanas, amigas... Al final del día, verdad de verdades, la que llevará el bendito vestido serás tú y nadie más.

El vestido fashion-couture. Éstos son trajes más vanguardistas que brincaron deliberadamente las reglas de lo clásico y consabido de los vestidos de novia tradicionales. Seguro habrás visto alguno. Todos los grandes diseñadores de moda cierran sus desfiles de alta costura con ellos. Son excesivos, extravagantes, creativos. Suelen ser blancos, pero hay quien los ha creado en otros colores. Valentino los hizo rojos, Karl Lagerfeld para Chanel hizo uno plateado y Alexander McQueen los hizo estampados y con aplicaciones en negro. Yves Saint Laurent hizo uno en tejido crochet. Hay hasta quien los ha hecho negros. Todo se vale en el campo de la moda y la creatividad. ¿Y los tocados? Peinados de gran volumen, pedrería, aplicaciones, sombreros, velos inimaginables.

La verdad es que este tipo de vestidos son una maravilla, pero definitivamente no son para todas. ¿La razón? Si no tienes una personalidad tan extrema y la figura para portarlo, es muy probable que caigas fácilmente en el disfraz. Claro está que si en un momento dado decidieras usar un traje de este tipo, siempre habrá la posibilidad de que la casa de moda o el diseñador lo adapten un poco a tu gusto, pero, aun así, se trata de piezas fuertes, importantes, que sólo lucirán bien en ti si sabes llevarlas.

Estos trajes los eligen mujeres que trabajan en negocios creativos, como la farándula y los espectáculos, publicidad, moda o que son fanáticas de la *couture* y aman todo lo que representa un importante ejercicio creativo y de estilo. Seguramente, como éstos, habrás visto muchos en revistas o películas. Sin ir más lejos, en la primera película de *Sex and the City*, Carrie hace un editorial de fotos para *Vogue* con todos estos trajes de alta costura. Al final, ella se casa vestida con uno de ellos y lo ornamenta con un pájaro disecado en la cabeza. Extremo, pero perfecto para su estilo. Si eres de este tipo de mujeres, adelante: corre por un vestido de novia *fashion*, que lo lucirás como nadie.

El vestido alternativo. Hoy, muchas mujeres toman la decisión de ir por un rumbo diferente y eligen un traje nupcial totalmente inusual y alternativo. Este tipo de piezas se sale por completo del vestido de novia y podría ser cualquier atuendo como un vestido típico de tu tierra, un simple traje blanco o hasta una prenda que te representa y con la que quieres dar el "sí".

En este rango de posibilidades puedes hallar desde trajes indígenas, túnicas, simples vestidos confeccionados en textiles naturales, trajes de dos piezas, un vestido corto... Lo que quieras. Básicamente, la elección de una alternativa no nupcial de un traje corresponde a un acto de rebeldía por parte de la novia, que se niega a entrar al juego de la parafernalia de una boda tradicional. Es válido, pero incluso en estos casos tenemos que hablar de coherencia. Así, se vale que una mujer que se casa en segundas nupcias, y que ya es mayor, elija un vestido sencillo corto o un traje sastre de dos piezas en lugar del vestido largo tradicional, porque con éste se sentiría ridícula. O una mujer que se casa en una playa en un ritual balinés o maya, puede llevar un traje de manta o lino sencillo. También están las bodas charras o campiranas, donde los trajes típicos son la elección para hacer de atuendos nupciales. Está perfecto, y aplaudimos la irreverencia. Lo que no se vale es utilizar un traje de novia alternativo en un escenario tradicional. No puedes casarte en la catedral de tu ciudad, en una boda con coros, alfombra roja y llena de flores, con un traje de manta o vestida de charra o de túnica, porque lucirías terrible e incoherente.

¿Quiénes optan por este tipo de atuendo? Las mujeres rebeldes, que detestan los atavismos, o quienes creen que casarse es un evento más personal e íntimo que una gran fiesta; las que van en contra de las reglas, son independientes y tienen una gran personalidad.

Ahora: los caballeros

No me había olvidado de ustedes. ¿Cómo podría? Pasé por esto y sé lo importante que es el traje masculino en una boda. Si bien es cierto que la novia es la reina de la boda, el hombre tiene que ser, sin duda, el rey. Vamos a ser honestos. Hablando de hombre a hombre, casi siempre dejamos este asunto para el último momento y no le ponemos mucha atención porque pensamos que cualquier traje funcionará bien. Pero esto no es verdad. Sí, elegirlo es menos complicado que el vestido de novia, pero requiere tiempo y dedicación para que luzcas perfecto en él. Te diré cuáles son los tipos de trajes para boda masculinos.

Formal

En este renglón están incluidas todas las variedades de trajes para una ceremonia clásica o formal: frac, jaquet, esmoquin o traje de dos o tres piezas. El frac se usa para bodas de etiqueta y sólo se lleva de tarde-noche. El jaquet es para bodas de etiqueta, pero de día. El esmoquin es para tarde-noche, pero es para bodas formales. El traje formal con o sin chaleco sirve para día o noche en bodas formales o semiformales; lo que puede variar es el color de acuerdo con las circunstancias:

Negro: perfecto para bodas de noche. De etiqueta, formales o semiformales.

Azul marino: funciona para bodas de noche semiformales o puede usarse de día en una ceremonia formal.

Gris y gris claro: para bodas de día, etiqueta, formales o semiformales.

Otros colores: el novio puede vestir de blanco o tonos claros si la boda es en la playa, incluso si la ceremonia es formal.

Una regla de oro: nunca te cases con un traje que pudieras llevar a la oficina. Es tu boda, es una celebración. Ten en cuenta esto si decides casarte con un traje de corte clásico. Siempre busca que tenga un extra en color, material o corte.

Traje creativo

Si tu boda es libre y absolutamente anticonvencional, entonces, amigo mío, usa lo que quieras y se la pasarán de maravilla tu cónyuge y amigos en la celebración, pero, si estás leyendo esto, sospecho que no será tu caso. Si lo que vas a usar es importante para ti, entonces continúa leyendo. Se ha puesto muy de moda en los últimos años que el novio se deje seducir por la creatividad del tema de su boda. Antaño, era el frac, esmoquin o un traje oscuro y listo. Hoy, muchos chicos quieren que su traje también sea elaborado como el de su mujer, y en ello los diseñadores se han dado vuelo. Especialmente los italianos, como Carlo Pignatelli, un creador que hace trajes de novio que son todo, menos convencionales: con brillos, texturas, en colores osados, como rojo carmesí... Por otro lado, los diseñadores de alta moda dan a veces opciones de trajes divertidos y vanguardistas para bodas. Pero hay que tener cuidado con esta opción porque puede ser como caminar en hielo delgado. Si eres una persona muy abierta, extrovertida, amante de la moda y el tema de la metrosexualidad es cotidianidad pura para ti, adelante y corre por tu traje con brillos o en color fluorescente. Pero si no es tu caso, evítala.

Es cierto que un toque distinto le dará originalidad y hasta glamour a tu atuendo nupcial, pero si te pasas de la raya corres el riesgo de parecer escapado de un show de centro nocturno. Mi recomendación: si quieres algo diferente, pero tu estilo es sobrio, entonces da sólo un paso hacia delante. Por ejemplo, opta por un traje que tenga un poco de lúrex, que le da una textura brillante, u opta por un esmoquin con algún detalle chic, como una chaqueta con destellos metálicos o ribeteada, o con la solapa brillante. Este toque te hará lucir moderno, festivo y elegante. Firmas como Hugo Boss, Ermenegildo Zegna o Dolce & Gabbana son especialistas en crear trajes de ceremonia con este giro imaginativo.

Ahora, si tu boda se efectuará en un sitio especial, como una playa o el campo, entonces puedes variar un poco el tema de arriba y ser igualmente *fashion* y vanguardista, pero siempre tomando en cuenta el lugar del festejo. Así, para la playa, un traje de lino blanco o hueso lucirá espléndido. Para una boda en un jardín puedes incluso jugar con una paleta de color más inusitada, como los pasteles. Para una boda de día en un jardín, una chaqueta en color azul o rosa pálido con un pantalón gris puede verse estupenda. En playa puedes usar la misma idea, sólo que cambiando los pantalones por un tono blanco o beige. Todo esto dependerá, por supuesto, de tus gustos y personalidad.

Un dato de mucha utilidad: a veces no necesitas tener un toque atrevido en la ropa porque los accesorios pueden ayudarte a darle ese toque chic a tu atuendo nupcial. Por ejemplo, unos zapatos diferentes, en charol, pero en un color diverso —gris, azul marino— o en algún tono metálico. Para una boda de noche y en la ciudad, unos mocasines en terciopelo o bordados pueden dar ese toque chic que estás buscando. Otra forma de darle un giro diferente a tu atuendo es con la corbata. Elígela estampada, en brocado, en alguna tela metálica o con alguna aplicación o bordado... Incluso hasta puedes mandarla a hacer de la misma tela del vestido de tu futura esposa: es como un guiño de estilo que los hará ver conjuntados de una forma sutil.

Hora y lugar

Son decisivos para saber qué estilo de prenda debes llevar a tu casamiento. No es lo mismo una boda de día en la playa, que una de noche, ni en la ciudad. Observa estas simples reglas que te harán tomar decisiones adecuadas.

En la ciudad: para la novia, se valen los vestidos largos, con cauda. Elaborados. En una ceremonia de día deben ser más ligeros —sin mangas— y para la noche deben cubrir más. Para ellos, la elección es prácticamente la misma: el traje que hayan decidido usar, de etiqueta o formal.

En la playa: para la novia, hay que optar por trajes más sencillos y evitar los demasiado elaborados, con velos y tocados excesivos. La actitud de una novia de playa debe ser más ligera, no necesariamente informal. Los trajes se pueden confeccionar de materiales más frescos, como algodón, lino o chifón. Para el novio, trajes de lino o algodón en tonos claros. Incluso, dependiendo de la informalidad de la ceremonia, se puede prescindir de la corbata. Si la ceremonia es de día, la ropa debe ser mucho más ligera y sencilla que si es de noche.

En un jardín o el campo: para la novia, los vestidos deben ser más ligeros, aéreos, y estar ornamentados, pero de forma más bucólica. Evita trajes recargados o muy formales, como para una ceremonia urbana. Para el novio, se puede elegir desde un jaquet —si la ceremonia es de etiqueta o formal— o un traje gris perla o en tonos claros si es de su agrado y estilo.

A todos nos puede pasar, pero trata de que no te pase

Hace algún tiempo estuve en la boda de una bloguera de moda en España. El festejo fue agradable, divertido. Diría que bastante cercano a todas las fiestas que transcurren perfectamente. Por el tipo de boda que era y las personas que se estaban casando, pensé que la concurrencia sería colorida, inusual, pero nunca tanto. Los atuendos de los invitados iban desde jeans hasta prendas en color neón; algunos llevaban tenis, *piercings*, hombros al aire y tatuajes al descubierto... Ellas en la actitud: "Soy joven y no me peino", y ellos en: "Soy joven y ultramoderno". Claro que con una turba así esperaba que la novia llevara un traje de novia con brochazos de pintura a lo McQueen o bien un tutú y bustier de azares. Pero no. Cuando hizo su entrada al lugar, llevaba un vestido largo tradicional de encaje y tul, y lo único que la hacía diferente era que encima tenía puesta una chaqueta de cuero de motociclista. ¿El novio? Formalísimo en un traje gris oscuro y corbata. Algo no encajaba.

Hurgué en mi bolsa para ver la invitación y en el código de vestimenta decía: "Creativo". ¡Dios! Esa consigna era una verdadera bomba de tiempo, especialmente utilizada como sugerencia de atuendo de boda para un montón de gente joven y blogueros. Claro, la bomba estalló ahí, en pleno festejo, porque el estilo general de esta boda fue un absoluto despropósito. Todo

era un malogrado collage de cosas que no tenían que ver unas con otras. Esto, que en el arte puede ser afortunado, en una boda es una completa catástrofe.

Me explico: no está mal tener una boda creativa. De hecho, puedes tener la boda que más se te antoje: en un circo, en un barco, en una plaza pública. Sólo sé coherente con tu idea creativa y manifiéstala a tus invitados. En el caso de mi amiga bloguera que pidió creatividad a sus invitados, pero que optó por trajes tradicionales para ella y su marido, algo no encajaba. No había coherencia. Si quieres vestirte tradicionalmente, entonces debes sugerir a los invitados un código de vestimenta que coincida con tu estilo y el del lugar donde se llevará a cabo la ceremonia. Además, debes ser más específico en el código de vestimenta. Decir sólo "creativo" se presta a que algún invitado pueda llegar vestido de cirquero o de bailarina de Las Vegas y, créeme, no quieres eso en tu boda.

Otra cosa que debes tener en cuenta es no dejarte llevar por tus creencias o tu profesión y arrastrar a un grupo de gente contigo. Si eres ecologista y quieres una boda arriba de una montaña, piensa que los ancianos o niños no podrán asistir porque las condiciones y facilidades no serán favorables. Si eres rockera y decides casarte en una moto vestida de negro y con un juez caracterizado de Ozzy Osbourne, no puedes obligar a toda tu familia y amigos, a los que no les va este estilo, a que se disfracen por ti. Es aquí cuando tienes que hacer ciertas concesiones de estilo con el acontecimiento. No te pido que dejes de ser tú y que te disfraces de algo que no eres; simplemente te sugiero que busques un término medio. Así, una alternativa amable para una boda ecologista es hacerla en un lago o en un parque y solicitar a tus invitados en el código de vestimenta que vistan prendas de fibras naturales. La rockera puede sugerir a sus invitados que vistan casual. Ésta es una forma de compaginar tu personalidad y uno de los acontecimientos más importantes de tu vida.

Si vas como invitado...

Éste es un punto que requiere atención especial porque siempre que alguien recibe una invitación para una boda lo primero que viene a su cabeza es: "¿Qué me voy a poner?". En el libro *El poder de la ropa*, que escribí con Lucy Lara, ya señalamos cómo "descifrar" los códigos de vestimenta de una invitación. Los de las bodas no son muy distintos y, en general, resultan más fáciles de seguir.

Si el código de vestimenta dice...

Etiqueta: las mujeres deben llevar vestido largo y los hombres esmoquin. El frac y jaquet sólo es para la familia de los novios.

Formal: las mujeres pueden llevar traje largo o de coctel —según el parentesco con los novios—, y los hombres, traje oscuro.

Formal de playa: las mujeres pueden llevar vestidos largos o cortos en telas suaves y fluidas, en colores preferentemente suaves. Si la boda es de noche, se pueden llevar tonos más brillantes o estampados. Los hombres pueden llevar trajes de lino o algodón en colores claros. La corbata es prescindible.

Formal de jardín: las mujeres lucen perfectas en vestidos estampados o en colores pasteles o brillantes. Los sombreros son un accesorio ideal. Los señores pueden llevar trajes en colores claros, y aquí sí deben usar corbata.

Casual: salvo que la ceremonia sea muy informal, quizás una ceremonia civil sin banquete, entonces un vestido corto para ellas y un traje para ellos es suficiente. La corbata se lleva de acuerdo con la circunstancia. Lo mejor es usarla; pero si ves que nadie la lleva, te la puedes quitar.

Códigos de vestimenta especiales: aquí cabe un sinfín de posibilidades: casual chic, formal *fashion*, elegante relax, etiqueta creativa... Normalmente, casi todos estos códigos son lo mismo: trajes o vestidos más a la moda, nada muy clásico, elegancia menos conservadora. Obviamente, si no eres experto en el tema, puedes tener serios problemas para hallar lo que vas a usar. En estos casos siempre lo mejor es que consultes con los novios para que te digan exactamente cuál es la idea del vestuario que buscan en sus invitados, y así no te equivocarás.

Tips que todos debemos conocer

- *Novio y novia*: háganse una prueba del traje un par de días antes de la boda; los nervios hacen que se pierda peso y luego la ropa no luce perfecta.
- *Invitados*: nunca hay que vestir de blanco en una boda, a menos que los novios lo soliciten.
- *Novio*: es más común de lo que piensas, pero no lo hagas. No dejes la búsqueda de tu traje para el último momento porque acabarás llevando cualquier cosa.
- *Novia*: ten cuidado con la elección del vestido y el lugar de tu boda. Haz que coincidan. No sabes cuántas novias vestidas de ciudad se casan en la playa.
- *Invitados*: respeta el código de vestimenta que solicitan los novios. Si dice formal, etiqueta o todos vestidos con flores, por favor respétalo, porque de eso depende la armonía visual del evento. Si no estás dispuesto a usar esmoquin o ponerte un vestido de flores, entonces declina la invitación y mejor no vayas.
- *Novia*: busca zapatos cómodos para el día de tu boda. Si acaso, busca dos alturas diferentes de tacón, pero que armonicen con tu vestido. No uses, por piedad, tenis o zapatos planos, que se han puesto de moda en los últimos años. Son la cosa más antiestética del mundo.

- *Invitados*: señor, si vas a una boda de playa, procura que tus zapatos combinen con tu traje. No lleves zapatos negros con traje blanco. Se ve espantoso. Busca *loafers* o mocasines en blanco o algún color alternativo divertido. Si llevas traje beige o caqui, opta por zapatos en armonías marrones o colores de tierra.
- *Invitados*: el saco se quita únicamente hasta después de la cena, cuando comienza el baile. Nunca antes. No hay nada más desagradable que ver a un hombre en mangas de camisa durante una cena formal.

13. De viaje

UNO DE LOS RECUERDOS MÁS BELLOS QUE TENGO DE MI INFANCIA SON LOS VIAJES en tren que hacía con mi tía Nena a Guadalajara. Días antes de salir, íbamos haciendo las maletas con cuidado y dedicación. Aún puedo verlas: enormes, rígidas, en color azul marino. Dos para ella, una para mí, una sombrerera —ocasionalmente— y su neceser de viaje, donde empacaba prácticamente todos sus cosméticos, cremas y perfumes en tamaño normal. No había nada en versión de viaje.

Ella con una chaqueta de tweed color verde musgo y una mascada de Hermès en tonos ocres, yo con pantalón de lana gris y suéter azul marino. Nos subíamos al enorme coche de mi padre, que nos llevaba a la estación de trenes en Buenavista. Ahí, un maletero con bastante fuerza cargaba las pesadas maletas —nada de restricciones de peso o tamaño— y nos ayudaba a subirlas al tren. Las grandes iban en otro vagón, y el neceser y la sombrerera iban a nuestro camarín. En esta última guardaba nuestras pijamas y una muda de ropa para cambiarnos a la mañana siguiente, al llegar a nuestro destino. Los mozos uniformados y con guantes blancos nos recibían y ayudaban a poner todo en su lugar. Una vez instalados, nos sentábamos a ver por la ventana la ciudad que se alejaba al ponerse el tren en marcha. Las luces de la ciudad a lo lejos… Era una delicia. Un rato más tarde, el mozo tocaba a la puerta para preguntar si todo estaba bien y, muy importante, para saber si cenaríamos en el camarín o en el salón comedor. A mi tía siempre le fascinó el comedor. Se refrescaba un poco,

retocándose el lápiz labial y el perfume Calèche, de Hermès, dejaba la mascada doblada en la sombrerera y sacaba de ahí un broche de oro que se ponía en la solapa. ¡Qué gran estilo tenía mi tía Nena! Así, vestidos para la ocasión, íbamos a degustar una cena que ella consideraba pasable, pero que yo encontraba sublime. A la mañana siguiente, ya en Guadalajara, otra de mis tías nos esperaba en la estación con mi primo, encargado de cargar nuestros cuasi baúles.

Bien. Esta entrañable historia, que puede sonarles extraída de una novela de Edith Wharton, es algo que sucedía no mucho tiempo atrás, en los años setenta en la ciudad de México. Hoy, cuarenta años más tarde, las cosas han cambiado diametralmente. Si bien es cierto que ya no se puede viajar como entonces —vamos, ya no se viaja ni siquiera como hace diez o cinco años—, también es verdad que hacerlo se ha vuelto más democrático, y hoy más gente puede darse el gusto de subir a un avión y estar, en un par de horas, en un país o una ciudad distintos. Claro, viajar se ha vuelto algo cotidiano y esto nos ha hecho perder la conciencia no sólo de vestir adecuadamente para hacerlo, sino de saber cómo lucir bien durante el tiempo que estemos viajando, lejos de nuestro hogar.

Es importante considerar algo: hay que aprender a traducir y traspasar nuestro estilo personal al acto mismo de viajar. Parece obvio, pero a la hora de salir de casa con nuestras maletas resulta que no lo es tanto. Por eso solemos ver tantas imágenes desastrosas en los aeropuertos o cuando nos topamos con extranjeros en las ciudades. Los turistas se hacen notar. ¿Sabes por qué? Por su manera de vestir. La gente que sabe llevarse bien en una ciudad que no es la suya, que se adapta, pero no se "disfraza" de turista, es la que ha sabido traspasar con éxito su estilo a esta circunstancia de su vida. El mejor elogio que alguien puede hacerte cuando viajas es que te confundan con un habitante del lugar que estás visitando. El escritor Paul Bowles ya hizo su diferenciación entre turistas y viajeros (los primeros tienen fecha de regreso a su origen, los segundos no), y yo haré la mía: un turista no sabe viajar con estilo; un viajero, sí.

Primero debes grabarte esto en la cabeza: no tienes por qué vestirte diferente en otra ciudad de como sueles hacerlo en la tuya. Claro, sí tienes que hacer ciertas adaptaciones o concesiones, según el lugar al que vas. Debes tomar en consideración tres puntos fundamentales:

El clima y estado del tiempo

Este punto es importante porque suele ser el causante de muchas compras de emergencia cuando llegamos a nuestro destino. Actualmente es muy fácil saber el estado del tiempo en el lugar al que viajaremos, incluidos datos útiles como si lloverá, nevará o habrá un sol veraniego. Esto, además de servirte para planear qué llevarás en la maleta, puede ayudarte a decidir si adelantas, retrasas o suspendes un viaje que puede ser desagradable. Entonces, sabiendo qué clima hay en el sitio al que vas, prepara las prendas que piensas usar ahí. El secreto es empacar las que tengan tu rúbrica, es decir, que representen tu estilo, pero en una variación de texturas y materiales. Si estás acostumbrada a los vestidos, opta por versiones de lana, algodón grueso o tejido de punto para sitios más fríos, y lino, seda, modal o algodón ligero para otros más cálidos. Es igual para los hombres; si usas sacos cotidianamente, lleva versiones más ligeras en climas cálidos y más abrigadores en los fríos.

La cultura y el espíritu del lugar

En cuanto a este punto, es importante tomar en cuenta aspectos culturales del sitio al que vas. En ciudades más conservadoras, por respeto a su forma de pensar, es necesario que uses ropa menos atrevida o que te cubras un poco más en ciertas zonas. En los países musulmanes, si eres mujer, es importante que lleves los hombros cubiertos. En Asia, para entrar a ciertos lugares, como templos o palacios públicos, se solicita tanto a hombres como a mujeres que no lleven camisetas de tirantes o shorts demasiado cortos. Más allá de cuestiones políticas o criterios humanísticos, se trata de aspectos culturales de una región, y si somos visitantes no necesitamos estar de acuerdo con ello, simplemente mostrar respeto.

Por otra parte, está la *vibra* de las ciudades, su espíritu. Esto también influye en nuestras elecciones a la hora de hacer la maleta. Hay lugares excitantes, urbanitas, sofisticados; otros son más relajados y casuales, y están asimismo los destinos de fiesta constante, como algunas playas. Piensa un poco en el lugar al que vas y decide qué llevar contigo. Imagina que vas a Nueva York o París... Puedes llevar esas piezas tan *fashion* que hay en tu guardarropa y que no te pones frecuentemente en tu lugar de origen, como zapatos de tacón altísimo, esa chaqueta bordada o quizás el collar impactante que compraste para aquella fiesta y no has tenido oportunidad de volver a lucir. Hay ciudades perfectas para usar este tipo de prendas más sofisticadas. Por otro lado, si vas a sitios como Barcelona o Los Ángeles, la actitud puede ser más en el estilo casual chic, con prendas más relajadas y ligeras: mascadas y fulares, sandalias más vestidoras —no *flipflops*— y chaquetas o trajes menos formales. Si vas a una playa, donde el ambiente es constantemente festivo, como Acapulco, Miami o Ibiza, elige esas prendas divertidas y ligeras en seda, estampadas, linos en color, sandalias, mocasines, joyería en estilos más étnicos o con piedras naturales. Se trata del tipo de ropa que normalmente usas poco en una ciudad o, si lo haces, es sólo durante el fin de semana y en circunstancias especiales.

La accesibilidad o circunstancias de tu viaje

Con el primer concepto me refiero a cómo vas a moverte en ese sitio. Por ejemplo, la ciudad de México, Los Ángeles, Nueva Delhi o ciertas ciudades de Asia no son aptas para recorrerlas caminando por su tamaño o las pocas facilidades que tienen para los peatones. No obstante, hay lugares que se pueden recorrer perfectamente a pie, bicicleta o en autobús sin problema alguno: Roma, París, Nueva York, Barcelona... Te preguntarás: ¿esto qué tiene que ver al momento de elegir lo que voy a llevar en la maleta? La respuesta es mucho, pues de ello depende qué prendas pueden ser tu salvavidas durante el viaje. A saber: zapatos cómodos, ropa más holgada y fácil de llevar sin que se deforme y luzca terrible, bolsas de mano más versátiles si planeas caminar mucho. Si piensas desplazarte en automóvil y caminar poco, puedes darte el lujo de optar por prendas que se inclinen más hacia lo estético que a lo práctico. El ideal para mí es, de nuevo, hallar el punto medio: prendas que sean cómodas y fáciles de llevar sin que por ello tengan menos estilo. ¿Un ejemplo? Imagínate recorriendo Roma o París en verano con unos pantalones rectos o capris, una camisola o camiseta, zapatos planos, un fular grande para cubrirte cuando sea necesario y una bolsa mensajero o un *tote*. Para un chico, unos pantalones de algodón, una camisa o camiseta, un saco de lino o una chamarra de algodón y unos mocasines. ¿Ves? Simple, fácil y chic para casi todos los gustos. Las circunstancias del viaje también deben tomarse en cuenta, es decir, cuál es el motivo de tu viaje: placer o trabajo. De esto depende mucho lo que pondrás —o no— en una maleta. Pero de esto te hablaré a continuación.

El propósito de tu viaje (y la maleta ideal para cada uno)

Hoy el mundo se ha hecho pequeño. Los viajes se han democratizado y, a diferencia de hace veinte o diez años, todo mundo puede tomar un avión para vacacionar, ir a ver a la familia o realizar un viaje de negocios. Si hace años era complicado viajar incluso en tu propio país, ir a Estados Unidos, Europa o Asia sonaba casi a sueño imposible. Ahora, con las variaciones de tarifas de acuerdo con la temporada, las ofertas en línea y las líneas de aviación de bajo costo ya no es tan difícil y caro planear y hacer un viaje.

Si bien es cierto que volar se convirtió en algo más masivo, también lo es que, para poder mantener sus costos bajos, las aerolíneas han restringido muchos aspectos que antes se daban por sentados cuando viajabas por avión. De acuerdo con la compañía, antaño podías llevar dos maletas, el peso no era tan importante y en cabina podías llevar otras cuantas maletitas y bolsas. Hoy eso se acabó. Las líneas de bajo costo te permiten una maleta pequeña de cabina (*carry on*). Si quieres documentar una, tienes que pagar por ella. Las aerolíneas normales permiten llevar una maleta de 23 kilos y una maletita de cabina de 10. ¿Quieres llevar algo más? Hay que pagar. Mi pobre tía Nena hubiera sufrido mucho con estas reglas aéreas de equipaje porque su maleta más grande, vacía, pesaba casi 12 kilos.

Luego vino el 11 de septiembre de 2001, fecha que marcó un antes y un después no sólo en la historia y la política, sino también en la aviación. A partir de entonces, las restricciones sobre lo que transportas en cabina se volvieron extremas, y lo que puedes subir contigo al avión es aún más restringido. A pesar de ser una reglamentación que se implementó hace diez años, aún encuentras en los aeropuertos señoras furiosas porque les confiscaron el frasco de perfume de la bolsa de mano porque era de más de 100 mililitros, o caballeros que quieren matar a alguien porque no los dejaron pasar la botella de vino que compraron y decidieron llevar consigo para que no se rompiera. A mi tía Nena le hubieran confiscado el neceser entero.

Sí, ya no se viaja como antaño. Esto de alguna manera es una cosa positiva, porque si bien los baúles y múltiples maletas con las que solíamos viajar de pequeños nos permitían cargar con todo lo que se nos ocurriera —y peor, comprar todo lo que se nos pusiera enfrente—, hoy podemos ver el lado bueno de todo esto: las restricciones para viajar nos han quitado, en el amplio sentido de la palabra, un peso de encima. Ahora podemos viajar más cómodos y ligeros si aprendemos a empacar con inteligencia y astucia. No es tan difícil.

Viajes de placer

Empacar inteligentemente para un viaje de placer es importante. Además de tomar en cuenta los factores que ya te mencioné, considera dos cosas más: haz una lista donde especifiques el tiempo que vas a durar viajando y las actividades que realizarás durante el viaje. En un inicio te será de gran ayuda. Cuando estés familiarizado con el proceso, lo harás mentalmente, ya verás. Un ejemplo:

Viaje de vacaciones,
verano

Destino: París.

Días de vacaciones: ocho.

Actividades: tour en la ciudad, crucero por el Sena. Tour de dos días en Reims y alrededores para cata de champán.

Compromisos especiales: comida para conocer a los suegros (semiformal). Cena con amigos (casual). Cena de aniversario (semiformal).

Una vez que has hecho tu lista, decidir qué vas a llevar será más fácil. A continuación, anota lo que te gustaría usar cada día de acuerdo con todo lo que te he dicho antes: clima, ocasión, circunstancia.

- *Ropa interior*: una muda para cada día y alguna extra por un imprevisto.
- *Prendas básicas*: son las que usarás una por cada día y que en teoría no repetirás, como camisas o blusas y camisetas.
- *Prendas comodín*: son las que puedes repetir con otras prendas, es decir, vestidos, jeans, pantalones, shorts. En este rubro, te sugerimos ser más puntual; es decir, que lleves sólo dos o tres y las intercales.
- *Prendas de abrigo*: sacos, suéteres, abrigos. Éstos tienen que ser escogidos con precisión porque son justo lo que más pesa y ocupa espacio en la maleta. De modo que lleva sólo lo que sepas que vas a usar. En el caso de los abrigos, lleva preferentemente uno que combine con todo lo que llevas.
- *Zapatos*: elígelos con cuidado. Lleva unos para caminar y otros para ocasiones especiales. Si acaso un par más. Pesan y ocupan mucho espacio.

•••

- *Accesorios*: escoge los que sean versátiles y combinen con gracia con todo lo que llevas: joyería, mascadas, una bolsa para salir de noche. Esto no pesa mucho.
- *Prendas extra*: se trata de la ropa que usarás para los acontecimientos especiales, es decir, para tu cena formal, por ejemplo. Un vestido, zapatos o una pieza de joyería. En este apartado puedes poner la ropa del "por si acaso": una blusa formal, un vestido o un saco, en el caso de los hombres, por si surge un compromiso imprevisto en el que se requiere ir más arreglado. Es recomendable incluir una camiseta, blusa o camisa básica lisa que te pueda sacar de un apuro.

Lo que sí y lo que no

SÍ

- Planea: es el secreto de hacer una buena maleta.
- Ordena bien tu ropa al empacarla. Algunos hoteles son tan pequeños que muchas veces la maleta sirve como armario.
- Lleva una bolsa de tela con jareta para la ropa sucia. ¿Un buen tip? Ponle algunos jabones de manos del hotel para eliminar malos olores.
- Si planeas hacer compras, empaca menos y usa parte de la ropa que compres para ahorrar espacio y no cargar de más.
- Pesa tu maleta antes de salir y haz una última revisión. Siempre encontrarás algo de lo que empacaste que puede quedarse en casa.

NO

- No dejes la maleta para el último momento, porque acabarás llevando lo que no necesitas y dejando cosas que te harán falta.
- No lleves tus cosméticos en sus empaques originales, porque los empaques son enormes. En las farmacias o tiendas especiales de artículos de viaje venden frascos y botes miniatura para que puedas llevar pequeñas cantidades de ellos. También puedes pedir muestras de productos de belleza a las vendedoras cuando los compres; son muy útiles para viajar.
- Tus prendas extra deben ser sólo dos o tres. Si pasas de este número, llenarás la maleta de cosas que no vas a ponerte.
- No viajes con múltiples bolsas y maletitas. Es complicado, incómodo y el viaje directo a perder algo. Una maleta grande, una *carry on* y tu bolsa son suficientes.
- Nunca empaques tu joyería en la maleta que vayas a documentar. Llévala siempre contigo.

Viajes de trabajo

Los motivos y circunstancias de este tipo de viajes suelen ser más claros y específicos, así que las posibilidades de llevar ropa de más son menores. No obstante, a veces pecamos de lo opuesto, y parece que traemos puesto siempre lo mismo durante los días en que estamos viajando, y la sensación no es agradable para nosotros ni para quienes están cerca. Por eso hay que poner un poco más de creatividad para dar variación y color a nuestra actitud corporativa. Haz de nuevo tu lista para redondear la idea de lo que vas a llevar:

Reunión de directores generales de América

Destino: Nueva York.

Días de trabajo: tres.

Actividades: Taller de RP personal, reuniones con fuerza de ventas, juntas con los directivos, reunión personal con el presidente de la compañía.

Compromisos especiales: cena de bienvenida (formal relajado). Cena de gala (formal).

Ahora a escribir tu lista de ropa, como la que hiciste para tu viaje de vacaciones.

- *Ropa interior*: una muda para cada día y alguna extra por un imprevisto.
- *Prendas básicas*: camisas o blusas. Lleva una en color neutral y otras en tonos más variados para darle un aire más divertido a tu atuendo corporativo.
- *Prendas comodín*: vestidos y trajes. Recuerda, tienen que ser de fibras versátiles que no se arruguen demasiado, especialmente los trajes masculinos. Firmas como Zegna o Hugo Boss ya hacen trajes especiales para viajeros. En este caso, lleva dos cambios, de acuerdo con tus actividades. Para aligerar la maleta, uno de los trajes puedes llevártelo puesto.
- *Prendas de abrigo*: abrigo o gabardina, según el clima. Un suéter.
- *Zapatos*: dos pares, uno formal para las reuniones de trabajo y otro más elegante para los compromisos especiales.
- *Accesorios*: corbatas previamente elegidas de acuerdo con los atuendos que vas a usar y un cinturón extra si cambias de color de zapatos, en el caso de los hombres. Para las mujeres, lleva las joyas que usarás en tus reuniones de trabajo y algunas más

•••

llamativas para salir de noche, además de una bolsa de mano más pequeña —un *clutch*, por ejemplo— y una mascada que puede ayudarte a cambiar el aire de un atuendo en caso necesario.

- *Prendas extra*: para las ocasiones especiales, como la cena de gala, el esmoquin y sus accesorios para ellos, o vestido de coctel para ellas, los zapatos formales y una bolsa joya. En tu apartado de prendas de "por si acaso" lleva una blusa o vestido extra; en el caso de los hombres, una camisa y su corbata. No ocupan mucho espacio y pueden salvarte la vida.

Lo que sí y lo que no

SÍ

- Si tu viaje es corto, ensaya en tu casa los cambios de ropa que vas a llevarte. Pon sobre la cama los trajes o vestidos y las prendas con los que piensas combinarlos para que te hagas una idea de cómo van a lucir.
- Mezcla tus prendas inteligentemente para que dé la impresión de que cada día llevas un atuendo diferente, aunque la base sea la misma.
- Lleva un detalle especial que le dé variedad a tus atuendos: una pieza de joyería, una corbata, una mascada, unos zapatos en un tono especial. Esto hará que tus atuendos corporativos tengan un toque más *fashion*.

NO

- No lleves prendas que se arruguen y maltraten fácilmente. En viajes de trabajo, normalmente tienes poco tiempo para planchar la ropa que lleves.
- No uses dos prendas del mismo color porque dará la impresión de que no te cambiaste de un día a otro.
- No empaques de menos. Así como es malo llevar cosas de más, es peligroso llevar poca ropa porque darás una imagen poco cuidada, pobre.

Tips especiales

Tan importante como el destino es el trayecto. Así como la gente solía vestirse con propiedad y hasta con sus mejores galas para hacer un viaje en tren, hoy tenemos que seguir respetando ciertas reglas de urbanidad y de gusto para viajar. Así, es de pésimo gusto viajar en pants. Es verdad, es una

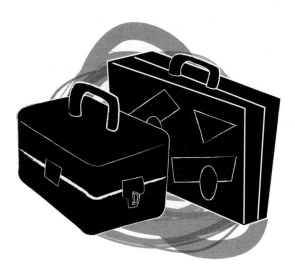

prenda muy cómoda, pero como ya te dije antes, sólo debe usarse en el gimnasio o para estar relajado en casa. Nunca para viajar en un avión. Tampoco hay que llevar chanclas, camisetas con mangas o prendas que sólo lucen bien en una playa. Si vienes directamente de una, cámbiate y ponte algo más correcto, por favor.

Tan equivocado está alguien que viaja como si se acabara de salir de la cama como quien se arregla para viajar como si fuera a un baile o una fiesta. No te maquilles en exceso ni te peines en el salón de belleza. Mucho menos lleves prendas muy elegantes o zapatos de fiesta. Es cursi. Lo ideal, como siempre, es encontrar el punto medio: trata de viajar cómoda, pero luciendo correctamente vestida. Un atuendo ideal para una mujer es un par de jeans, una camiseta de algodón no demasiado justa, un saco o un suéter de estilo casual. Lleva zapatos cómodos, preferentemente de piso (a menos que vayas a un viaje de negocios y llegues directamente a trabajar). Los hombres: un par de jeans, una camisa o camiseta cómoda, mocasines y un saco o chamarra son perfectos. Te verás cosmopolita, como si fueras un ciudadano del mundo.

Un tema fundamental es tu bolsa de viaje. Seguro habrás leído en innumerables ocasiones cómo las celebridades cuentan qué es lo que llevan consigo al viajar. Esto, más allá de sólo caprichos, son artículos de primera necesidad para estar bien y, mejor aún, lucir bien durante y después de tu vuelo. Empieza por tu bolsa: debes procurar que sea más grande de las que usas cotidianamente, tipo maletín, bolichera o mensajera, porque vas a cargar con más artículos que los habituales. Trata de llevar lo siguiente:

- Un suéter ligero de lana o *cashmere*, o una *pashmina* o fular de algodón o lana. Con el aire acondicionado del avión se suele pasar frío. Ve preparado.
- Si tu viaje es largo, lleva un antifaz para dormir, tapones de oídos, unos calcetines de lana y una almohada de viaje. Te recomiendo las inflables porque son más fáciles de llevar y no ocupan mucho espacio.

- Un minibotiquín donde lleves medicinas que te pueden ser útiles durante el vuelo, como pastillas para el dolor de cabeza o malestar estomacal, o incluso una pastilla para dormir si quieres descansar durante un vuelo largo.

- Un minikit de cosméticos, utilísimo para proteger tu piel y, mejor, para lucir bien después de muchas horas en un avión. Lleva un paquete pequeño de toallitas limpiadoras o un champú facial, una crema y un sérum hidratantes. Lo que yo hago es guardar todas las muestras que me regalan cuando compro productos de belleza, o incluso las que a veces vienen de regalo en las revistas —las de sobrecito—, porque son perfectas para una sola aplicación. Una rutina sencilla: antes de que quieras dormir, límpiate la cara y aplícate crema y suero hidratante. Cuando estés a punto de aterrizar, vuelve a hacer lo mismo. Tu piel lo agradecerá y tendrás menos cara de jet lag.

- Una botella de *facial mist* es perfecta para viajes cortos. Sirve para hidratar y refrescar la cara durante el vuelo. Además, la sensación de rociarla sobre tu rostro es deliciosa. Te recomiendo Deepsea Water, de Shu Uemura; Eau de Beauté, de Caudalíe, o el agua en spray de Evian. Pero, recuerda, en tamaño mini.

- Un frasco de perfume, para aplicarlo al subir y bajar del avión. Oler bien te ayuda a sentirte bien. Es una cuestión sensorial. No abuses de la cantidad. Un toquecito es suficiente. Si eres amante de los aromas fuertes, trata de llevar uno sutil en esta ocasión.

- Un snack saludable, por si te dormiste y no te dieron de comer. Lleva siempre una barra de proteína, una bolsita de nueces o unas galletas integrales.

- Extras: libros, revistas, iPod, iPad, una cobija de *cashmere* (si eres friolento), unas pantuflas. Pero esto ya depende de cuánto quieras mimarte en el vuelo o cuántas cosas extra quieras meter en tu bolsa.

Mucha gente no está acostumbrada a este tipo de planes, pero, créeme, hacen tus viajes más amables, cómodos y, mejor aún, llenos de estilo. Hazte a la idea de que viajar no tiene por qué ser algo estresante: visualízalo como un placer, aunque tu viaje sea de negocios. Sal de casa con anticipación, documenta con tiempo suficiente y luego date una vuelta por el aeropuerto, tómate un café o echa un vistazo en las tienditas. La rutina de belleza en el avión es para el bien de tu piel, pero también para hacerte lucir mejor. Vestir de manera más consciente es para tu comodidad, pero igualmente para hacer que luzcas perfecto. Además, al bajar del avión, procura darte una arregladita en el baño del aeropuerto: retócate el maquillaje —o lávate la cara si eres un chico—, péinate y ponte un poco de perfume. La buena cara siempre se agradece, por ti y los demás.

Viaja con estilo: el tuyo

Ya hemos repasado todo: la preparación, cómo armar tu maleta, qué llevar durante el viaje y qué usar cuando estés en tu destino. Es sencillo, ¿no crees? Una vez que aprendas las reglas, lo vas a hacer de forma automática y mejorarás en cada ocasión que lo hagas. Como dije, al viajar no tienes por qué dejar de lado quién y cómo eres. Se trata simplemente de adaptarte a un nuevo escenario, hacer una versión tuya en la playa, en una ciudad distinta, el campo, unas ruinas históricas o unas oficinas que no son las tuyas. Haz que lo que lleves puesto provoque admiración en la gente, que quien te conozca diga: "¡Siempre te ves tan bien!".

Recorre las calles con gracia y comodidad, que tu paso demuestre *allure*, que tus gestos lleven impreso tu sello; lo mismo caminando en tacones a un restaurante en Nueva York que recorriendo las locas calles de Bangkok. En situaciones casuales lleva jeans o pantalón simple de algodón, pero siempre pon atención a los detalles: procura que tus tenis tengan gracia o tus flats sean coloridas, divertidas. Recógete el cabello, ponte un poco de lápiz labial. Lleva una bolsa discreta, pero que tenga un toque chic. Siempre usa un accesorio, sencillo, pero que te haga ver especial. En el caso de los chicos es lo mismo. No creo que seas del tipo que lleva jeans, chanclas y una camisa y no se cambia durante todo el viaje. No estarías leyendo este libro. También puedes lucir espléndido en tu actitud viajera con jeans, camisas o camisetas, una chamarra de mezclilla, un saco de algodón, tenis o sandalias, una mochila o mensajera de piel... Ya lo tienes: a conquistar el mundo.

14. Sólo para hombres

HISTÓRICAMENTE, LA PASIÓN POR LA ROPA HA SIDO UN TERRENO DOMINADO POR las mujeres. A pesar de que algunos especímenes raros —entre los que me cuento— desarrollamos un amor inconmensurable por la moda y todo lo que ésta conlleva, seremos siempre los menos.

Este capítulo está dedicado a un segmento masculino especial. No se trata del metrosexual tipo Beckham, de los *fashionistas* o de la población gay, enterada siempre de las tendencias y amante de la ropa de moda; no. En esta ocasión me enfoco en los hombres heterosexuales, comunes y corrientes, con un perfil típico. A saber: se trata de hombres solteros o casados, jóvenes o no tanto, de clase media o con variaciones ligeras hacia arriba o abajo, quienes, de pronto, por alguna cuestión profesional o personal necesitan poner atención en la ropa que deben usar.

Si todavía no perfilas el tipo, te lo voy a ejemplificar con claridad. Pepe es esposo de una amiga mía. Él trabaja en una compañía cervecera, que fue comprada por una empresa transnacional. Las reglas generales de la compañía cambiaron y Pepe, que hasta ese momento había vestido jeans y camisas de franela para ir a trabajar, de pronto se vio en la necesidad de tener que vestir más formal... o menos informal. El día que les dieron el anuncio oficial de cambio de código de vestimenta en la compañía a *casual corporate*, el hombre entró en pánico y vino a mí en busca de consejo. Como respuesta, le dije que tenía que ir a comprar determinadas prendas que encajaran en ese rango y ya estaba, que no había necesidad de aterrorizarse. Pepe me miró con ojos de cachorro y replicó: "¿Cómo se escogen esas prendas?". Entonces lo supe. No tenía idea de ir de compras ni de lo que era un traje sport ni una camisa de vestir. Nada. Hasta ese día, él compraba ropa por comodidad, porque le gustaban determinados colores o estilos, y prácticamente vestía lo mismo para trabajar que para salir a cenar o estar de fin de semana. ¡Ah! Tenía el traje de su boda, que usaba solamente cuando tenía que ir a otras bodas. A Pepe, las más de las veces, le compraba la ropa su mujer.

¿Eres como Pepe? Entonces este capítulo es para ti. Mi primer consejo para todos los Pepes que hay en el mundo: la ropa no tiene que ser una tortura, sino un placer. Es ese algo que los hará sentirse bien y verse bien. ¿Que es complicado saber cuál elegir? Sí, a veces suele serlo, pero es simple cuestión de práctica, como todo en este mundo. Si estás en ese momento de tu vida donde necesitas un cambio o mejora de imagen, ya sea porque tu faceta profesional lo requiere o porque quieres resultar más atractivo para las mujeres, sigue primero que nada estos simples consejos.

1. Antes de hacer cualquier cambio, planea un poco lo que necesitas comprar. No dudes en pedir ayuda, ya sea a un amigo que sepa más de moda, una amiga o incluso a un profesional. Hoy, los *personal shoppers* son de gran ayuda para personas que requieren de un cambio de imagen y no tienen la mínima idea de cómo hacerlo. Es más: muchas *boutiques* y tiendas departamentales los ofrecen como parte de su servicio al cliente.

2. Evita ir a comprar ropa con la persona o personas que hayan influido hasta ahora en tu forma de vestir (sí, esa forma de la que quieres deshacerte), llámese esposa, madre o un amigo de esos que creen saberlo todo y cuya forma de vestir demuestra lo contrario.

3. Nunca vayas de compras tenso o al salir del trabajo. Ve descansado y con la mente despejada.

4. Si eres de los que al entrar a una tienda se impresiona y estresa al ver tal cantidad de ropa colgada por doquier, toma un respiro. Luego pide ayuda a un vendedor y dile exactamente lo que estás buscando. Que te muestre un par de opciones, y elige la que más se acerque a lo que necesitas. Fíjate que me refiero aquí a "la necesidad" antes que "al gusto" por una simple razón: en esta ocasión estás dejándote guiar por otro factor que no es tu gusto personal, sino la necesidad de cambio. Cuando tu gusto se haya modificado, entonces podrás confiar de nuevo en él y volver a usar tu intuición.

5. Pruébate todo lo que pretendas llevarte. Nunca compres algo sin habértelo probado. Es verdad que a veces es engorroso desvestirse, probarse y volverse a vestir, pero es necesario si quieres elegir exactamente lo que te funciona.

6. Sigue las reglas (más adelante te mencionaré las más básicas e importantes). Recuerda: estás comprando ropa para una nueva etapa personal. No puedes seguir basándote en los parámetros que tenías hasta ahora.

7. Escucha los consejos válidos. La gente que sabe de moda o a la que admires por su modo de vestir merece que la escuches cuando te da una opinión. No caigas en la necedad de decir: "Es que éste no soy yo" cuando te den una sugerencia. En efecto, no eres tú, sino un nuevo tú.

8. No escuches comentarios descalificadores. Así como hay gente a la que vale la pena escuchar, hay otra a la que debes prestar oídos sordos. Los compañeros de la oficina, familiares o amigos que se burlen de la elección de una prenda de un color más vivo, un saco de corte más moderno o unos zapatos más a la moda no merecen que los escuches.

9. Abre tu mente, pero sé autocrítico. Es verdad, hay que experimentar y estar con la mente abierta al cambio. Pero no quieras ir de una camisa de franela a cuadros —como mi amigo Pepe— a un traje estampado de Versace. Que tu cambio sea consecuente, lógico. No vayas de un extremo a otro. Haz que el paso de un *look* a otro sea significativo, pero que se vea natural. Además, ve tus propios cambios con una postura crítica. Analiza si realmente algo te queda bien. No te preguntes si "eres tú" o no. Eso ya te lo dije atrás: eres un nuevo tú. Sólo pregúntate y analiza si ese nuevo tú se ve bien con lo que lleva puesto.

10. Ten seguridad. No temas a los cambios. Si te has atrevido a dar el paso, siéntete feliz y confiado con ellos. Lleva esa nueva prenda, corte de cabello, zapatos, con orgullo, con seguridad.

¿Y lo que digan los demás?

No te voy a salir con una frase de canción ochentera o de póster de filosofía de autoayuda. Eso de "A quién le importa lo que yo haga" se dice fácil, pero llevarlo a la práctica no lo es tanto. Admitámoslo de una vez: a todos nos importa lo que la gente diga de nosotros, es parte de las reglas del juego de vivir en sociedad. Solemos vestirnos para la oficina, ver a los padres, a la novia, ir con los amigos. Tú nómbralo. Para cada ocasión usamos algo que nos hace sentir que pertenecemos, que "embonamos" en la situación para la que nos vestimos. Por ejemplo, usas el mismo tipo de sacos o chamarras deportivas que tus amigos, los trajes que más o menos llevan todos tus compañeros del trabajo y esa camisa o perfume que le gusta a tu novia. Nos vestimos, en pocas palabras, para pertenecer, para gustar, para formar parte de algo. Esto está muy bien, porque significa que sabemos jugar bien las reglas sociales y que no somos unos parias.

Cuando tomamos decisiones de vestir diferentes de las que acostumbrábamos, los grupos en los que nos movemos reaccionan. A veces para bien, pero muchas veces, por temor a lo desconocido o porque el cambio de otros la enfrenta con sus propias carencias, la gente puede reaccionar mal. Escucharás frases como: "¡Huy!, ¿y esa camisa de color? ¿Qué, se la robaste a tu novia?" o "¡Ay, mi amor! Te quedaban más bonitos tus trajes de antes". Puedes dar un montón de explicaciones: que si los amigos se sienten celosos de que te veas mejor, que si hay temor de que el jefe te vaya a hacer más caso a ti o que si tu novia no quiere que te veas guapo para que no le gustes a otras. Una vez más, tú nombra la razón que quieras. Suenan absurdas, pero muchas tienen un trasfondo de verdad abrumador.

Cuando estaba en la preparatoria, me hice amigo de un chico de mi grupo: Alberto. Se llevaba bien con todo el mundo y le gustaba pasar inadvertido, ya que por un problema leve de acné no le gustaba ser el centro de la atención. El chico usaba ropa holgada, escogida al azar, y llevaba una melena poco cuidada. Durante las vacaciones de fin de curso, una amiga me ofreció un trabajo de medio tiempo promoviendo una fragancia para hombres que ya ni siquiera existe: Prince Matchabelli. Sí, eran los años ochenta. Acepté, y mi amiga me preguntó si conocía a alguien más que quisiera trabajar. Pensé en Alberto, quien se entusiasmó con la idea porque necesitaba dinero. Claro, tuve que pedirle que se diera una "arregladita". De modo que lo acompañé a la peluquería, le hicieron un facial y lo llevé a comprarse algo de ropa. El cambio fue notable. Mi amigo no sólo se veía mejor, sino que sacó la guapura que escondía detrás de su timidez y sus ganas de pasar inadvertido. Éste fue sin duda el primer *makeover* que hice en mi vida. Trabajamos durante julio y agosto. En septiembre, cuando volvimos a la escuela, los compañeros no daban crédito. Alberto se había convertido en el guapo del grupo. El acné se fue por completo (gracias a unos productos que le recomendaron en París Londres, donde trabajamos), y el corte de pelo a lo *Dinasty* y la ropa de moda —más adecuada a su cuerpo—, que se compró con el descuento de empleado, lo hicieron otra persona.

Me gustaría decir que la historia tuvo un final feliz, pero más bien fue agridulce. Nuestros viejos amigos comenzaron el *bullying* contra él llamándolo, primero que nada, "maricón". Claro que cuando se hizo novio de la chica más guapa de la escuela el insulto era inoperante. Entonces se volvió "mamón", "presumido", "arrogante" e "insoportable". Pero nada de eso era verdad, lo que había sucedido fue que Alberto confrontó al grupete de nuestros amigos con su mediocridad, con su actitud de "me importa poco la ropa porque soy *cool*". El grupo se dividió... Hubo quienes quisieron experimentar con cortes y ropa de moda como nosotros y quienes, de plano, no volvieron a dirigirnos la palabra. La verdad es que no sé qué pasó con muchos de ellos, pero Alberto se volvió director general de una compañía internacional, y estoy seguro de que ese cambio de mentalidad experimentado cuando estábamos en la escuela tuvo que ver con sus conquistas profesionales.

Algo es cierto: las grandes oportunidades en la vida están ahí para quien se atreve a tomarlas. Mejorar y lucir bien es posible para todo el mundo. Sólo que no todos se atreven a dar el salto. ¿Es arriesgado cambiar de imagen? Sí, como todos los cambios. Puede que no te salga bien o que la gente no lo entienda y lo perciba de la forma equivocada —como mis inmaduros compañeros de escuela—, pero, por otro lado, si te sale bien, los resultados y las ganancias serán mayúsculos. Créeme.

Entonces, sí nos importa lo que diga la gente. Pero cuando has conquistado un estilo y ganado seguridad, y, sobre todo, cuando sabes que luces de maravilla, la gente va a decir lo que tú quieres que diga. Yo me divierto horrores con este tema. Cuando quiero causar revuelo, opto por ropa o estilos más estridentes. Cuando quiero lucir elegante, elijo prendas y combinaciones más sencillas. Pero no soy el mejor ejemplo en este caso, así que sigamos.

Pasos simples, logros mayúsculos

Muy bien, mi amigo no interesado en la moda y poco experto en las compras: te voy a dar ahora una serie de consejos para que las tiendas no te impongan, para que no te mueras de aburrimiento cuando vas de compras y para que lo que adquieras te resulte útil y, mejor aún, te haga lucir espléndido.

1. Planea

Insisto, haz un plan de lo que necesitas, pero no sólo de prendas sueltas. No vayas a buscar un pantalón o una camisa, sino atuendos completos, es decir, camisa, pantalón, saco, zapatos y complementos. No es necesario que compres diez atuendos completos de golpe, sino dos o tres que serán suficientes para empezar.

El plan tiene que tener los siguientes puntos; son muy simples, así que no te angusties. Toma papel y lápiz y anota:

Motivo del cambio de imagen. Aquí anota la razón por la que quieres o debes hacer el cambio: motivos profesionales, personales, sentimentales.

Tipo de atuendos. Aquí apunta si los atuendos que necesitas son formales o informales, es decir, para trabajar, salir con tus amigos, ir de fin de semana, viajar...

Composición de los atuendos. Especifica y enumera las piezas que necesitas comprar por cada atuendo. Por ejemplo:

- Traje para la oficina, camisa, corbata, calcetines y zapatos formales.
- Traje sport para la oficina, camisas y zapatos casuales.
- Pantalones, camisa y zapatos sport para fin de semana.

2. Conoce tus colores

Si no sabes cuáles son los colores que más te favorecen, pide ayuda o haz algunas pruebas. No obstante, si esto es complejo para ti, entonces te sugiero que optes por una paleta de color más simple, pero con variantes respecto de la que solías usar comúnmente. Mi recomendación es ir un paso adelante. Camina, no corras. Si toda tu vida has usado gris y azul marino, no pretendas ir ahora por turquesa o verde fosforescente. Lo que puedes hacer es optar por variaciones más *fashion* de los colores que sueles usar normalmente. Por ejemplo, cómprate algo en gris satinado o en azules más claros, o con alguna textura distinta. Si siempre has usado camisas blancas o azules, elige ahora otros colores que también son clásicos, como rosa, amarillo o verde, o incluso intenta algunos estampados muy discretos, para empezar. ¿Estampados muy fuertes? No por ahora, especialmente si antaño usabas ropa en tonos discretos.

3. Compra ropa de tu talla

Un pecado que cometen los hombres no interesados en la moda es comprar ropa que no es de su talla, y en ochenta por ciento de las ocasiones las

prendas les quedan grandes. Podría contar con ábaco la cantidad de señores que veo en la calle con sacos de hombreras muy salidas, mangas demasiado largas y sacos que a veces parecen un minivestido. De los pantalones ni hablamos. Claro, está el otro veinte por ciento que lleva la ropa más chica y cuyas camisas y sacos se convierten en armas letales capaces de sacar un ojo a alguien con un botón que lucha por salir volando. La ropa, amigos queridos, tiene que ser de su talla. Ni más ni menos. No por comprar ropa más grande seremos más altos ni por llevar prendas más chicas nos veremos más delgados. El efecto, lamentablemente, es justo el opuesto.

Muchos de ustedes dirán: "Es que a veces, cuando compro un traje, el pantalón me queda bien, pero el saco es muy grande, o cuando éste me queda perfecto, los pantalones me aprietan". Sucede a menudo, especialmente cuando no tenemos cuerpos de campeonato. Lo que hay que hacer en estos casos es acudir a marcas que vendan el saco y el pantalón por separado para poder tener cada prenda en la talla que nos acomode.

Ten muy presente estas reglitas:

- La manga de un saco debe llegar, con el brazo estirado, dos o tres centímetros más abajo de la muñeca.
- El puño de una camisa debe sobresalir de la manga del saco —si es formal— de uno a dos centímetros a lo mucho.
- Las hombreras de un saco deben hacer escuadra perfecta con los hombros y brazos. Si sobresalen demasiado y pliegan notablemente el inicio de las mangas significa que el saco te queda grande. Claro, hay algunos que tienen hombreras pronunciadas por moda, pero ésa es otra historia.
- Los largos de los sacos varían de acuerdo con la moda. El largo ideal es el que llega, más o menos, a la mitad de tu trasero.
- Las camisas deben tener ajuste cómodo. Si son demasiado justas te harán lucir embutido; si son muy holgadas, abultarán demasiado bajo el saco.

- Los pantalones deben tener un ajuste confortable. Cuida el largo de la pernera. Idealmente, debe llegar al inicio del talón (por la parte posterior) y descansar suavemente en el inicio del empeine (por la parte frontal). Un pantalón que hace demasiados pliegues sobre el zapato luce poco pulcro.

4. Cuida los textiles

Recuerda comprar prendas de materiales que te hagan sentir cómodo. Si vives en un clima templado, usa algodones, linos o lanas tropicales en primavera y verano; panas, terciopelos, lanas densas y *cashmere* para otoño e invierno.

5. Apuesta por la calidad

Es mejor que compres menos, pero bueno, que más, pero malo. Las prendas de calidad —no necesariamente tienen que estar firmadas por una gran marca de moda— durarán más tiempo luciendo bien. Las de mínima calidad pierden su forma y belleza más rápido y habrá que remplazarlas pronto. ¿Y sabes qué? Salvo contadas excepciones, lo barato... se ve barato. Puedes ahorrar en muchas cosas, menos en trajes, zapatos y accesorios, porque en ellos la calidad reluce por todas partes.

6. Seis tips para lucir siempre elegante

- No es necesario que el cinturón y los zapatos sean del mismo color, pero sí deben ser de la misma gama tonal (café-miel, negro-gris) o contrastados para un efecto más de moda (rojo-negro, azul-caqui).

- Los calcetines deben ser del color de los zapatos. A menos que seas jovencito o *ultra fashion*, evita los calcetines con estampados.
- Ya lo dijo el difunto Gianfranco Ferré: Cuando no sepas qué ponerte, ponte una camisa blanca. Siempre se verá perfecta y combina absolutamente con todo.
- ¿Quieres verte siempre joven, pulcro y elegante? Lleva el pelo corto y bien peinado. Las modas van y vienen, pero el cabello corto siempre es sinónimo de elegancia y masculinidad.
- Huele bien. Cuida tu aliento, tus axilas y todo tu cuerpo. Perfúmate, no hay nada más sexy y masculino. Pero nunca en demasía. ¿Un tip de estilo? Lleva siempre una muestra de tu perfume en el portafolios para retocarte cuando tengas una cita importante o salgas del trabajo.
- No llenes tus bolsillos de cosas. No hay nada que se vea menos elegante que un hombre con los bolsillos del pantalón y saco cargados de cosas. Carga con poco u opta por un portafolios o una bolsa masculina; están muy de moda.

Finalmente, querido amigo no amante de la moda, padre de familia, novio, trabajador, barbón, caballero, pícaro, heterosexual, alburero, risueño y un poco mujeriego, recuerda algo: vestir bien no te disminuye la testosterona. La moda, hasta ahora, no ha hecho menos hombre a nadie, y sí ha ayudado a muchos a llevar los pantalones como se debe. No le tengas miedo ni la desprecies, porque puede ayudarte a lograr lo que quieres en la vida, desde mejorar tu imagen laboral hasta hacer que las mujeres te vean más atractivo, como le pasó a mi amigo Alberto, del que te conté en este capítulo. En serio: he visto verdaderos milagros nacidos de la moda. No se requiere de mucho dinero ni de disfrazarte, sino de hacer buenas elecciones. Lo he dicho toda mi vida: si cada mañana tienes que vestirte, ¿por qué diablos no hacerlo bien?

15. Los últimos toques

The way you wear your hat,
the way you sip your tea,
the memory of all that,
no, no they can't take that away from me...

GEORGE GERSHWIN,
"They Can't Take That Away from Me"

MARILYN MONROE CAMINABA MOVIENDO EXCESIVAMENTE LAS CADERAS PORQUE se decía que no sabía caminar en tacones. Anna Wintour, durante los desfiles de moda, dobla su chaqueta o abrigo sobre sus piernas con coquetería para calentarse las piernas. Barbra Streisand toma el micrófono entre sus manos como si fuera un cáliz —algo precioso— y le rinde homenaje con su voz al cantar. La modelo Elsa Benítez te mira con los ojos entrecerrados mientras te escucha atentamente cuando hablas. Karl Lagerfeld, cuando habla de pie, mueve las manos vigorosamente, y si está sentado juega con ellas o con algún objeto sobre la mesa. La modelo y actriz Elsa Pataky siempre posa en la alfombra roja, dando la espalda y mirando sobre el hombro a los camarógrafos. Mi gata siamesa *Noor*, antes de beber, toca el agua con la puntita de la pata, en un acto coquetísimo, para saber si está fresca.

Todos estos gestos, detalles, actos forman parte del estilo de las personas. Las definen, las vuelven identificables. Son sus sellos, sus características. A veces son naturales, pero en muchas ocasiones son producto de una reflexión buscada y planeada. El estilo es cómo hablas, sonríes, cruzas la pierna, sales del coche, te quitas las gafas, te acomodas el cabello, todos gestos instintivos que con la edad, y al saber que son tu rúbrica, se arraigan en tu persona y forman parte de ella. Pero también los gestos aprendidos son importantes: cómo te expresas, qué palabras usas en tu conversación, el volumen de tu voz... Éstos revelan más de ti de lo que imaginas. Ya lo dijo Nathalie Colin, directora artística de Swarovski: el estilo es también educación y buenas maneras. Es cierto, el hábito no hace al monje... Aunque la mona se vista de seda, mona se queda, ya que estamos en el momento de los refranes. Es verdad, la impresión de una primera imagen es fundamental, pero si no hay un sustento detrás de ella, se viene abajo. Seguramente recordarás la película *My Fair Lady*, con Audrey Hepburn. Un experto lingüista y su mejor amigo hacen el experimento sociológico de transformar a una chica lumpen en una dama. En un primer intento, la visten espectacularmente y la llevan a las carreras de caballos, donde sorprende a todo el mundo con su belleza... hasta que grita al jinete que va perdiendo en la carrera: "¡Mueve el culo!".

Es real: he visto chicas en restaurantes vestidas de Dior comportándose como unas ordinarias. Por el contrario, he conocido también a personas de apariencia modesta cuya educación es tan pulcra que parece que estás tratando con un aristócrata. Así de importantes son las maneras. Aclaro algo: vivimos en el siglo XXI y no voy a negar que todos, sin excepción, usamos malas palabras. Son divertidas, expresivas y a veces son una válvula de escape necesaria en un momento de tensión. No obstante, el encanto de las malas palabras (porque vaya que lo tienen) consiste en saber cómo y cuándo decirlas. Llamar "cabrón" a un amigo en una tarde de futbol como parte de la euforia del juego es divertido. Llamar "cabrón" al mesero de un restaurante porque no viene en el momento que lo llamas es despectivo, clasista y grosero. Por eso es muy importante guardar ciertas maneras y un comportamiento adecuado como parte de nuestro estilo. Puedes ser suave o firme con los demás, pero siempre has de ser respetuoso.

Cuando estaba en la preparatoria, un maestro, que en ese entonces considerábamos un poco antediluviano, nos dio a leer el famoso *Manual de urbanidad y buenas maneras*, de Manuel Antonio Carreño. Es verdad que el libro ya estaba pasado de moda en los años ochenta y ahora seguramente lo estará más. Pero su esencia es muy valiosa. La cortesía, los gestos suaves, los movimientos adecuados hablan de una persona pulida, pulcra, en suma, educada. Sólo hay que ubicar muy bien cuál es el justo medio: comportarnos con demasiada pompa o ceremonia puede también resultar falso y cursi, y entonces lucir ridículos. Entonces, ¿cuál es la regla?

Al expresarte

- En público, no hables nunca como cuando lo haces en la intimidad.
- Utiliza palabras refinadas o rimbombantes siempre y cuando conozcas su significado y las apliques adecuadamente.

- Evita acentos, tonillos y palabrejas de tribus sociales: "güey", "tipo", "obvio" (pronunciadas con la última vocal alargada, como si te estuvieras desinflando). Sé que son gestos de pertenencia a un gueto, pero la verdad es que, al final, son como llevar un uniforme lingüístico. ¿Y a quién le gusta usar voluntariamente un uniforme?
- No hables en voz muy alta ni grites en una conversación o un lugar público. Llamarás la atención, pero de mala manera.

Al comer

- Te parecerá evidente, pero recuerda todo lo que te decía tu madre: no hables con la boca llena, no te metas demasiada comida a la boca, no metas las manos al plato a menos que lo que estés comiendo lo requiera. No te chupes los dedos. No eructes en público. Claro, si haces estas cosas, te diría que antes de un libro de estilo necesitas uno de urbanidad.

Al caminar

- Hay personas a las que reconoces por su andar. Claro que la manera en que te mueves o caminas está determinada por tu morfología; no obstante, hay cosas que puedes hacer conscientes y modificar a tu favor. Un maestro de teatro que tuve hace años nos decía: "¡Hijo, no camines como Chencha!", queriendo decir que no camináramos jorobados e inseguros. Camina siempre con pasos firmes, postura erguida y mirando al frente; no se te ha perdido nada en la banqueta. Una persona que camina con seguridad reafirma su estilo.

Al moverte, en tus gestos, al posar...

- Después de trabajar tantos años con modelos he aprendido la importancia de los gestos, las actitudes, los movimientos. Cuando hablas, la gente oye tu voz, pero escucha lo que dices con la mirada, con la inclinación de tu cabeza, con los gestos de tus manos, con tu postura corporal. Es verdad que todos ellos son espontáneos, pero si los identificas, reconoces y estudias pueden convertirse en armas de gran valor para reforzar tu estilo. Por ejemplo, si quieres ser firme con un argumento en una discusión, mira fijamente, mantén tu cabeza firme y frontal y procura que tus manos se muevan lo menos posible. Si quieres conseguir algo, echa mano de gestos seductores, suaves, felinos: dirige la cabeza hacia el frente, entrecierra los ojos y haz que tus manos acompañen tus argumentos.

- ¿Se nota tu estilo cuando posas para una foto? Por supuesto, es algo que se aprende. Seguramente has escuchado que dicen de algunas personas: "Es que siempre sale bien en las fotos". Esto no sólo tiene que ver con la fotogenia, sino también con tener una imagen estudiada de uno mismo. ¿Cómo se consigue esto? Ensayando frente a un espejo, levantando y bajando tu cara, moviéndola de un lado al otro... buscando, en fin, tus ángulos más favorecedores, aquéllos en los que tu rostro luzca delgado, perfilado, armónico. Luego aplícalo frente a la cámara. Pide que te tomen muchas fotos donde practiques las poses que te han convencido, selecciona aquéllas donde te veas mejor y aplica siempre una expresión semejante cada vez que te tomes una foto. ¿Quieres tips prácticos para salir bien en una foto? Te doy cinco:

1. Si tu rostro es muy redondo, muerde ligeramente tus mejillas por dentro de la boca para perfilarlo.
2. Para no salir con papada en la foto (esto no tiene que ver con el peso, sino con un mal ángulo de la toma) siempre baja un poco tu

rostro hacia el pecho. Pero no demasiado, porque entonces lograrás el efecto contrario.

3. No te tomes fotos si estás cansado, con copas de más o en un mal día. Créeme: no saldrás bien.

4. Si es una foto de grupo, evita pasar los brazos por los hombros de tu acompañante si tu estatura es menor a la suya. Abraza sólo a una persona y hazlo por la cintura. Si lo haces con dos —ya sea por la cintura o los hombros—, tu figura lucirá deforme.

5. La sonrisa es la luz de las fotos, pero busca que sea natural: ni muchos dientes ni muy forzada.

Recuerda: no es lo que te pones, sino cómo te lo pones. No es lo que dices, sino cómo lo dices. Sí, es lo que eres, pero también cómo lo eres. Esto es, sin duda, estilo.

Conclusiones

RECUERDO QUE CUANDO ENTREVISTÉ A BEYONCÉ EN NUEVA YORK, HACE ALGUNOS años, le pregunté: "¿Cómo encontraste tu estilo?". Ella me respondió, certera: "Aún sigo buscándolo". Es verdad, encontrar tu estilo no es como el arete que se te perdió y apareció tirado en el pasillo. La búsqueda de estilo es algo en lo que vas teniendo hallazgos frecuentes, pero que no se acaba nunca. Es una aventura constante y que cada vez va produciendo más placer y satisfacciones.

Lo que te sugiero que hagas cuando acabes de leer este libro es sentarte en tu habitación y mirar con detalle lo que hay ahí. Ve a tus clósets, ábrelos y mira tu ropa colgada. Abre tus cajones, tus zapateros. Saca tus bolsas de sus fundas. Mira tus joyas en el alhajero. Pruébatelas. Ve al espejo y obsérvate. Saca esa chaqueta que tanto te gusta y vuelve a probártela. Perfúmate. Disfruta ese momento porque, con toda seguridad, estás viendo todo eso que te pertenece con nuevos ojos. Con otra intención.

Pueden suceder varias cosas: que adores todo lo que tienes y que comiences a proyectar en tu mente nuevas formas de usarlo, de complementarlo. O, también, que te des cuenta de que muchas de las cosas que tienes en tu clóset fueron tuyas, en efecto, pero ya no lo son. Ya no sientes que te pertenecen. Esto puede sonar triste, pero no lo es en realidad, porque al decir adiós a una parte de nuestro pasado le estamos dando la bienvenida a lo que será nuestro futuro. Y eso es fabuloso.

Sal a la calle y fascínate con todo aquello que te inspire y te estimule. Empápate de colores, de tendencias, de modos y modas. Ve qué es para ti y

qué no; sin duda ahora lo tienes más claro. No esperes y pongas en *hold* los cambios buscando excusas: "Lo haré cuando baje de peso, cuando tenga dinero, cuando cambie de trabajo...". No. De ninguna manera. ¿Por qué esperar a ser feliz? ¡Puedes serlo ahora mismo! Abraza tus características físicas: recuerda que el estilo no es una talla. Deja los complejos de lado. Haz de tus defectos, cualidades, tus rasgos distintivos: la nariz de Sarah Jessica Parker, la boca de Rihanna... El estilo no es ser "bonito", sino "guapo": lo primero es un accidente genético, lo segundo es lo que tú te forjas y proyectas. Prefiero mil veces a un feo con actitud y "onda" que a una bonita sosa.

Ya lo sabes, el estilo no se compra: se descubre y se va conquistando, se va moldeando y vistiendo, va creciendo y transformándose. Se alimenta de tu carácter, pero florece con tu intuición. Se construye con tu cabeza, pero se reafirma con el corazón. El estilo madura contigo, pero, como los ríos y los árboles, se hace más fuerte con los años. No te define, pero sí te representa. No cuesta nada, pero vale millones. Y te acompañará por siempre. Por eso, vale la pena tenerlo. ¿Estás de acuerdo conmigo? Venga: el viaje ya ha comenzado y promete ser extraordinario.